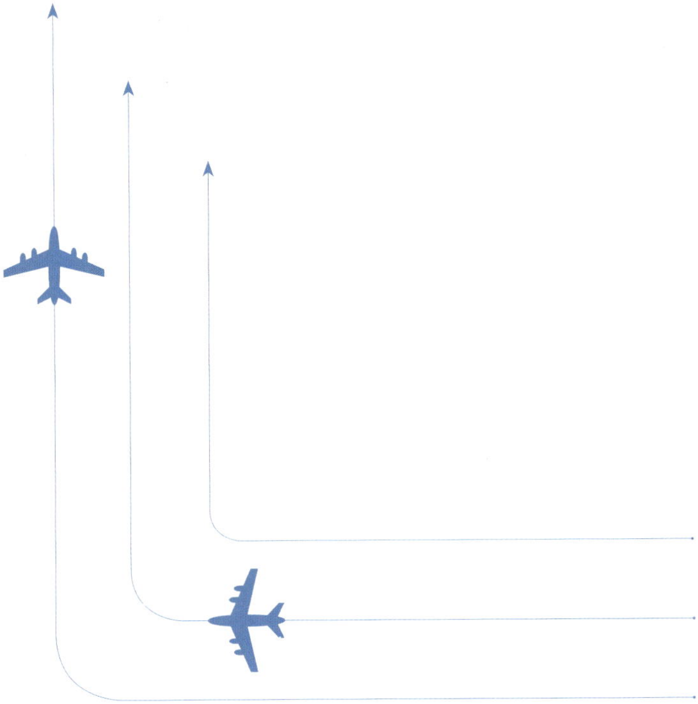

建设国际立体交通大枢纽

实践内陆开放发展新道路

探索航空经济发展新模式

长篇报告文学

起飞

——第一航空港成长记

八月天 尚攀 著

河南科学技术出版社 · 郑州 ·

图书在版编目（CIP）数据

起飞——第一航空港成长记 / 八月天，尚攀著. —郑州：河南科学技术出版社, 2018.11

ISBN 978-7-5349-9348-0

Ⅰ. ①起… Ⅱ. ①八… ②尚… Ⅲ. ①民用机场-机场建设-概况-郑州 Ⅳ. ①F562.861.1

中国版本图书馆CIP数据核字（2018）第234847号

出版发行：河南科学技术出版社

地址：郑州市金水东路39号　　邮编：450016

电话：（0371）65737028　65788613

网址：www.hnstp.cn

策划编辑：李喜婷　汪林中

责任编辑：李喜婷　汪林中

责任校对：吴贯一

装帧设计：视觉共振设计工作室

责任印制：张　巍

印　　刷：河南瑞之光印刷股份有限公司

经　　销：全国新华书店

幅面尺寸：720 mm × 1020 mm　1/16　彩页：10面　印张：22　字数：308千字

版　　次：2018年11月第1版　　2018年11月第1次印刷

定　　价：69.00元

目录

序篇

1 中原大地，一片热土。

这里所说的中原，是狭义的中原——河南省。

这里是中华文明的发源地，是华夏民族的摇篮。

自古以来，中原就是主导整个中华文明发展的核心地域，一直有“得中原者得天下”的说法。在悠久的中华文明历史上，中原这片热土演绎了一出又一出传奇。

这里曾是华夏民族早期最主要的居住地，也是今天绝大部分中国人的祖居之地。

远古时代，中原居住着许多氏族和部落，他们彼此在不断撞击、融合、同化、发展着。女娲造人；伏羲教民结网，进行渔猎和畜牧并创造八卦；有巢氏发明巢居，教民构木为巢，四季遮风避雨，居住树上，以避野兽侵袭；燧人氏发明钻木取火，教民熟食，与动物完全脱离开来；神农氏发明刀耕火种，告别采集、渔猎方式而定居生活。

4600余年前，黄帝在轩辕丘建都。轩辕丘位于现在的新郑市区一带，今黄水河（古溱水）和双洎河（古洧水）交汇处的高台上，面积约30多平方公里。那时，黄帝修行德业，整顿军旅，研究五行之气，种植五谷，安抚民众，丈量四方的土地，跟炎帝在阪泉的郊野交战，先后打了几仗，才征服炎帝；又在涿鹿郊野与蚩尤作战，几经苦战后，终于擒获并杀死了他。这样，诸侯都尊奉黄帝为天子，天下归顺。由此，中华文明掀开了崭新的一页。

4000多年前，中原成为中国九州中心之豫州，也因此有了河南“豫”的简称。

3600年前，商王中丁、外壬定都郑州，“三商”（商族人、商朝、商业）文化之基因从此融入中原大地，开创了以贝壳充当货币的贸易时代，由此成为声名显赫的“商都”。

从中国历史上第一个王朝夏朝在中原建都起，先后有商、西周、东周、西汉、东汉、曹魏、西晋、北魏、隋、唐（含武周）、五代、北宋和金等20多个朝代在这里定都。无疑，这里是自三皇五帝到北宋中国长期的政治、经济和文化中心，是中华文明和中华民族最重要的发源地。

完全可以说，春秋以后、北宋以前，中原就是中国政治的大舞台。武王伐纣、周公营洛、春秋诸侯争霸、战国群雄逐鹿、楚汉之争、光武帝刘秀兴汉、曹魏中原称雄、隋末瓦岗军起义、赵匡胤陈桥兵变等，发生地都在中原。

逐鹿中原、问鼎中原、揽辔中原，这些与中原相关的成语，诠释了中原地理位置之重要。在相当长的时期，这里都是东西南北经济与交通的枢纽，又是东西南北文化的交会点。

2

我国古代交通，是令人骄傲的，老祖宗对交通的重视与表现出来的聪明才智堪称伟大。

3000多年前，商朝已经有了“车马”“步辇”“舟船”等交通工具，并且建立了“驲传”制度，开始了有组织的通信活动。到了春秋战国时期，战争频繁，通行战车的道路便应运而生，中原各国陆路交通纵横交错，沿途设立“驲置”（即驿站）等配套服务设施。水路方面，则利用黄河、长江和淮河等天然河道，并相继开凿了胥河、邗沟、菏水和鸿沟等人工运河。

秦国统一后，颁布“车同轨”法令，建成遍及全国的驰道，车辆可以畅行各地，形成了四通八达的交通网络，同时，设置驿道，颁布有关邮驿法令，建立传递官府文书和军事情报的邮传系统。

汉代在秦朝原有交通网络的基础上，继续扩建发展以京都为中心、向四面八方辐射的交通网,并打通了经西域通往西方的道路——陆上“丝绸之路”。

秦汉时期的水运发展更是令人瞩目，秦开挖的灵渠把长江与珠江两大水系连接起来。汉代则开辟了沟通世界两大帝国——东方的汉帝国和西方的罗马帝国的海上航线。到了隋唐时期，我国水陆交通进入了新的历史阶段。隋朝完成了贯穿南北的大运河——这是世界上开凿最早、规模最大、里程最长的运河。唐朝海上贸易发展迅速，增添了新的海上航线，加强了东西方的交流和联系，并在各水陆要道上广设馆驿，构成了以京都长安为中心、遍布全国的驿路系统。“条条大路通长安”即是对当时陆路交通的准确描述。而长安城，则成为国内外交通的重要枢纽和世界上最大的都市之一。

宋元时期，我国交通进入鼎盛时期。指南针的发明与应用，使我国航海能力大大提高。帆船已成为重要的交通工具。从广州、泉州等地出航，通到东南亚、印度洋以至波斯湾。元代航运事业达到顶峰，除了实现京杭大运河全线通航外，还发展了以海运为主的漕运路线，构成了以大都（今北京）为中心、通向全国乃至境外的交通网。

至明代，我国造船业的规模最大，出现了造船高峰，航海家郑和在公元1405至1433年间，先后7次渡洋远航，把我国古代航海活动推向了又一顶峰。但不久后明朝实行了海禁，我国航海事业从此一蹶不振。

清朝继续实行海禁政策，尤其是鸦片战争之后，帝国主义纷纷侵入，火车、轮船和汽车相继兴起，铁路、航线和公路不断开辟，我国以帆船为主的古代水上运输业，以畜力车、人力车为主的古代陆路运输业和以邮驿为主要方式的古代邮政通信业，日趋衰落并逐步废弃。

我国的第一条铁路，是英国商人 1876 年修筑的淞沪铁路；1881 年我国修建了唐胥铁路；而完全由中国人自己筹办的第一条干线铁路，则是詹天佑主持设计和施工，并于 1909 年建成通车的京张铁路。

汽车在我国最早出现于上海，是 1902 年从国外引进的。伴随着汽车运输，路面坚硬的公路逐渐兴建。

我国的航空运输比较晚。1909 年，著名飞行家冯如制成了我国的第一架飞机。直到 20 世纪 20 年代初，北京和天津之间才有了正式载运旅客的航空运输。

3 公元前 1 世纪的一天，古罗马的独裁执政官恺撒（后称恺撒大帝），穿着靓丽华贵的丝织长袍进入剧场。这件来自中国的光鲜服装让恺撒格外引人注目，在场的上流官员及贵夫人们都被这件绝代豪华的“靓装”惊呆了，艳羡之余，纷纷打听服装的来历。从此，中国丝绸在罗马上流社会流行，成为高贵和权力的象征。

中国的丝织品如何来到了欧洲？这就是西汉时期张骞出使西域打通“丝绸之路”后，东西贸易带来的结果。

西汉之前，一小部分中国丝绸经西北各民族商人，贩运到中亚、印度半岛等地。张骞出使西域后，汉朝的使者及大批商人纷纷西行，大量丝绸制品沿着这条通道西运；西域的珍奇物品也被带回汉朝。由此，著名的“丝绸之路”，一举成为沟通汉朝与西亚、欧洲各国的陆上要道，也为东西方经济、文化交流发挥了桥梁作用。汉朝的丝绸、冶铁、凿井、造纸等物品和技术通过这条通道相继传入西方，而西方的皮毛、汗血马、石榴、葡萄等物品，以及佛教等文化也输入东方。此后，汉朝又开辟了与南海诸国以及印度半岛等地的水上交通线，从事频繁的贸易往来，从而形成了“海上丝绸之路”。

“丝绸之路”自西汉开创，东汉时期又得以开通与恢复（其间曾中断 58

年），这为中原地区与周边异域的文化和商贸交流活动提供了保证，并促进社会生产力、经济活动快速繁荣发展。到了北魏，这种文化与商贸交流更是达到了前所未有的高度——都城洛阳除了西郭城内有大市、东郭城内有小市等市肆作坊区，还在城南建有安置异域人员居住的里坊和居所（四夷里和四夷馆），以及他们从事商贸活动的场所（四通市）。其中，沿着“丝绸之路”而来的胡商最为活跃，据北魏杨衒之《洛阳伽蓝记》记载：“乐中国土风因而宅者，不可胜数。是以附化之民，万有余家。……天下难得之货，咸悉在焉。”诚然，这是洛阳成为“丝绸之路”东端最重要的国际性大都市的必然条件，也是“丝绸之路”东西方商贸活动日趋活跃的繁荣景象。

这条连接亚欧的通道，以洛阳、长安这两座汉、唐京城为起点，经中亚国家、阿富汗、伊朗、伊拉克、叙利亚等，到达地中海地区，向南延伸至南亚次大陆，分布在横跨亚欧大陆、东西长约 1 万公里、南北宽约 3000 公里的区域内。数千年来，游牧民族或部落、商人、教徒、外交家、士兵和学术考察者沿着“丝绸之路”四处活动。这是人类历史上交流内容最丰富、交通规模最大的洲际文化线路，为亚欧沿线国家和地区经济社会发展和人员往来作出了杰出贡献。

随着时代的发展，“丝绸之路”成为古代中国与西方所有政治经济文化往来通道的统称。有西汉张骞、东汉班超开通西域的官方通道“西北丝绸之路”；有北向蒙古高原，再西行天山北麓进入中亚的“草原丝绸之路”；有长安到成都再到印度的山道崎岖的“西南丝绸之路”；还有从广州、泉州、杭州、扬州等城市出发，经南洋到阿拉伯海，甚至远达非洲东海岸的海上贸易的“海上丝绸之路”等。

4 郑州是火车拉来的城市。矗立在现代高楼大厦之林的“二七塔”，就是最权威的“见证者”。

“二七塔”，是为了纪念近百年前京汉铁路工人“为自由而战，为人权而战”遭遇的那场震惊中外的“二七惨案”而建的。与郑州厚重的历史文化底蕴相比，建于20世纪70年代的“二七塔”算不上古老；同鳞次栉比的现代高楼大厦相比，也算不上雄伟。但不可否认，在郑州人的意念里，“二七塔”就是郑州的标志，就是郑州的徽章，就是郑州的图腾。

“二七塔”的西南边，就是与这座城市息息相关的火车站。铁路，为郑州这座新商都的崛起与发展带来了机遇与繁华。

京汉铁路，是现在京广铁路的组成部分，最初叫卢汉铁路，是由北京卢沟桥至湖北汉口的一条铁路。1906年4月1日，前后历时近11年修筑的卢汉铁路，终于全线竣工通车了，并改称“京汉铁路”。

京汉铁路当初何以舍当时的河南省会开封而选择郑州？从地图上可以看到，处在北京至武汉直线上的，明明是开封而不是郑州，铁路的设计者却偏偏绕了个弯，难道其中有什么玄机吗？据《清史稿》记载，京汉铁路线路的设计，基本参照的是时任两广总督张之洞之奏折。张之洞提出黄河下游“岸阔沙松”，建造黄河桥“工费太巨”，应“择黄河上游滩窄岸坚经流不改之处，做桥以渡河”。而黄河流经开封那一段，是有名的悬河，素有黄河的“豆腐腰”之称。倘若选择开封，虽距离稍近，但在此建黄河桥，不仅投资巨大，建成后也有非常大的风险隐患。黄河郑州段，河道南岸则有土质坚硬的邙山这个天然屏障，正是俗称“邙山头”的位置，非常符合张之洞所说“滩窄岸坚经流不改之处”。最终，京汉铁路的选择改变了两座城市的命运。

火车来了，火车第一次驶进了中原大地，来到了郑州！有人曾这样描述火车驶来的情景：春日里的一天，一个庞大的“怪物”吼叫着，头顶上喷着一溜直冲天空的白色烟雾，沿着两道新铺的铁轨奔驰而来。不一会儿，响声震耳欲聋，大地不住地颤动，郑州站台上，留着辫子的男人和裹着小脚的女人惊愕得张大了嘴巴，睁大了眼睛；以前只见过马车、牛车或是人力车的郑州百姓扶老携幼，走出家门，穿过麦地、高岗、沟壑拥出古城西门，来到西南郊外的火车站，纷纷“争睹蒸汽之火车，皆惊叹，谓之庞然大物也”。

自第一列火车穿越郑州算起，已经一个世纪有余。隔着沧海桑田的百余年，很难想象当时人们内心是一种什么样的震动。当初，郑州不过是屈居在省会开封周边的一个普通县城（1913年郑州改为郑县）。一个新生事物——火车的出现，成为人们茶余饭后最热门的话题。

1909年12月，汴梁（开封）至洛阳全长183公里的汴洛铁路也竣工通车。汴洛铁路，即是后来贯穿中国东西的陇海铁路的一部分。也正是这段路程，使郑州成为如今京广铁路和陇海铁路十字交会的第一个站点。就是这个交会点，坚实地奠定了郑州为全国铁路交通枢纽中心的地位。

在中国铁路修筑史上，陇海铁路就像时局一样命运多舛。汴洛铁路开通后，因经济不济停修。之后又断断续续地修筑，直到中华人民共和国成立后的1953年7月，历时40余年的陇海铁路分段建设才全线通车。这两条铁路的开通，让郑州这个既不沿边也不靠海的内陆小州县，随着铁路的延伸和拓展日渐勃兴繁盛起来。

便利的交通，让郑州很快成为中原地区大宗土特产品的集散地。这一时期，最先发展起来的是以棉花贸易为主的行栈业（一种商业贸易模式）。有资料显示，其年成交量最多时达到30多万包。

20世纪初，长纤维的美棉传入河南，豫西陇海线两侧的农民开始由中棉改种美棉。陕县、阌乡、偃师三县植棉面积均大增，成为种棉集中区，逐渐形成了以郑州为中心的全省种棉区，年产量50万担*以上。据资料，1922年至1926年，河南种棉面积年均为285万亩**，占全国种棉总面积的9.7%，年均产棉58万担。1930年前后，河南植棉区的范围进一步扩大，“全省108县，植棉者已占90县之多”，商品率高达70%左右。从全省范围来看，棉花种植主要分布在豫北、豫东和豫西的铁路沿线地区，棉花大部分要通过陇海、京汉铁路运抵郑州，再转运至通商口岸城市或国外。

---

* 担，非法定计量单位，1担=50公斤。

** 亩，非法定计量单位，1亩≈667平方米。

铁路不仅催生了郑州棉花贸易行栈业的繁荣，而且改变了铁路沿边的农业种植结构，促进了郑州与外界的贸易往来。当时的一本《平汉铁路年鉴》曾描述郑州在 20 世纪 30 年代的情景："铁路营业赖商家以扩充，商家货物藉铁路而运送，二者互为表里，关系实深。"

京汉铁路和陇海铁路在郑州的交会，像磁石一样吸引了商家的入驻。20 世纪初，被称为上海"纱王"的穆藕初就是在这样的背景下入驻郑州的，他开了郑州棉纺史的先河，在郑州棉纺史上留下了浓重的一笔。

1909 年，33 岁的穆藕初赴美留学，学习植棉、纺织及现代管理，获得农学硕士学位。5 年后他回国创业，筹资创办了德大纱厂。由于引入新式机器和新的科学管理法，他的企业异军突起，一夜成名，红遍上海，其本人也被誉为上海"纱王"。颇具战略眼光的穆藕初，了解到河南盛产棉花，郑州棉花交易市场非常活跃，立即联合上海资本家数人，乘火车赴郑州考察。通过考察，穆藕初看到陕西、山西两省所产棉花也由此东下，交易数额巨大；郑州交通便利，区位优势显著，还有大批闲散廉价劳动力，真是发展纺织业的绝佳之地。于是，穆藕初当即就与合作伙伴拍板：要在郑州办纱厂。

1918 年上半年，穆藕初牵头成立了郑州豫丰纱厂股份有限公司，厂址就选在如今管城区陇海铁路北、豫丰街一带，占地约 100 亩。当时，那里是一片村舍农田。

豫丰纱厂 1920 年建成投产，有美国制造的电机 4 座、纱锭 56448 枚、布机 230 多台，生产利润非常可观。纱厂按装机先后顺序分为一、二、三、四、五个纺纱工厂和一个织布厂。另设一所发电厂和一所造纸厂。鼎盛时期，豫丰纱厂的员工约有 4170 人，其中男工 1270 人，女工 2900 人。

可以想见，这是一支多么浩大的队伍，又需要多少辅助行业为他们服务。豫丰纱厂造就了自郑州铁路工人之后又一批新型的产业技术工人，其规模和设备在当时的中国可谓首屈一指。

豫丰纱厂使用的原材料种类有美棉、陕西棉、彰德棉，日生产棉纱 120 包。还生产粗斜平面布，产品销往河北、陕西、江苏、东北三省和河南各地。

豫丰纱厂的开办，很快带动了周边小型商业圈的兴起。本来是乡村的纱厂一带，很快呈现出城镇化的气象：电灯、自来水、洋车、黄包车等一应俱全，各种小吃店也应运而生，甚至昼夜营业以适应纱厂工人的三班倒。

但令人遗憾的是，豫丰纱厂生不逢时，开工不到一年，直皖战争、直奉战争先后爆发，纱厂虽未毁于战火，但纱厂生产时起时落，陷入困境。1937年，抗日战争烽火逼近郑州，豫丰纱厂被迫迁至重庆，此后再也没有回郑州。

1948年郑州解放，国家在郑县城区设立郑州市，直属河南省管辖。彼时的郑州只有卷烟、面粉、纺织、木业等几个小厂。当交通运输纳入正常运转的轨道后，郑州“西郊”的发展又出现了一个奇迹：基于豫丰纱厂留下来的大批产业工人，国棉一厂至六厂陆续拔地而起，几乎是一年建成一个。紧接着，印染厂、纺织机械厂、第二砂轮厂、煤矿机械厂、电缆厂以及配套的医院、中小学、电影院等，也都相继诞生。五六年的时间，不见了原来的老墙，不见了原来的田野，“西郊”再造了一个新郑州，其面积比郑州原来的老城区还要大。

铁路运输业日渐发达，加速了以农业经济为主的郑州近代工业化和城市化的进程，郑州也迅速完成了由小城镇向大城市华丽转型的蜕变。这不能不让人感叹：火车，迅速缩短了郑州乃至河南与外界的空间距离；火车，让郑州城市的框架得以快速拓展与定型；火车，让郑州快速实现了跨越式的发展；火车，改变了郑州人的生产和生活方式……

火车，奠定了郑州在河南省的政治、经济、文化中心地位。1954年10月30日，有八朝古都、“东京梦华”之美誉的汴京开封，将河南省会“转交”于郑州，郑州从此成为我国中部一座非常重要的城市。

5

时光推移到20世纪后期。改革开放的春风劲吹中国。

1979年，中国在深圳、珠海、汕头、厦门试办出口特区。1980年5月，我国将深圳、珠海、汕头和厦门这四个出口特区改称为经济特区。由此，占尽天时、地利、人和的珠三角沿海地区驶入了经济发展的“高速路”，以惊人的速度成就了“南海明珠”之美誉——“一九七九年，那是一个春天，有一位老人在中国的南海边画了一个圈，神话般地崛起座座城，奇迹般地聚起座座金山……”这耳熟能详的歌词，呈现的正是经济特区繁荣昌盛之景象。

1982年，国务院决定成立上海经济区——长三角经济圈的飞速发展便由此拉开帷幕，以上海为中心，包括苏州、无锡、常州、南通和杭州、嘉兴、湖州、宁波、绍兴等在内的长三角城市群，一举成为中国经济最具活力、开放程度最高、创新能力最强、吸纳外来人口最多的区域之一。

而地处内陆的郑州，作为铁路、公路枢纽中心的中原绿城，在火车带来的第一次“起飞”之后，曾经的辉煌突然间暗淡下来，在数十年的发展中一直不尽如人意，渐渐陷入经济发展的“盆地”。

社会文明的发展、经济形态的变化、科学技术的进步等，不知不觉间便让不沿边、不靠海的“天下粮仓”，失去了曾经的优势。政治中心的北移，让中原的“地利”不再。相比之下，同属内陆的河北，因为环绕在京城周边，神不知鬼不觉地把毗邻的河南甩在了后边。

改革开放、加入世贸组织，中国不再是一个孤立的经济主体，而是逐渐成为世界贸易中占有重要地位的大国。经济地理无形中由原来的内陆转移到沿海、沿边，人们过去追求的“居中”，转换成了现在的“求外”，而河南在世界经济贸易中的作用却越来越弱，这无疑使中原的“地利”优势减弱。相邻的山东省，区位、人口与河南基本相同，因为临海，经济发展远远超过了河南。

1亿人口，在人力为主的农耕时代是优势，如今却成了拖累。伴随着工业化、城镇化的进程，河南大批青壮年劳力开始踏上务工之路。近年来，每年有2000万以上的农民工北上南下，在不稳定的艰苦作业环境和生活环境中漂泊。而河南农村，则是与之对应的大批留守老人、妇女、儿童。家富民强，中原崛起，成为河南人民翘首以待的梦想。

河南历任的决策者，面对如此不占优势的省情，无不在寻求中原快速腾飞的梦想，他们一棒一棒地交接，竭尽全力地延续着1亿人的热切期盼。

在漫长而艰难的寻梦历程中，每一位决策者都想找到腾飞的“翅膀”，找到一个撬动发展的“支点”。

而“翅膀”与“支点”，又在哪里呢？

楔子

1 作为东方与西方之间经济、政治、文化交流符号的丝绸之路，从最初的陆地到海洋，再到天空，如今又被插上一双"有形的翅膀"。

2017年5月14日，习近平总书记在"一带一路"国际合作高峰论坛发表主旨演讲时，针对"设施联通"，强调"要着力推动陆上、海上、天上、网上四位一体的联通"[1]。

一个月后的6月14日，习近平总书记在北京会见卢森堡首相格扎维埃·贝泰尔时强调，要深化双方在"一带一路"建设框架内金融和产能等合作，中方支持建设郑州—卢森堡"空中丝绸之路"[2]。

---

［1］引习近平《携手推进"一带一路"建设》，2017年5月14日，国家主席习近平在北京出席"一带一路"国际合作高峰论坛开幕式，并发表题为《携手推进"一带一路"建设》的演讲。来源：新华社。

［2］《支持建设郑州—卢森堡"空中丝绸之路"》，《河南日报》2017年6月15日第1版。

对河南来说，这是个令人非常振奋的消息——这不仅是总书记对郑州航空港经济综合实验区未来发展的巨大鼓舞和支持，也为郑州航空港区深度融入“一带一路”建设指明了方向。

2014 年 5 月 9 日—10 日，习近平总书记到河南考察。两天的时间，习近平总书记来到开封、郑州等地——下农田，察看小麦长势；进乡镇，听取意见建议；入企业，询问科技创新；到城市，了解现代物流等新兴业态发展；先后召开基层干部和村民代表座谈会、河南省委省政府工作汇报会，深入了解我省经济社会发展和党的群众路线教育实践活动开展情况。[3]

5 月 10 日，习近平总书记在郑州河南保税物流中心考察郑州市跨境贸易电子商务服务（E 贸易）试点项目运营情况时，勉励郑州 E 贸易朝着“买全球卖全球”[4]的目标迈进。彼时，郑州市跨境贸易电子商务服务试点项目实施方案获海关总署批准运行还不足一年，即取得了贸易进出口货值达 130 多亿元、为 100 余家商户提供实货测试服务的成绩。该项目通过构建跨境贸易电子商务综合服务平台，以解决通关难、结汇难、退税难问题。首批有 88 家电商、16 家物流商参与测试，京东商城、阿里巴巴等相继落户，初步实现直通世界 13 个城市。

那次考察，习近平总书记在郑州国际陆港“四连问”中欧货运：“班列前景怎么样？在国际货运中会占到什么比例？比例会扩大到多少？本省货占多少？”[5]当得到“班列未来时速将达 120 公里，前景非常看好”的回答时，总书记殷切地提出了“建成连通境内外、辐射东中西的物流通道枢纽，为丝绸之路经济带建设多作贡献”[6]的希望。

---

[3]《习近平总书记一月两次亲临河南考察指导》，人民网，2014 年 5 月 12 日。

[4]《买全球，卖全球——加快构建现代市场体系之三》，《河南日报》2014 年 7 月 21 日第 1 版。

[5][6]《努力建设富强河南文明河南平安河南美丽河南——习近平总书记河南考察侧记》，《河南日报》2014 年 5 月 12 日第 1 版。

郑州国际陆港，一直在着力打造国家铁路一类口岸、多式联运服务中心、中欧班列货运中心、智慧物流信息中心。不沿边不靠海的郑州，凭借一条铁路开通国际陆港，“聚郑州通全球”不再只是一个梦。

Z

2015 年 9 月 24 日上午，国务院总理李克强来到了郑州新郑国际机场二期工程 T2 航站楼建设工地。这是新中国成立以来河南规模最大的单体工程，加上综合交通换乘中心（GTC），新郑国际机场简直就是“巨无霸”。

李克强总理不住地环视着宏阔的工程场面，对这个呼之欲出的国际航空货运枢纽展现出的美好前景充满了期待。他期待郑州新郑国际机场这个航空枢纽，不仅要建成河南最大的，而且能够成为全国最大的立体式现代综合交通枢纽。目前，我国物流成本比较高，要通过建设高标准交通枢纽，降低成本，让物畅其流、人畅其行，造福百姓。[7]

9月24日下午，李克强总理来到河南保税物流中心。此时，乘着“互联网+”的东风，郑州 E 贸易业务成绩不断刷新国内纪录，一跃成为全国试点城市的风向标和领头羊。通过改革和创新商业模式、政府监管方式，这里的跨境电商平台已集聚近 500 家企业，不仅跨境贸易逆势增长，带动了消费，也带火了仓储、物流等相关产业。创新通关模式并实行货物“双随机”抽检后，这里货物的通关时间从数天、数小时进入“秒通关”时代，园区企业销售额呈几何级数式增长，“秒通关”新模式不仅提高效率，也压缩了寻租空间，真正为企业减负增效，激发市场活力。

---

［7］《总理寄语郑州新郑机场二期工程——打造造福百姓的百年工程》，《河南日报》2015 年 9 月 25 日第 1 版。

蓄势崛起的郑州航空港，蓬勃发展的临空经济，加快建设的“米”字形高铁，成绩斐然的跨境贸易电子商务，一个个对外开放平台的建设成绩，让李克强总理非常振奋，他表示：河南承东启西、连南接北，郑州航空港经济综合实验区、跨境电子商务实实在在地在显示着中原腹地的重要力量，辐射周边、活跃全局所产生的价值远超过全省 GDP 总量。当前，我国经济面临下行压力，要让人民过上好日子，发展还是解决一切问题的关键和基础。河南是愿意作为、主动作为的地方，河南可以更多地为国家发展提供支撑力量，国家需要河南发挥更大作用。希望下次回来时，河南会展现出更新的景象。[8]

3

2014 年 7 月 1 日，郑州汽车整车进口口岸成功获批。2014 年 9 月 25 日，该口岸成功通过国家验收组验收。

2015 年 4 月 14 日，中部地区首家多式联运功能海关监管场所在郑州设立。多式联运海关监管场所的设立，将让企业通关更加快速，运营成本不断降低。同时借助航空、公路等多种运输载体，郑欧班列连通境内外、辐射东中西的物流通道枢纽作用日渐彰显。

2015 年 9 月，在李克强总理考察郑州航空港区之后，时任省委书记郭庚茂指出，航空港实验区作为国家确定的内陆开放高地，是东联西进的重要枢纽之一，也是河南省自身发展与“一带一路”倡议相结合的最佳契合点。把航空港实验区建设同实施国家“一带一路”倡议结合起来，是河南加快发展的最大机遇，可以塑造河南最大优势。

2016 年 8 月 1 日，时任河南省委书记谢伏瞻、省长陈润儿带领河南省四

[8] 《未来的河南会更加让世人刮目相看——李克强总理河南考察纪行》，《河南日报》2015 年 9 月 28 日第 3 版。

大班子部分领导以及郑州市有关领导同志奔赴航空港区进行调研。

在调研会上，谢伏瞻明确表示，航空港区发展的态势没有变，也不能变；实验区在全省经济发展中的地位没有变，也不能变；省委、省政府大力推进实验区建设的决心没有变，也不会变。

2017 年 2 月 28 日上午，谢伏瞻、陈润儿等再次到郑州航空港区调研。谢伏瞻指出，要吸引更多法人物流企业到航空港区投资落户，发挥集群效应，助推现代物流中心建设和发展。谢伏瞻最后强调，航空港区汇聚着全省的优势要素资源、优惠政策，承载着全省人民的厚望和重托。

2017 年 4 月 1 日上午，中国（河南）自由贸易试验区（简称“河南自贸区”）挂牌仪式在郑州片区综合服务中心举行。谢伏瞻出席仪式，并为河南自贸区揭牌。陈润儿致辞。

在揭牌仪式上，谢伏瞻、陈润儿等领导分别向郑州市、洛阳市、开封市授“中国（河南）自由贸易试验区郑州片区、洛阳片区、开封片区”牌，并向首批入区企业代表颁发营业执照。

同日，河南省人民政府发布《郑州航空港经济综合实验区“十三五”发展规划》（本小节以下简称《航空港区规划》）。

郑州航空港经济综合实验区，如今仍然是全国唯一一个国家级航空经济综合实验区。2016 年 3 月，郑州航空港经济综合实验区被写入国家“十三五”规划。从经济规模看，郑州航空港区堪称河南第 19 个“省辖市”，发展速度继续领跑全省，乃至全国。

4 年多来，郑州航空港区各项经济指标持续保持较快增长，经济结构进一步趋好——

2015 年：郑州航空港区生产总值达到 520.8 亿元，3 年年均增长 21.4%。新郑国际机场旅客吞吐量达到 1729.7 万人次；货邮吞吐量达到 40.3 万吨，货邮吞吐量年均增速居全国大型机场首位，货运行业排名由 2012 年的第 15 位上升到第 8 位。产业发展上，航空港区已经初步建成全国智能手机生产基地，手机产量突破 2 亿部，占全球出货量逾 1/7；城市建设上，航空港区城市建成区面积达到50平方公里，人口超过60万。

2016年：生产总值完成622.5亿元，比上年增长13%；大枢纽建设全面提速，新郑机场开通全货运航线34条，其中国际航线29条；开通客运航线162条，其中国际航线25条；新郑机场旅客吞吐量突破2000万人次，增长20%；货邮吞吐量完成45.7万吨，增长13%，其中，外省货物占比超过50%。航空港区对整个内陆的辐射作用进一步提升，口岸综合优势不断放大，对区域经济的服务和带动作用显著增强，全区全年完成进出口总额2784.5亿元，郑州市占比超过83%，全省占比超过65%。新郑综合保税区三期封关运行，2016年完成进出口总值3161.2亿元，跃居全国第一。通过航空港实验区口岸进口的货物涵盖12个国家，郑州已成为全国最重要的进口鲜活产品集散地之一。

2017年6月，新郑机场客运再创历史纪录：截至6月10日，新郑机场累计完成旅客吞吐量1001.4万人次，较上年提前一个月突破千万人次大关，同比增长20%，增速在全国处于领先水平。安全保障飞机起降8.12万架次，同比增长14.1%；运营客运航空公司43家，开通客运航线167条，客运通航城市90个。上半年，新郑机场客运量单月增速均保持在15%以上，持续保持强劲增长态势。基地客运航空公司建设稳步推进，其中南航河南公司新增3架过夜运力；西部航空在郑过夜运力达8架，郑州分公司项目有望近期落地；祥鹏航空、海南航空、扬子江航空和乌鲁木齐航空等均在积极推进郑州运营基地建设。

国际航线开辟持续向好，先后增开了郑州至芽庄、芭提雅、曼谷、新加坡等亚洲地区航线，开通了至莫斯科国际包机航线；与捷星航空和亚航商定合作，捷星航空于10月底开通至墨尔本国际客运航线，亚航计划2017年内开通至东南亚的多条客运航线。

作为过去、未来相当长时期河南省重点建设的“1号”区域，《航空港区规划》对航空港区未来5年做了如此描绘——

到2020年，航空港区的地区生产总值、固定资产投资、企业主营业务收入和建成区面积等主要指标都要实现翻番：生产总值达到 1000 亿元，保持 13% 的年均增速；航运旅客吞吐量实现 3000 万人次，年均增速 11.7%；航空货邮吞吐量达到 100 万吨，年均增长 20%；区内常住人口突破 110 万人，相比 2015 年基本实现翻番；建成区面积达到 130 平方公里，是 2015 年建成区面积的 2.6 倍；建成区绿化率达到 40%。

未来航空港区将建成空港、产业、居住、生态功能区共同支撑的国际化绿色智慧航空都市，包括——

空港片区：建设公共文化、航空金融中心，率先形成航空都市样板区，发展高端生活服务业，建成中部设计中心、国际企业中心等地标式商务中心，打造集商贸、金融、文化、旅游为一体的航空都市 CBD（中央商务区）。古城片区：建设生产性服务中心，形成中部领先的电子信息产业基地。双鹤湖片区：建设智能终端（手机）生产、研发设计、交易基地和总部经济基地，形成高端产业集聚中心。东部会展物流片区：建设集大型会展、物流集散为一体的临港型商展交易中心，形成现代服务业集聚区。

在对外连接上，《航空港区规划》提出两大目标：打造现代综合交通枢纽、国际物流中心。“十三五”期间，航空港区将打造国际航空货运枢纽和国内大型航空枢纽，启动郑州机场三期工程前期工作，开工建设第三跑道，郑州客运通航城市超过 110 个，在郑州机场运营的客货运航空公司超过 70 家。航空港区将构建航空干线物流网络。依托郑州机场贯通全球的货运航线网络，建设卢森堡货运航空公司亚太地区分拨中心集散基地、温控物流中心和先进制造业供应链基地，打造大型物流集成商货物集散中心；推动与仁川、迪拜等枢纽机场建立货运联盟，开通高频货运航班，拓展货源市场。同时，依托中欧班列（郑州），加强与卢森堡、保加利亚、土耳其等国铁路部门对接，开行中欧班列（郑州）南欧、北欧线路。

在打造综合交通枢纽方面，《航空港区规划》提出内接全国的思路，即“米”字形高铁、城铁、高速公路等多种交通方式全面发展。

一句话，郑州航空港区发展的良好态势依然强劲，在全省发展大局中的地位和作用依然突出。

4

2017年6月22日，中国城市竞争力研究会在香港发布“2017全球国家（城市）分类优势排行榜”，其中，在“2017中国‘一带一路’最具开发潜力城市排行榜”中，郑州仅次于香港，排在第二位。这次入选的地区均为“一带一路”沿线的战略节点城市，在经济、社会及文化等领域具广阔发展空间及成长潜力，且受投资者高度关注。

早在2013年1月29日，住房和城乡建设部公布的首批国家智慧城市试点名单中，郑州市就赫然在列。智慧城市是在物联网、云计算等新一代信息技术的支撑下，形成的一种新型信息化的城市形态。

2015年3月23日，河南省与腾讯公司签订“互联网+”战略合作协议，成为全国首个与腾讯公司公开签约的省份。在郑州使用微信支付等，能够进行更多的业务办理。

2016年，河南移动在航空港区和郑州国家高新技术产业开发区投资65亿元建设两个国际一流数据中心，也就是说，移动的信号将会更好、覆盖更广。

2016年12月26日，国家发改委发布《促进中部地区崛起“十三五”规划》，正式宣布：支持郑州、武汉建设国家中心城市。郑州成为全国第八个国家中心城市，其他城市分别为：北京、天津、上海、广州、重庆、成都、武汉。由此，郑州正式跻身国家中心城市行列。

2017年4月20日，郑州正式成为（欧盟）安达卢西亚智慧城市联盟会员。郑州将享受世界一流智慧城市的成果，最新应用的科技成果将遍布生活的每个角落。

在全国335个城市的“互联网+”社会服务指数排名中，郑州居第19位，尤其在“互联网+”政务服务方面表现出色，居全国第2位。

2017年5月25日，“2017中国城市商业魅力排行榜”出炉，15个“新一线”城市排名出炉，依次是成都、杭州、武汉、重庆、南京、天津、苏州、西安、长沙、沈阳、青岛、郑州、大连、东莞和宁波，其中，郑州和东莞系新晋“新一线”城市。

众所周知，郑州是国家历史文化名城，是华夏文明重要发祥地之一，为中华人文始祖轩辕黄帝的故里，历史上曾五次为都、八代为州，是“中国八大古都”之一和世界历史都市联盟成员，其历史文化，都有绝对的“国际范儿”。随着郑州航空港区的不断发展，这座城市正在以日新月异的速度，朝着具有国际风范的航空大都市迈进。

第一章

花落郑州

1 2013年到来了。

对于全球大部分城市来说，2013年并无特别，注定与过去的每一年一样，平凡而多事。进入科学技术高速发展的时代，每一年，每一月，每一天，每一小时，每一分甚至每一秒，都有奇迹在发生。

当然，2013年也是不同寻常的一年。各大媒体从不同角度评选出来的世界“十大事件”与“2013年国际大事记”中，赫然上榜的国际大事有：斯诺登棱镜门事件，埃及穆塔西政权被推翻，奥巴马政府正式开始第二任期，中美元首“庄园会晤”，美国政府关门事件，朴槿惠正式宣誓就任韩国总统，伊朗核问题达成初步协议，多哈回合谈判获历史性突破，撒切尔夫人和曼德拉逝世，等等，其中不少事件足以对世界历史进程产生重要影响。

对于中国来说，2013 年则是“中国梦”起航的元年。习近平正式就任国家主席，李克强主政国务院。十八届三中全会确定新时期改革方略。2012 年 11 月 29 日，习近平总书记在国家博物馆参观“复兴之路”展览时，第一次阐释了“中国梦”的概念，“中国梦”从而成为 2013 年最火的年度热词。我国令人振奋的喜事还有：神舟十号载人飞船发射成功，运 -20 大型运输机首次试飞成功，“嫦娥三号”在月球正面实现软着陆……

然而，在“2013 年河南人事记”中，记录着如下事件：郑州航空港经济综合实验区获国务院批复；郑州机场创下三项“中部唯一”：成为全国第一个综合性 E 贸易试点，也是继上海之后获批国际快件直封权，成为全国第十三个享受免税航油的机场；“米”字形高铁网建设已见雏形，郑徐高铁预计提前一年完工，郑合、商杭高铁获批，郑焦城际、郑开城际开始铺轨，郑机城际架梁接近尾声；郑欧班列开通，开启了中国与欧洲的“新丝绸之路”；地铁开通；工信部增设郑州为全国通信骨干网主连点，马云菜鸟网络将郑州作为核心城市；河南企业走向国际市场，河南美景集团收购穆尼航空，河南航投收购卢森堡货航洽谈成功；郑州凸显金融中心功能，郑商所上市多个新品种，中原银行成立，渣打银行郑州分行营运；等等。

完全可以说，河南省——中原这片热土的 2013 年，是火热的一年，是令世界瞩目的一年，是令中原人激动的一年……

2013 年 4 月 3 日上午。北京，位于老外交部大院的国务院新闻办公室新闻发布厅。

来自人民日报、新华社、中央电视台、中央人民广播电台、中国国际广播电台、光明日报、经济日报、中国日报、中新社、香港文汇报、香港大公报、香港商报、台湾东森电视台、俄罗斯塔斯社、美国中华商报、日本西日本新闻社、日本北海道新闻社、日本朝日电视台、加拿大电视网、波兰电台、人民网、新华网、新浪网、搜狐网以及河南省主要新闻单位等 80 多家媒体的 100 多名记者会聚在这里，他们要等待发布我国第一个上升为国家战略的航空港经济发展先行区——郑州航空港经济综合实验区发展规划的相关情况。

今天，无疑是河南的主场。

3 月 7 日，伴随着惊蛰的春意，一个消息温暖了河南——《郑州航空港经济综合实验区发展规划》获得国务院批复。而此时，正是全国第十二届人民代表大会第一次会议召开期间。

这个消息，如一块石头投进一池静水，瞬间打破了平静，涟漪迅速漫延。河南多年来为实现“中原崛起”所做的努力，终于有了突破性进展。尤其是在京开会的河南省主要决策者，激动、兴奋、摩拳擦掌、跃跃欲试。河南的航空经济时代即将到来了。

一时间，河南沸腾了！

河南人怎能不振奋！5 个月之前，我国新一轮改革的重要标志，以河南郑汴洛都市区为核心、中原城市群为支撑、涵盖河南全省延及周边地区，全国首个内陆经济改革和对外开放经济区——中原经济区经国务院批准设立。国务院批复的《中原经济区规划》，将成为河南省推动社会经济发展的纲领性文件。

10 点整，新闻发布会准时开始。主持会议的国务院新闻办公室新闻局局长郭卫民向大家介绍主席台上的领导：河南省人民政府省长谢伏瞻、民航局局长李家祥、国家发改委地区经济司司长范恒山和郑州市主要领导。

与记者们一起坐在听众席的，还有来自河南的有关领导：省委常委、宣传部部长赵素萍，时任省人大常委会副主任张大卫，时任副省长赵建才，省政协副主席、省发改委主任张维宁等。

谢伏瞻是新闻发布会当然的主角。其实，新闻发布会前的 3 月 24 日，谢伏瞻作为省委副书记这个身份时，就已经在国务院发展研究中心与河南省人民政府主办的中国发展高层论坛 2013“中原之夜”做起河南对外的“宣传大使”了。

今天，是谢伏瞻当选为河南省省长的第二天——这是他作为省长的“首秀”。

2013 年 3 月 20 日，59 岁的国务院研究室主任谢伏瞻“空降”中原，出任河南省委常委、副书记，同时被提名为省长候选人。

“从今天起，我就是河南人，河南就是我新的家乡，我与河南人民就是一家人了，今后我们将风雨同舟，荣辱与共。”在当天的河南全省领导干部会议上，谢伏瞻如是说。

13 天后的 4 月 2 日，在河南省十二届人大二次会议上，谢伏瞻全票当选为河南省人民政府省长。

谢伏瞻在经济领域的建树一直备受肯定，曾于 1991 年获得孙冶方经济科学奖——该奖创立于 1983 年，是国内经济学界公认的最高奖；1996 年，谢伏瞻获国家科技进步二等奖，并被国务院授予有特殊贡献专家称号，享受国务院特殊津贴；2001 年，谢伏瞻再次获得孙冶方经济科学奖。《大公报》对谢伏瞻的获奖如此评论：获奖者均为权威学者，两次获奖者更是凤毛麟角。

“新闻界的朋友们，女士们、先生们：时隔五年，又来到这个新闻发布厅，我感到格外的亲切。今天，有机会在这里，就郑州航空港经济综合实验区的情况，向大家做一个介绍，我想对促进我们‘中原崛起，河南振兴’，有非常重要的意义。今年 3 月 7 日，国务院批复了《郑州航空港经济综合实验区发展规划》，这是继去年《中原经济区规划》之后，国家推动河南经济社会发展的又一重大战略部署。在此，我代表河南省委、省政府向大力支持实验区建设的有关部门和关心支持河南发展的新闻界朋友们表示衷心感谢！”

2007 年 1 月 25 日，谢伏瞻第一次以国家统计局局长的身份面对中外媒体就是在这里。之后在他担任国务院研究室主任期间，也经常通过透气会、吹风会的形式和媒体交流。

谢伏瞻微笑着，以舒缓的语调说完这段开场白，起身对台下深深地鞠了一躬。此时，台下并没有热烈的掌声，记者们都在侧耳倾听谢伏瞻娓娓道来。

接下来，谢伏瞻以简练、理性的语言，概括了《郑州航空港经济综合实验区发展规划》的出台背景、建设思路等情况——

国家决定规划建设郑州航空港经济综合实验区，既是着眼于中原经济区建设、中西部地区对外开放和全国经济社会发展大局，又是基于河南发展航空港经济的优越条件和基础。一是区位交通优势突出。郑州航空港地处内陆腹地，空域条件较好，一个半小时航程内覆盖中国2/3的主要城市和3/5的人口，郑州机场规划建设4条以上跑道，去年货邮吞吐量增速居中国大陆大型机场首位，每周全货机航班居中西部主要机场第2位。全省铁路营业里程4822公里，以郑州为中心“米”字形布局的高铁网正在加快建设，高速公路通车里程5830公里，所有县城均可20分钟内上高速公路，陆空对接、多式联运、内捷外畅的现代综合交通体系日趋完善，货物集疏的物流成本和时效成本优势明显。二是产业基础和发展态势良好。一批电子信息、生物医药、航空运输等企业加快向郑州航空港集聚，美国联合包裹、俄罗斯空桥、富士康等国际知名企业已进驻发展，郑州已成为全球重要的智能手机生产基地，航空枢纽建设和航空关联型产业互动发展的良好局面初步形成。三是开放条件不断完备。郑州新郑综合保税区、保税物流中心、出口加工区、铁路集装箱中心站等集中布局，口岸功能不断完善，各类园区与航空港联动机制初步建立，通关便捷化程度较高，郑州跨境贸易电子商务服务试点即将启动，开放型经济发展前景广阔。

郑州航空港经济综合实验区面积是415平方公里。战略定位是，建成国际航空物流中心、以航空经济为引领的现代产业基地、内陆地区对外开放重要门户、现代航空都市、中原经济区核心增长极。发展目标是，到2017年，实验区基础设施、公共服务、产业体系初步形成，主要功能区开发建设初具规模，航空港经济发展初见成效；到2025年，建成富有生机活力、彰显竞争优势、具有国际影响力的实验区，形成引领中原经济区发展、服务全国、连通世界的开放高地。国家将在口岸通关、航线航权、财税金融、土地管理、服务外包等方面给予实验区政策支持。

按照国家发展规划，我们将把郑州航空港经济综合实验区作为中原经济区建设的战略突破口，作为河南对外开放、打造内陆开放高地的综合性抓手，作为率先创新体制机制、为全省改革发展探索路子积累经验的有效平台，高水平编制实验区概念规划、总体规划和专项规划，高标准建设各类软硬件设施，建立完善高效率的管理运转机制，力求实现高速度可持续发展。一是建设竞争力强的国际航空货运枢纽。以发展航空货运为突破口，拓展优化航线网络，把实验区基础设施建设和综合交通枢纽建设相结合，强化陆空交通衔接，构建设施先进、网络完善、支撑有力、运行高效的航空货运集疏系统。二是建设航空经济产业体系。依托航空货运网络，形成特色优势产业的生产链和消费供应链，带动航空偏好型高端制造业和现代服务业集聚发展，重点打造全球重要的智能手机生产基地和国际电子信息产业基地。三是建设绿色智慧航空都市。以集约、智能、绿色、低碳发展的理念，发展高品质公共服务，培育航空港、产业、居住、生态功能区共同支撑的航空都市，建设现代产城融合发展示范区。四是建设内陆开放型航空港区。完善提升开放平台服务功能，构建国际化营商环境，创新对外开放体制机制，打造内陆开放门户，为高效利用全球资源和国际市场提供平台。

建设郑州航空港经济综合实验区是河南的机遇，也是全国和世界的机遇。我们坚信，有党中央、国务院的正确领导，有国家部委和社会各界的大力支持，有河南全省上下的共同努力，我们一定能把实验区建设好，为全国发展大局做出新的更大贡献！

最后，诚挚邀请新闻界朋友们多到河南走走看看，发展的河南、开放的河南一定会给大家留下深刻的印象和美好的记忆！

70 多分钟的新闻发布会，谢伏瞻如数家珍般地畅谈郑州航空港经济综合实验区，对记者的提问对答如流，沉着稳重的神态，不急不缓的语速，对郑州航空港区的熟悉程度，如果不是李家祥“爆料”，在场的记者谁会想到，他到河南履职只有 14 天。

从谢伏瞻的讲话、他和几位领导的答记者问中，可以清晰地看出，作为国家战略的郑州航空港经济综合实验区，正是建设“中原经济区”的“抓手”，通过大型的航空枢纽建设，吸引大批量企业入驻，并用航空货运的方式来带动中西部经济的发展。同时，河南借助国家战略之“东风”，“推进河南省经济结构调整和发展方式转变”，即通过建设郑州航空港区，把作为农业大省的河南，发展为产业结构更协调、现代制造业和高端制造业更发达的河南——这也是河南1亿人民和多年来历届河南决策者共同的心愿。

由此，郑州航空港经济综合实验区成为河南决策者们撬动经济腾飞的“支点”。

2

北京西郊玉渊潭公园东侧，有一座古代皇家园林，因12世纪金朝皇帝金章宗在此筑台垂钓，故名钓鱼台。新中国成立后，在古钓鱼台风景区修建了钓鱼台国宾馆。如今，这里已成为中国国家领导人进行外事活动的重要场所。

国务院发展研究中心与河南省人民政府主办的中国发展高层论坛2013“中原之夜”主题晚宴活动，就选在钓鱼台国宾馆的芳菲苑。

钓鱼台国宾馆有十几栋楼房，由“一号楼”编号至“十八号楼”。其中为体现大小国平等对待，响应中国当时对外政策，不设“一号楼”。为尊重欧洲国家习惯，不设“十三号楼”。为尊重中国传统，以“八方苑”替代“四号楼”，以“芳菲苑”替代“十七号楼”。

3月24日晚，芳菲苑被装扮成“河南模样”，大红的洛阳牡丹花、滚滚的黄河水作为背景装饰在大堂墙壁上，格外醒目。

出席“中原之夜”的嘉宾，可谓“大腕”云集：时任国务院发展研究中心主任李伟，国务院发展研究中心原主任王梦奎，时任国务院发展研究中心副主任刘世锦、韩俊、张军扩、张来明等，联邦快递公司董事会主席、总裁兼首席执行官施伟德，西门子股份公司总裁、首席执行官罗旭德，嘉吉集团董事会主席、总裁、首席执行官彭国瑞等来自世界500强企业和知名跨国公司的300多名总裁、首席执行官及高管，他们为这次盛会“增色”了不少。

时任河南省委书记郭庚茂、省委副书记谢伏瞻和其他省领导刘春良、张维宁等，向知名学者、有关国际组织、商界精英推介文化底蕴丰厚的河南与崭新的郑州航空港区，畅谈合作，共话发展。

郑州航空港区成为当晚无须争议的核心话题——这也是它在国务院批复之后的首次亮相。

餐前酒会期间，郭庚茂、谢伏瞻分别与包括西门子股份公司总裁罗旭德，汇丰控股有限公司集团行政总裁欧智华，联邦快递公司董事会主席、总裁兼首席执行官施伟德在内的诸多跨国企业全球总裁进行了交谈。

短短半小时的餐前酒会，郭庚茂分别向可口可乐、卡特彼勒、汇丰银行、渣打银行等八位世界 500 强、跨国公司总裁或首席执行官推介了郑州航空港经济综合实验区。

罗旭德对郭庚茂说："我们公司早在 20 世纪 70 年代就到河南投资，今后的投资力度还会加大。"

郭庚茂诚挚地邀请罗旭德到河南走走。

郭庚茂与施伟德的谈话可以说直奔主题。联邦快递已经在河南成立了分公司，郭庚茂首先征询施伟德对联邦快递在河南发展有什么建议，接着开门见山地问，联邦快递何时把郑州作为其国内业务的中转中心。施伟德坦诚地告诉郭庚茂，目前中国国内的业务中转中心位于广州，在海关方面存在一些政策障碍，如果顺利解决，"我承诺将中国业务中转中心转入郑州"。郭庚茂则爽快地答复："你提问题，我来解决。"

从他们愉快的表情可以预见到，与世界级商界巨头未来更密切的合作不再是空中楼阁。

18 时 40 分，一曲激昂优美的《黄帝颂》，拉开了"中原之夜"的序幕。以"开放的河南欢迎您"为主题的开场宣传片内，四通八达的交通、快速发展的经济水平、厚重的历史文化……一个崭新、开放的河南令嘉宾们耳目一新。

“中原之夜”是中国发展高层论坛的第14届主题活动，之前已连续举办了13届，此论坛已成为中国政府高层与国际商界、学界精英相互交流沟通的重要平台，在国内外影响颇大。

正如李伟在致辞中所说：中国发展高层论坛由国务院发展研究中心设立，宗旨是听取世界的声音、探索中国发展之路，一直重视为中国地方政府和中外企业界、学术界搭建交流平台。今晚，国务院发展研究中心与河南省政府共同举办“中原之夜”，一起欣赏中原大地盛开的花朵，享受美好的夜晚，正是想把中西部地区的发展机遇介绍给大家。

李伟还热情地为河南代言：中原地区是中华文明的发祥地，要了解中国，一定要了解中原，了解中原可以从两个成语入手，一个是问鼎中原，一个是逐鹿中原，这充分说明，中原地区长期以来一直是中华民族、华夏大地的政治、经济、文化中心。中原地区也是中国区域协调发展的战略支点和重要的经济增长板块。中原经济区地处中国中心地带，总面积28.9万平方公里，所拥有的独特交通区位、市场潜力和文化底蕴等优势，使这里成为投资和发展的热土。中国的区域协调发展和产业转移，正在唤醒中原地区乃至整个中西部地区的巨大发展潜力。相信在座的中外企业家朋友中，越来越多的人会将眼光投向蓬勃发展的中原地区。

李伟这番开场的致辞，令与会嘉宾对中原产生了浓厚的兴趣，一下子点燃了现场气氛。台上，演讲的嘉宾激情亢奋；台下，倾听的嘉宾神情专注，兴致盎然。不少商界巨头在认真地翻阅河南提供的资料——他们可不是来凑热闹的，而是来寻求自身发展机遇的。他们看中的机遇，无疑将会是与河南合作的契机。

作为河南决策者的“班长”，郭庚茂在《共享发展机遇，共赢美好未来》的主题演讲中，依然以郑州航空港区为重点——

中国政府为了加快推进中原经济区建设，使其尽早成为支撑全国经济发展新的增长极，做出了在河南建设郑州航空港经济综合实验区的重要决策，并于今年3月7日批复了发展规划，在口岸通关、航线航权、财税金融、土地管理、服务外包等方面给予了许多特殊政策。国家规划建设郑州航空港经济综合实验区，充分考虑了郑州区位优势突出、陆空衔接便利、产业基础良好、开放条件完备的客观条件和现实基础。按照国家规划，河南将在415平方公里实验区内，以郑州大型航空枢纽为依托，以发展航空货运为突破口，建设大枢纽、培育大产业、塑造大都市，构建国际航空物流中心、以航空经济为引领的现代产业基地、内陆地区对外开放重要门户、现代航空都市和中原经济区核心增长极，形成全国航空港经济发展先行区。

演讲的最后，郭庚茂诚恳地向与会的嘉宾发出邀请："春天的中原生机盎然，开放的河南商机无限。诚挚邀请各位嘉宾多到河南走走看看，亲身感受厚重河南的风采和魅力，共创互利共赢、繁荣发展的美好明天。"

施伟德作为商界嘉宾代表也在晚宴上致辞，他说：中原是孕育中华文明的摇篮之一，自古以来，肥沃的土壤和勤劳的人民使中原地区成为中国最高产的农业区域之一。得益于其战略性的地理位置，郑州成为中国重要的城市之一。目前，中国已成为制造业强国，但服务业还有巨大的提升空间。一些世界领先的服务企业，如汇丰银行、联邦快递，都是中国发展高层论坛的积极参与者，中国发展高层论坛为我们提供了一个优质的分享平台，我们也十分愿意同中国分享经验、技能和投资。我们期待与中国的朋友们和同事们携手前进。

美国福特汽车公司、德国大众汽车公司、美国卡特彼勒公司、西班牙力拓集团、加拿大庞巴迪公司、法国施奈德公司等全球知名的跨国公司董事长、首席执行官、高管，相聚于"中原之夜"，必将为中原开放、发展提供不可或缺的动力源。

现场采访的《大河报》记者记录了这些商界大鳄对郑州航空港区的看法——

闻名全球的航空企业庞巴迪公司高级副总裁约翰·保罗·麦克多纳说，郑州航空港区有着优越的发展条件，目前公司正在做前期的考察。

国际金融协会北京亚洲代表处首席代表叶迪奇认为，航空以及相关产业

快速发展的航空港实验区

郑州航空港经济综合实验区区位分析图（在全国的位置）

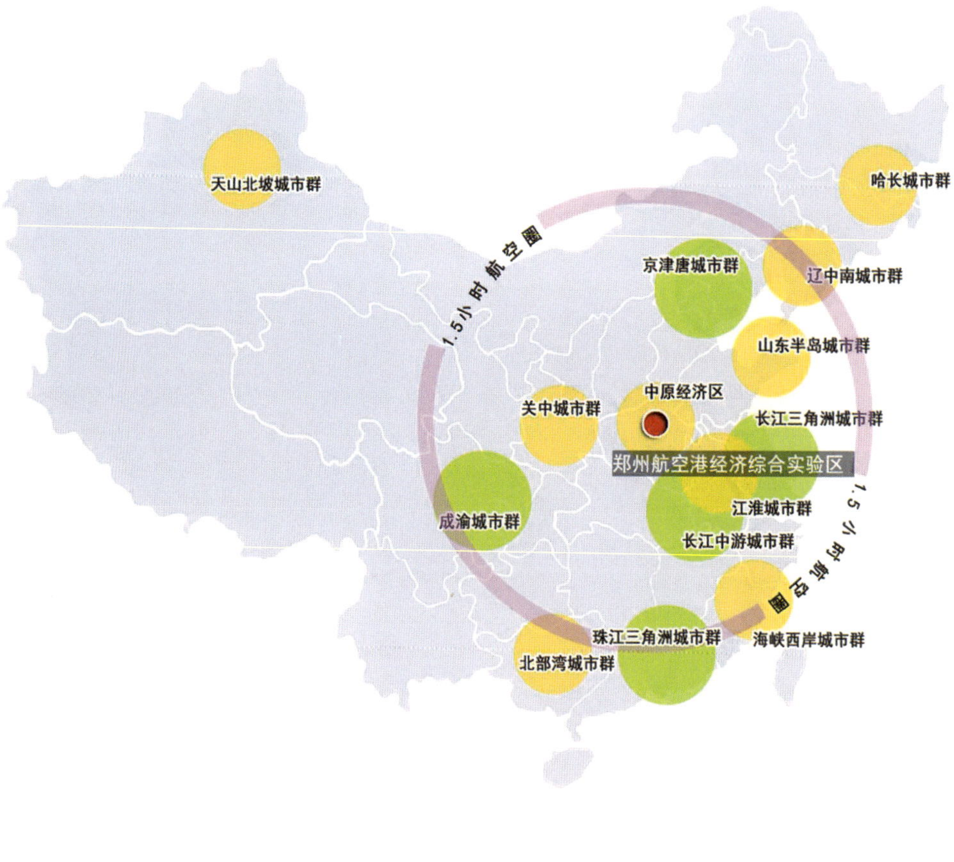

郑州航空港经济综合实验区区位分析图（在中原经济区的位置）

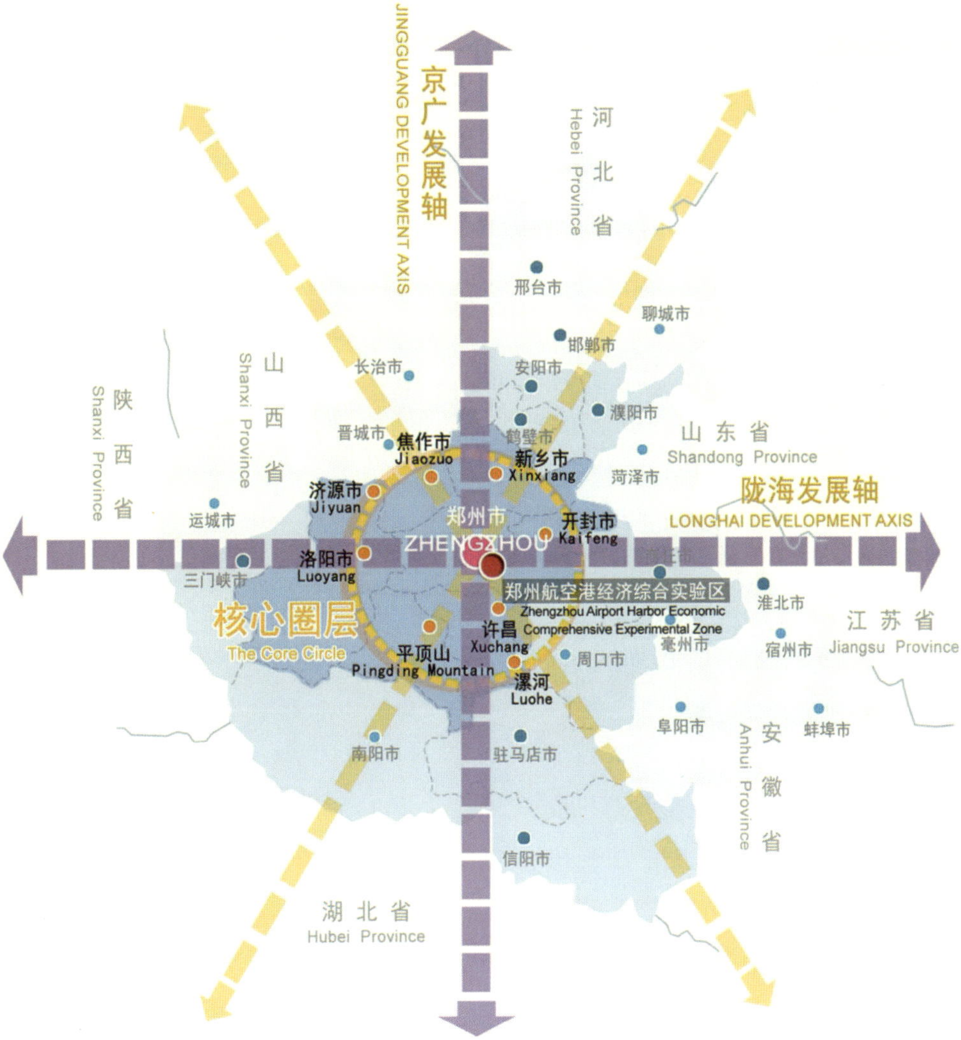

郑州航空港经济综合实验区总体规划 (2014—2040)

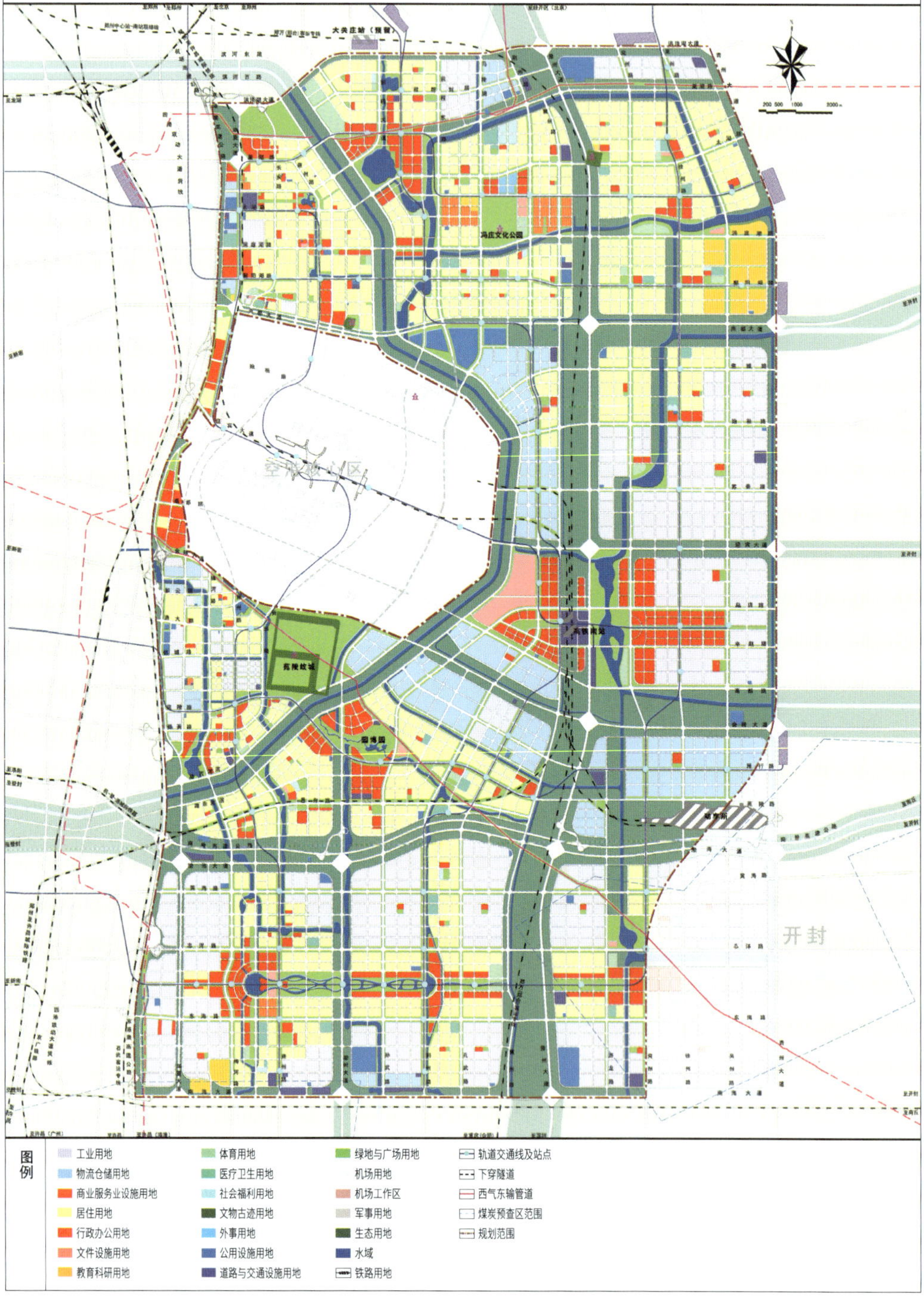

目前是全球最具发展潜力的产业之一，尤其是私人飞机开放后，将更具发展前景。河南提出郑州航空港，无疑是迎合了当前的产业发展趋势，非常值得肯定。

西门子（中国）有限公司在2012年9月26日与郑州市人民政府签订了战略合作的谅解备忘录，其中国区总裁兼首席执行官程美玮在接受《河南商报》记者采访时说，郑州航空港区建设为西门子带来了机会，河南有望成为西门子业务增长最快的市场，西门子目前正与郑州航空港区探讨现代化有轨电车项目的合作，希望为航空港区的绿色交通提供解决方案和经验。

河南省官员更是珍惜这难得的机会，与嘉宾热情地洽谈。郑州航空港商务和物流业发展局副局长杨晓峰，一有机会就向嘉宾推介与郑州航空港区的合作空间，他接触的每个客户，都对此给予积极回应，还表示了今后希望合作的心愿。

微软大中华区一位参会随行人员对《大河报》记者说："世界500强企业高管如此密集地聚焦在一起，共同关注一个区域的发展，这在国内并不多见。"

活动临近尾声，爱立信公司董事长雷夫·约翰森被记者团团围住。

雷夫·约翰森感叹道："这是个美好的夜晚！"

有记者问："如何看待苹果在郑州有最大的生产基地？"

雷夫·约翰森风趣地说，虽然我们现在没有，但谁知道未来呢？中原经济区以及郑州航空港区投资机遇无限，希望我们有机会合作。

根据中国发展研究基金会的统计，参与此次论坛的跨国公司全球首席执行官达到68位，100余位世界500强企业领袖、国际组织高级官员和国际知名学者应邀出席，本届论坛是历届论坛中外国来宾规格最高、人数最多的一届。

中国发展研究基金会秘书长卢迈在接受《河南日报》记者采访时说："论坛以往邀请的都是一些直辖市和沿海发达地区一起举办主题活动，比如北京、天津、江苏、广东。近年来，国家特别重视区域协调发展，各地也采取了很多加快发展的措施，比如河南就做了很多卓有成效的工作，被国家作为中部开放的高地。”

世界500强企业中，有一些已在河南落户，但外界对河南的了解还不够，还需要更多的企业进入，特别是世界500强企业。国务院发展研究中心与河南省领导商议后，决定把今年的活动换一个主题。

“不讲沿海，就讲讲中部，这就有了‘中原之夜’，这是一个很好的创意。”卢迈说。

卢迈认为，参加论坛的企业家们也很需要知道，“关注中国的发展，不只是要把眼睛盯着发达地区的高楼大厦，也要看到中华文化的发祥地——中原地区，我们希望他们去看看洛阳的牡丹、安阳的殷墟、郑州正在建设的新区，看看河南的综合交通枢纽建设。我觉得让他们看一看这些地方，他们才能更清晰地感受到中国发生的变化，以及中国增长的潜力”。

卢迈说，郭庚茂书记一直高度重视河南的对外开放，希望通过对外开放促进本地经济发展和思想观念的转变。“我觉得这是很有远见的。中原要崛起，其中很重要的一点，是人的观念要变。有一点外部的冲击、有一点外部的竞争，带来一些新的东西，会很有益处。河南要发展，观念一定要变，比如人口优势要变成高素质的人力资源优势。”

对这个活动将产生怎样的效果，卢迈很务实地说，这些世界500强企业领袖人物能关注河南、去河南走一走就很好，增加他们对河南的了解需要一个过程，“希望通过‘中原之夜’，展现美丽中国的一个重要组成部分，让世界发现中原之美、发现中原的巨大潜力，增加他们对河南发展的信心就很好”。

德国国际合作机构驻华首席代表时沛迪在接受现场记者采访时则表示：我们与中国的合作超过30年，每届论坛我都会来。我对今晚的活动充满期待，我知道河南是个人口超过1亿的大省，也蕴含很多商机。今晚之后，也许我会爱上河南。

有媒体称，这是一台资本分享的盛会，这是一场思想碰撞的交流。

毫无疑问，这个绚丽多彩的“中原之夜”，是河南展现全新形象的一次

“表演”，同时也是与国际组织、世界500强等全球经济、商界一次彼此青睐的对视。历史悠久与现代时尚兼具的河南吸引着全球目光的关注。

3 2013年4月6日至8日，为期3天的第十二届博鳌亚洲论坛在海南博鳌举办。

时任河南省副省长赵建才带着“郑州航空港区”开赴博鳌——继北京“中原之夜”、新闻发布会之后，河南省政府要充分利用博鳌论坛这个平台，在本届年会上举办“国务院批复郑州航空港经济综合实验区发展规划高端对话会”，期望再次引起亚洲各界的高度关注和青睐，以激起第三轮对河南这片热土的“冲击波”。

博鳌在海南省琼海市万泉河入海口处，曾经的一个小渔村，如今却成了享誉世界的亚洲高端论坛胜地。万泉河、九曲江、龙滚河三水在此交汇，直奔南海。三水交汇处的东屿岛、沙坡岛、鸳鸯岛三岛隔水相望，而金牛岭、龙潭岭、田蛹岭则形成三足鼎立之势。江、河、岛、岭与南海浑然一体，形成了世界上少有的热带河口潟湖复式结构地貌。尤其令人叹为观止的是玉带滩，这是自然形成的一条狭窄的沙滩半岛，全长约8.5公里，将海水与河水分开，一边是烟波浩瀚的南海，一边是平静如镜的万泉河。地形地貌酷似美国的迈阿密、墨西哥的坎昆和澳大利亚的黄金海岸，而在亚洲可谓仅此独有。1999年6月，玉带滩被国际吉尼斯总部以其“分隔海、河最狭窄的沙滩半岛”认定为吉尼斯之最。

21世纪初，25个亚洲国家和澳大利亚倡议举办一个亚洲论坛，选址经过反复斟酌，最后定在了山水独特的，自然、生态、景观近乎完美的博鳌。外国专家声称，这里简直是世界河流入海口自然环境保存得最完美的处女地。从此，博鳌便与一个国际论坛——博鳌亚洲论坛连在一起享誉世界。

博鳌亚洲论坛是第一个把总部设在中国，非官方、非营利性、定期、定址的国际会议组织，旨在为政府、企业及专家学者等提供共商经济、社会、环境及其他相关问题的高层对话平台。2001 年 2 月 27 日召开第一次年会，正式宣布成立。博鳌被定为论坛总部的永久所在地。

李克强总理在参加第十一届博鳌亚洲论坛（2012 年）时曾说：十多年前还是一个鲜为人知的小渔村，现已成为可以共商亚洲发展之计的大平台。[1]

2013 年 4 月 7 日上午，博鳌亚洲论坛年会隆重开幕。开幕式上，习近平主席发表《共同创造亚洲和世界的美好未来》主旨演讲。演讲中指出：本届年会以“革新、责任、合作：亚洲寻求共同发展”为主题，很有现实意义。相信大家能够充分发表远见卓识，共商亚洲和世界发展大计，为促进本地区乃至全球和平、稳定、繁荣贡献智慧和力量。[2]

4 月 7 日下午，由河南省人民政府主办、河南日报报业集团承办的“国务院批复郑州航空港经济综合实验区发展规划高端对话会”在博鳌亚洲论坛会议中心举行。

作为博鳌亚洲论坛秘书长的周文重，会议期间是非常繁忙的，但他还是如约来到了对话会现场，并担任开幕嘉宾。博鳌亚洲论坛咨询委员会委员、原外经贸部副部长龙永图，海航集团董事长陈峰，上海交通大学高级金融学院副院长朱宁，法国欧瑞泽（EURAZEO）基金董事兼总经理、大中国区总裁陈永岚等海内外“大腕”也前来助阵，并且均热情地发表了主旨演讲。

赵建才在对话会上就《郑州航空港经济综合实验区发展规划》发表了主旨演讲，纵论实验区“是什么为什么凭什么做什么”，详尽地向嘉宾们诠释了郑州航空港区。

面带谦逊微笑的周文重，充满真诚地说：“我是来送祝贺、送感谢的！”

---

[1]《凝聚共识　促进亚洲健康可持续发展——在博鳌亚洲论坛 2012 年年会开幕式上的演讲》，人民网，2012 年 4 月 3 日。

[2]《习近平在博鳌亚洲论坛开幕式发表演讲（实录）》，人民网，2013 年 4 月 7 日。

可以说，周文重对河南情深意重，按照他的说法，参加对话会的两层意思都与河南情缘相关。

“我的第一个意思是表示祝贺，实验区得到国务院的批复，下一步就是实施印证的阶段，相信这个计划的逐步落实，肯定会给中原经济区腾飞带来新的机会，祝愿实验区早日建成。”

在 3 月 26 日博鳌亚洲论坛举办前的最后一次发布会上，周文重接受记者提问时，就曾经盛赞河南开地方政府与博鳌亚洲论坛合作的先河：“我们非常感谢去年率团来推介中原经济区的河南省委书记郭庚茂先生！非常感谢河南省！”

原来，在 2012 博鳌亚洲论坛年会期间，时任省长郭庚茂，副省长张大卫、赵建才等领导就率领河南代表团飞抵博鳌，通过一系列活动强力推介中原经济区：在 4 月 1 日下午举行的“民营企业家圆桌会议”上，郭庚茂作为特邀嘉宾参会; 4 月 2 日中午，由河南省人民政府与博鳌亚洲论坛秘书处共同主办、主题为“中原经济区——规划与战略”的河南省人民政府午餐会在年会主会场 BFA 大酒店举行，博鳌亚洲论坛秘书长周文重致辞，郭庚茂做主题演讲；河南省代表团一行还与海南省政府主要领导、两家世界 500 强企业负责人会见；郭庚茂接受凤凰卫视、《华尔街日报》两家境外媒体专访；等等。在一个 2000 多名来自世界各地的政要、学者、企业领袖等顶尖精英参加的国际会议上，河南代表团风风火火掀起了一场“中原风”。由此，河南成为第一个“走进”博鳌亚洲论坛举办主题活动的省份。

凤凰卫视董事局主席刘长乐盛赞河南的第一次“博鳌之旅”：河南是很有眼光的。河南虽然地处中原，却有着外向型思维方式、开放型心态——这对河南的发展有事半功倍的效果。

河南与博鳌牵手，也是缘分。2011 年 10 月末，周文重访问河南时表示，欢迎河南在博鳌亚洲论坛的平台上宣传中原经济区。几个月之后，这一设想就变成现实，中原经济区借力博鳌论坛走向世界。

而今年的博鳌亚洲论坛上，郑州航空港经济综合实验区这个诞生不足一个月的“新生儿”，“登场”之后，气氛空前热烈。对话会引来了人民日报、新华社、马来西亚国际新闻社等境内外 30 多家媒体竞相采访。

周文重说：“作为一个内陆省份，河南省连续两年都在博鳌年会上推介河南发展的重大战略，体现了极强的全球眼光和战略思维，为国际性论坛支持国内地方经济发展寻找到了一个好的路径。”

“河南省政府对于实施两大战略严肃而认真的态度和精神，我很赞赏。”作为全球 CEO 发展大会联合主席、博鳌亚洲论坛原秘书长的龙永图，对河南的做法也给予高度评价。

“现在中国经济已经进入一个全新的发展阶段，河南提出郑州航空港经济综合实验区恰逢其时。”龙永图对郑州航空港经济综合实验区的发展充满信心，他认为国务院批复郑州航空港经济综合实验区，符合全球经济发展的大趋势，它不可能不成功。郑州发展临空经济，符合中国经济重心、中国制造业重心逐渐从沿海转移到中部的大趋势，也顺应了城镇化从人口大迁徙到家门口就业的大趋势。

“现在苹果手机已经落户河南，你们应该进一步加深对全球制造意义的理解。只有将中国制造变成全球制造，才能打造全球平台，才能以开放的态度参与全球分工。”龙永图说。

龙永图说，如何实现从中国制造到全球制造的华丽转身，要“向中看”。中原地区之所以变得如此重要，是因为这里聚集了大量的劳动力。中部地区、中原地区很可能会像 30 多年前的沿海地区一样，成为中国下一个 30 年的制造基地。

“这是国务院批复的第一个以航空经济为概念的实验区，中国历史上还没有这种叫法，这还是第一次，是河南创造的。”海航集团董事长陈峰如此评价河南。他还认为，发展临空产业，谁抢得先机，做得快，做得好，谁才有可能成为真正意义上的航空枢纽。河南省委、省政府率先考虑综合立体交通枢纽建设，然后开始重视航空货运的发展，逐步衍变成今天的航空港经济综合实验区，意识早、速度快、操作方案扎实有力，发展潜力十分巨大。这次河南抢得先机，实际上是为全国的空港园区做了示范。

“中原是古代丝绸之路的起点，我们希望今天的郑州能够成为新兴航空工业‘丝绸之路’的又一个起点。”朱宁的话中充满诗意，他以经济学家和金融学家的角度分析郑州建设航空港经济综合实验区的优势：芝加哥之于美国，正如郑州之于中国。芝加哥航空经济的发展，可以给郑州提供很多借鉴。目前，河南是全国农业大省，郑州又有郑州商品交易期货所，有一定的金融业基础。与此同时，郑州是中国陆路交通、铁路交通的核心和枢纽，在此基础上，有了航空运输后，推动郑州以金融业为代表的高端服务业，将会得到进一步发展。

对话会上，专家们各尽其言，各献其策，而河南集思广益，不仅为航空港区这个“新生儿”的今后发展拓宽了思路，而且也打开了更加广阔的发展空间。

敢为天下先，似乎成了河南的特点。在博鳌亚洲论坛发展史上，中国河南成为第一个举办主题活动的省份。这次年会上专题推介实验区，足以体现河南的全球眼光和战略思维，就是要将实验区推向世界，进一步扩大实验区的国际影响力。

第十二届博鳌亚洲论坛年会一个多月后的 5 月 18 日，郑州又迎来了第八届中国中部投资贸易博览会。90 多个国家和地区的 3 万余名客商相聚于郑州国际会展中心，以“开放、合作、共赢、发展”为主旨，以“持续转型、协调发展、促进崛起”为主题，为中部六省和中外客商搭建了经贸交流与合作的平台。对东道主河南来说，这是一次对外宣传、彰显开放的绝佳机会。在活动安排上，再次专门推介郑州航空港经济综合实验区。

时任中共中央政治局委员、国务院副总理汪洋出席开幕式并视察了展馆——正如时任河南省省长谢伏瞻在致辞中所说，汪洋副总理亲临大会，充分体现了党中央、国务院对中部崛起的高度重视与殷切期望。

堪称中部地区规格最高、规模最大的盛会，中国中部投资贸易博览会已成为国家实施中部崛起战略的有效载体，在海内外产生了广泛而深远的影响。

在博览会高峰论坛上，谢伏瞻与山西、江西、安徽、湖南、湖北等五省的省长进行“六省对话”。在中央电视台财经频道节目主持人马洪涛的主持下，谢伏瞻与其他五位省长围绕加强中部各省合作交流、扩大对外开放、促进经济转型升级与协调发展等话题展开对话。

在对话中，谢伏瞻表示：河南把产业集聚区和郑州航空港经济综合实验区建设作为促进发展的重要抓手，努力把郑州航空港经济综合实验区建成对外开放的重要窗口，不仅服务于河南省，也致力于服务中部地区和全国。

会议还专门在郑州国际会展中心轩辕堂举行了郑州航空港经济综合实验区推介暨电子信息产业集群发展合作交流洽谈会，谢伏瞻重点介绍了建设郑州航空港经济综合实验区给河南带来的新机遇、新优势和郑州航空港区发展的良好势头。

在获批的短时间内，出尽了“风头”的郑州航空港经济综合实验区，此时还只是媒体的“热点”，它能否搭载着“中原梦”，茁壮成长呢?

4 张宁不是河南人，但他在推荐继北京、上海、广州之后的第四航空枢纽时，却力推郑州。这一点令河南人非常感动。

郑州航空港区成为国家战略之后，张宁教授接受河南电视台采访时坦诚地说，2008 年，郑州机场旅客吞吐量还非常低，他带领团队调研时发现一个奇怪的现象，航空公司在航线规划中，都非常乐意把郑州这个地方作为一个经停点，在郑州新郑机场，自然形成了比北京、上海、广州等其他地方还要大的旅客中转比例。这其中的因素，肯定有郑州的地理优势，还有经济的区位，同时也有河南人、河南省航空自己的意愿和努力。一句话，这是人心所向、齐心推动努力的结果，这不是一个人的努力，而是很多人的努力，可以说是天时地利人和占全了。

河南被张宁感动着，张宁也被河南感动着。张宁说，打造一个依托航空枢纽拉动的大都市，是他多年的一个梦，这也是我们国家的一个梦，现在这个梦终于在郑州落地，他为河南人的大胆创新、拼尽全力建设航空港的气魄感动。

张宁是北京航空航天大学经济管理学院教授、博士生导师，也是在全国诸多机场激烈竞争北、上、广之外的第四航空枢纽过程中推荐新郑机场的提案人，对航空经济有着深刻而独特的见解。

张宁曾经谈到“蓝色经济”的转变:“蓝色经济”有两种，一种是海洋经济，另一种是天空经济。之所以称这两种经济业态为“蓝色”，就是因为海洋与天空都是蓝色的。

在海洋经济的发展中，哪个地方有港口，哪个地方就有非同一般的人流、客流，有丰富的经济活动。而这个经济活动是依托于海洋、依托于港口，所以人们把这种经济称为海洋经济。比如我国的上海、广州、天津等，就是由海洋经济发展起来的城市。

进入 21 世纪，随着科学技术的巨大进步，海洋经济占主导的经济业态发生了转变，从海洋蓝色的港湾开始进入了天空，即天空经济。天空比海洋更大，比海洋更广阔，这就意味着，人们可以大规模地通过天空行走把世界各地的人、物资，特别是那些高精尖产品，高附加值的物资，商务人士及政务各方面的资源，快捷地汇聚到一个地方，形成新的经济形态。

天空经济是海洋经济之外的另一种更为广阔的蓝色经济，已逐渐在全球的一些区域或城市成为拉动经济的新引擎，成为全球经济和区域经济发展的一条开放之路。它同海洋经济一样，是一种全球性的经济交往活动，与国际贸易密切相连。

张宁形象地说，一个箱子里面的物件很小，但是它却价值连城。这个价值连城的小物件依靠什么来运输呢？那就是航空。像北美，在整个国际经济贸易中，就是用价值来度量的，三分之一以上的货物就是通过航空运输的。

天空经济的内涵越来越丰富。航空业已不再是我们传统意义上的一种运输了，而是一种新兴的经济业态。这种业态，随着全球的科技、经济发展，在人们的生活中，越来越不需要通过大量地消耗物质、消耗自然资源，来提高自己的生活，来安定自己的生存基础，来打造自己的生存条件。只要很少的一点东西，而这点东西就是自己所需的，自己所用的，并且能带来无限的价值。当自己想要的时候，就希望最好是今天就能到，再晚一点明天就能到。可是，这个东西在什么地方呢？这个东西不在北京，不在郑州，这个东西可能在纽约，在巴黎，在伦敦。假设说伦敦有一个人想要某个东西，这个东西在哪里？就在我们郑州，而这个人马上就想要，第二天就想拿到，这样的话，如果没有天空经济，是不可能实现的。但是，这种可能在国际上的一些区域内或依靠航空的城市早已成为现实。

张宁在2007年曾对深圳宝安机场做过一个调查。宝安不是深圳市的中心，但是，如果以宝安机场为中心画一个半径20公里的圆圈，就会发现一个奇妙的现象：从来没有人下过命令让这些企业该怎么布局，可是进驻在深圳的世界500强的企业、机构，或者区域的总部，或者分部机构，都在这个范围之内。

如美国加利福尼亚州，它是美国高科技产业的一个标志，也是全球高科技产业的一个标志。加利福尼亚州为了促进产业的发展，就特别制定了一个机场的发展规划，这个规划是什么？主要涉及46个机场，它要把这46个机场衔接好，把它发展好。为什么它要这么做呢？虽然加利福尼亚州企业规模都很小，却大都是高端的，产品是高附加值的，人是高端的，就是要实现快捷地跟全球进行交流和互动。比如英特尔公司生产的中央处理器（CPU），当天下午出厂的，第二天早上就到了全球各地，无疑，这只能利用航空这种快捷的交通运输方式才能实现。

假设一箱子CPU，通过海运或陆运，需要10天甚至更长的时间才能到达客户手中，而通过航空运输一天就到了。这一箱CPU总共价值约60万美元。10天或更长时间运达，就意味着60万美元的资金压在了那里，而一天到达，资金立即回笼，效益不言而喻。这就是航空经济的作用。

张宁还认为，航空经济就是依靠航空枢纽对当地经济的拉动带来的产业集聚。打个比方，就像我们搭了一个百老汇大舞台，请全世界的明星到这儿来表演。那么郑州航空港区，就等于我们郑州搭了一个大舞台，让全球的相关企业都到这个地方来“表演”，来做开发、做发展。理论上它又分为四个方面：一个是直接的经济活动，如运了多少产品，运了多少人，在机场里面给旅客提供了什么样的服务。一个是间接的，就是围绕机场有为飞机起降，旅客进出提供的辅助性服务。第三就是由于航空运输的存在，周边的航空装备的维修、旅客进出车辆的维修、保养以及需要航空发展带来的轻型的价值高的产品等这些产业，就会围绕着它搭建起来。还有重要的一个就是孵化经济，因为它的存在，而间接地带来了一些延伸，就像波浪一样延伸起来对经济产生影响。

21 世纪初，国家民航局曾经描绘了一个梦，而张宁也有一个一模一样的梦：在我国的中心地带，打造一个航空枢纽，来支撑国家的经济发展。

对郑州航空港区的解读，张宁如是说：在中国，航空港综合实验区肯定是个创新。但是就这种业态、这种形式来说，在世界上它是有先例的。像阿姆斯特丹，它就有类似的这样一个实验区，还有两大中心，一个是海洋，一个是天空，都是蓝色经济，引领着荷兰做得有声有色，在世界上成为举足轻重的国家。当然，郑州跟阿姆斯特丹有不一样的地方，可以借鉴的是，在那个实验区里面，让人看到了航空对一个城市经济的影响。过去，是因为需要，才有运输，但是现在发生了逆转，发展交通运输的因果关系倒过来了，是有了运输，才刺激了经济发展。

在郑州这个地方，我们就是要创造这个条件，来搭建这个平台，来激发经济的发展，所以这个综合实验区，以航空为节点，以航空为能源的发射点，把这个能源，把这个电池，由小电池把它变成一个大电池，把一个小小的光点做成一个大的光源，并在这个光源上聚集能量。所以这个综合实验区，要依托于航空，把和航空相关的所有的经济发展的业务、产业和增长点，借助这个平台聚集起来。所谓实验，就是需要探索，这在中国前人没做过，是没有经验的，也没有可供借鉴的完善的理论体系来做指导，需要我们在实践中一点一点地去把它完成，一点一点地去务实地做。这是一个改变产业结构的过程，一开始就站得很高，一开始就是站在这个产业的制高点，去吸引企业，去为企业服务，去让企业在这个地方做出一些科技领先、有高附加价值、创新性的等这样的一种经济活动。所以，这个综合实验区所说的综合，首先是行业的综合，又是企业的综合，一切综合都是围绕着航空，以航空为轴来进行旋转。其次，这个综合还意味着它不是一个零散的、没有关系的、大家自由发展的地方，产业之间有联系，产业之间有纽带。产业相互之间，相互服务，相互拉动，这种拉动一开始就在很高的地方去拉动。

从经济上说，通过实验区这个平台，把高端行业聚在一起，它就起到了综合纽带的作用。从人的方面来说，实验区也是一个综合平台。不仅仅对河南这样一个拥有丰富劳动力的大省，而且对中国来说，几十年的改革开放，经济的发展，劳动力都是最重要的。今天劳动力还是最重要的，但是这个劳动力，现在又有了本质的变化，这个变化不再是低端，虽然说还需要大量的低端来支撑好多基础性的服务，基础性的生产，但是在这个地方有了结构性的变化，那就是高端。那么这个丰富的劳动力，高端离不开低端，低端也需要高端来进行引领。那就需要在实验区这个地方进行整合，进行人才综合，所以说实验区是方方面面内涵十分丰富的、需要探险摸索的，需要实践的一个区域。

这个实验区也非常大，总共有 415 平方公里，这是一个巨大的舞台，几乎可以在上面表演任何节目。说是可以表演任何节目，但不是让你随意表演的。你一定是在天空经济这样的大主题下去做表演。所以说，这个综合的概念是很深的，深得不是简单地放在一起，而是某种融合与关联。

如今，我国被誉为“世界工厂”，是全球最大的制造业大国之一，但也不可否认，从中国制造业大国上升为制造品牌强国还有不小的差距。

张宁教授说，我们要创造一个神话，用这个神话来支撑我们通过生态建设创造出内陆的开放高地。

张宁特别指出，深圳特区揭开了中国由农业大国变成制造大国的序幕，成为改革开放的第一极；上海浦东开发区标志着我国成为制造大国，这是第二极。郑州航空港经济综合实验区承上启下，是连东接西的战略，符合我国把经济重心从南部、东部沿海向中西部转移的重大战略转变，是一个新的标志，未来将是经济发展的新高地，成为改革开放的第三极，这也是中国由制造大国转变成服务大国和制造强国的重要标志。

郑州航空港区将如何担起重任，去实现这个华丽转身呢？人们拭目以待。

第二章

运筹帷幄

历经数届决策者不遗余力的“接力”，经过漫长的“怀胎”孕育，郑州航空港经济综合实验区呱呱坠地。诞生伊始，即成为郑州市的“宠儿”，成为河南省的“宠儿”，成为中原经济区的“宠儿”，成为一个时期内国家战略中的佼佼者，沐浴着来自世界各方的悉心“关爱”。

伴随着中国发展高层论坛2013“中原之夜”活动、新闻发布会、“博鳌”之旅、“中博会”等平台的“喜庆”，激情燃烧的中原人并没有迷恋于各界的赞誉，而是清楚地认识到，如何让这个“新生儿”快速、稳健地成长起来，才是当务之急。于是，河南省、郑州市有关方面迅速行动，紧紧围绕国务院批复的战略定位，融入“一带一路”，紧锣密鼓地推进建设工作。

河南的决策者很清楚，办大事就要有大局观。航空港区建设牵涉方方面面、上上下下，任务纷繁复杂，每个环节都事关大局，每个部门必须积极参与，绝不能推诿扯皮、敷衍塞责，更不能局限于个人利益、部门利益而贻误战机，耽误发展。因此，建立起科学高效的体制机制，贯彻落实转变政府职能、转变工作作风、提高行政效能、提高公务员素质的“两转两提”，提高服务水平和行政效能，是下活这盘“棋”的根本保障。

依据《郑州航空港经济综合实验区发展规划 2013—2025》的发展思路，结合国际国内形势与航空港区的发展实际，河南省、郑州市按照“项目集中布局、产业集群发展、资源集约利用、功能集合构建”的原则，制定了“三年打基础（2013—2015）、五年成规模（2013—2017）、十年立新城（2013—2022 年）”的发展目标，规划了空港、古城、双鹤湖、会展物流“四大片区组团”，实施了“万千百工程”。即瞄准规划确立的 2025 年企业主营业务收入达到 1 万亿的目标，全力推进智能终端（手机）、电子信息、航空物流、生物医药、电子商务、精密机械、航空制造维修、现代服务（商贸会展）“八大千亿级产业集群”培育，着力打造一批产值超百亿的企业和项目。

2013 年 4 月，河南省委、省政府批准撤销郑州航空港区管理委员会，设立郑州航空港经济综合实验区管理委员会与郑州新郑综合保税区管理委员会，实行一个机构、两块牌子。

4 月 13 日，中共河南省委召开第 45 次常委会议，研究决定建立郑州航空港经济综合实验区“两级三层”的管理体制。

作为“东道主”的郑州市，无疑是这场紧迫、艰巨“战斗”的“尖刀班”，更是不敢懈怠。

“战斗”一打响，郑州市即调集各路人马，组织精兵强将，于当年 6 月 4 日，完成了实验区领导班子的组建，配齐了管委会中层干部队伍。

2013 年 6 月 8 日，时任郑州市市长、实验区建设领导小组组长马懿亲自主持召开了市实验区建设领导小组全体会议。

在会上，马懿充满激情地说："加快推进实验区开发建设，是郑州实现跨越发展的第二次历史性重大机遇。航空枢纽建设必须抢占先机。目前，全国许多地方都在强力推进大型航空枢纽建设，竞争空前激烈。我们必须进一步统一思想，深化认识，抢抓机遇，以时不我待的紧迫感、背水一战的使命感、舍我其谁的责任感，全力以赴加快推进航空港实验区的规划和建设。"

马懿还对大家提出了具体要求："实验区现在还处于起步阶段，各项工作千头万绪，我们归纳提出明确的近期实验区十五项重点工作，是当前和今后一个时期实验区建设的重中之重。正因为这样，大家一定要加紧梳理，明确责任，分解任务，严格按照时间节点推进各项工作。市直有关部门和有关县（市）区对各自承担的工作任务，要积极主动，协调配合，简化程序，提高效率，尽快使实验区建设进入有序、高效的工作轨道。"

这次会议，是鼓气会，是战前动员，也是"冲锋号"。会上，专题研究了迫切需要推进的十五项工作：机场二期工程、高速公路连通工程、国省道升级改造及快速路工程、实验区内部路网建设工程、市政配套基础设施工程、开放平台建设工程、加快规划编制、发展航空运输、开展专业招商、全面推进富士康项目建设、加大融资工作力度、争取政策支持、尽快完成实验区规划管理区域委托代管工作、建立与市直部门"无缝连接"通道、建立与省直部门"直通车"制度等。

大家还针对近期重点工作，如何加快推进实验区开发建设，根据实验区机构和人员调整情况，对领导小组和成员单位都做了进一步的细化和明确的责任分工，并进一步完善了实验区建设领导小组议事规则与工作制度等工作机制。

7月10日，实验区党工委、管委会正式揭牌，并有序推进托管移交工作。实验区12个内设机构、6个派驻机构陆续成立，郑州市各局委（办）印发实施了"三定方案"。9月27日，实验区办事大厅正式对外办公。到2013年底，实验区管委会代管12个街道办事处、156个行政村，全区常住人口数量超过

60万。

11月12日，河南省人民政府办公厅下发了豫政办〔2013〕92号、93号两个文件，即经过反复调研，多方征集意见、建议形成的《关于郑州航空港经济综合实验区与省直部门建立直通车制度的实施意见》和《关于支持郑州航空港经济综合实验区发展的意见》，为实验区“扩权”，推出“两级三层”的管理模式。“两级”即省、市两级党委、政府，省级负责宏观指导规划、决策管理、协调服务及与国家机关联络沟通，市级负责组织领导、具体实施、督促落实。三层即由省政府成立由常务副省长任组长的省级领导小组，市政府成立由市长任组长的市级领导小组，设立航空港实验区党工委、管委会，并赋予实验区省辖市一级经济和社会管理权限，实施“市级为主、省级扶助”的推进机制。实行海关、商检、边检联动服务和24小时预约通关。实验区管委会还通过各部门分头调研、分别起草、集中研究，拟制了上百项创新办法和创新政策。当年就有65项拟向国家争取的支持政策，逐项落实了牵头部门和责任单位。

92号文件正文只有两千余字，分“总体要求”“直通事项和主要内容”“保障措施”三部分，不见虚话套话，句句掷地有声——

“总体要求”指导思想简单明了：按照省委构建高效率领导管理体制的要求，实现实验区管委会对实验区空间管理全覆盖、机构设置全职能，赋予实验区省辖市一级经济和社会管理权限，减少行政层级，提高行政效率，激发发展活力，努力把实验区建设成为全国航空港经济发展先行区，为中原经济区乃至中西部地区开放发展提供强有力支撑。而该部分的基本原则是勇于创新，大胆提出一些新理念：“先行先试、依法探索”——在法律、法规规定的范围内，大胆改革、先行先试，积极探索实验区与省直部门建立直通车制度。“积极稳妥、先易后难”——根据实验区发展需要，在法律上没有障碍、已形成共识的方面率先直通，对深层次的体制机制等问题认真研究，在实践中总结，在运行中完善。“统筹兼顾、精简高效”——妥善处理改革与发展的关系，充分调动省、省辖市和实验区三级积极性，坚持权责统一，统筹运作，有序推进，逐步建立精简高效的管理体制和运行机制。

“直通事项和主要内容”部分，则用了9个“直接”：规划直接上报、统计直接报送、项目直接申报、财政补助直接申报、用地直接报批、价格收费直接报批、证照直接发放和直接报批、政策直接享有、信息直接获得。

“保障措施”简要到只有4条：“加强组织领导”“加快制度实施”“理顺条块关系”“强化监督检查”，却字字中的，有着超强的可操作性。

意见后边是一个详细的附录，即《郑州航空港经济综合实验区与省直部门直通事项目录》，列举了涉及发展与改革、科技、教育、工业和信息化、司法、公安、民政、商务、交通运输、人力资源和社会保障、国土资源、环保、住房城乡建设等26个部门266个项目。

93号文件洋洋洒洒近9000字，从财税、口岸建设及通关便利化、金融、产业发展、要素保障、人才保障和其他七个方面，详细列出了81条具体内容，并明确了牵头落实单位。

11月22日，河南省又出台《关于支持郑州航空港经济综合实验区发展的若干政策》，制定了81项“含金量高、操作性强、重点突出、措施有力，将为实验区加快开发建设提供强大动力”的支持政策，其中包含了实验区建设所涉及的财税、口岸建设及通关便利化、金融、产业发展、要素保障、人才保障等7个方面。

该“政策”根据实验区实际需要，在财税方面，包括支持股权投资引导基金设立、高新技术产业化、基地航空公司设立、航线开辟、航空物流高级人才引进等33项政策；在口岸建设及通关便利化方面，包括支持口岸合作、优化通关制度、加强口岸建设等6项政策；金融方面，包括支持实验区开展融资租赁业务、拓宽直接融资渠道等7项政策；产业发展方面，包括加大省级专项资金支持力度、支持实验区自主创新体系建设、工商登记便利等12项政策；要素保障方面，包括用地保障、环保和用水指标倾斜等13项政策；人才保障方面，包括知识产权入股、引进河南省“百人计划”人才等9项政策；另外，还包括在行政编制和政法、边检等专项编制分配上向实验区倾斜等政策，并明确了各项政策的牵头单位和配合单位，各单位的落实情况，将纳入省政府省直部门年度目标责任考核体系。

“政策”还规定，在推动实验区经济发展中做出突出贡献、创造重大经济效益的工作人员，优先向国家推荐授予荣誉称号和享受政府特殊津贴，按照有关规定予以表彰奖励。

6 打好根基，做好郑州航空港区的“人生规划”，是其成长的关键一步。2013 年 3 月 11 日上午，郑州航空港经济综合实验区概念性总体规划暨重点地区城市设计方案国际征集启动会在郑州黄河饭店召开——这是郑州市按照《中原经济区规划》对建设郑州航空港区的要求和市委、市政府“深度研究、深度谋划、强力推进”的重大工作部署之一，由郑州市人民政府主办，郑州航空港经济综合实验区概念性总体规划暨重点地区城市设计国际征集工作办公室承办。

2012 年，在郑州航空港区成为国家战略之前，郑州市就启动了概念性设计工作，面向全球选择在城市规划、临空经济、机场规划等方面具有丰富经验和良好业绩的规划编制机构，最终遴选出上海同济城市规划设计研究院、美国艾弈康（香港）设计集团、日本日建设计股份公司、英国阿特金斯顾问（深圳）有限公司、荷兰德和威集团、法国斯构莫尼建筑设计咨询上海有限公司等 6 家国内外知名规划编制机构，共同角逐《郑州航空港经济综合实验区概念性总体规划（2013—2040）》方案。

规划按照“建设大枢纽、培育大产业、塑造大都市”的总体思路，充分发挥实验区地处我国主要经济区地理中心的区位优势和航空港、铁路港、公路港多式联运的综合交通优势，将郑州航空港区规划建设成为全国重要的综合交通枢纽、高端临空产业集聚区、现代航空大都市和中原经济区的核心增长极。规划范围西至京港澳高速，北至双湖大道（郑民高速南侧约 2 公里），东至 S223（省道）改线（新 107 国道线东侧约 6 公里），南至炎黄大道，面积约 415 平方公里。

5 月 9 日至 10 日，经过专家认真评议，上海同济规划院以其接地气儿的方案，从 6 家竞争单位中脱颖而出。

6 月，郑州市政府委托上海同济规划院，对面向国际征集的六家方案进行梳理、整合、深化和提升，完成了《郑州航空港经济综合实验区概念性总体规划（2013—2040）》的编制任务。

7 月，郑州市委、市政府就规划编制情况向省委、省政府、省实验区建设领导小组进行了三次专题汇报，按照会议要求，规划方案修改完善后，分别提交省、市两级实验区建设领导小组。

2014 年 1 月，以国际化的视野、大胆超前的气魄，经过一年的反复研讨、科学编制，高水平、高起点的《郑州航空港经济综合实验区概念性总体规划（2013—2040）》经省政府常务会议审议通过。一幅“速度城市”的宏伟蓝图就此绘成。

我们不妨先预览一下这幅蓝图：

“飞”出来的城市——郑州这个因铁路而生、因铁路而兴的城市，建设航空港经济综合实验区，即将打破延续百年的城市格局，从而确立这座城市在第二个百年蓄势中兴的坐标原点，从铁路拉出来的城市，变成飞机“飞”出来的城市。

服务内陆，联通世界——不沿边、不靠海、不临江的河南，以拥有的宏观区位优势、区域支撑优势、陆空交通优势、产业基础优势、配套设施优势，依托综合航空运输体系，改变原有城市发展形态，转变经济发展方式，调整产业结构，实现国际航空物流中心、以航空经济为引领的现代产业基地、内陆地区对外开放重要门户、现代航空都市、中原经济区核心增长极五大战略定位，打造内陆地区的开放“高地”。

双核驱动都市区发展——实验区与中心城区共同构成郑州都市区双核驱动的新型城市形态。以实验区为重要发展引擎，双核驱动、一体两翼，联动洛阳与开封，助推郑州都市区的发展。而在 2013 年中国城市建成区排名中，郑州市以294平方公里排在第21位，实验区规划的面积相当于再造了一个“新郑州”。在“老郑州”与“新郑州”之间，打造一条“黄金走廊”，通过发展多式联运，沿线布局航空关联产业，以“港”带“城”、以“城”促“港”，产生双轮驱动郑州都市区发展的良好态势。

核心功能与三区布局——实验区总体布局为“一核三区”：空港核心区、北部城市综合服务区、东部临港型商展交易区、南部高端制造业集聚区。空港核心区的发展定位是国际航空货运枢纽、国内航空综合枢纽，规划面积为54.08平方公里，功能构成主要有航空运输、航空物流、航空制造、航空保障、临港服务、对外贸易；北部城市综合服务区规划面积98.5平方公里，规划居住人口约140万，主要集聚发展商务商业、航空金融、行政文化、教育科研、生活居住、产业园区等功能；东部临港型商展交易区规划面积92.8平方公里，主要由高铁南站、航展中心、高端商贸、科技研发、航空物流、创新型产业等功能构成；南部高端制造业集聚区规划面积170.5平方公里，规划居住人口约120万，将由高端制造、航空物流、生产性服务、生活居住等功能区构成。

陆空衔接多式联运——国家在郑州规划了“米”字形高速铁路网，济南至重庆、太原至合肥两条高铁线在郑州交会。郑州航空港1.5小时航程内覆盖中国三分之二的主要城市和五分之三的人口，具备成为全国航空枢纽的条件；公路网具备1.5小时中原城市群交通圈的条件；区域货运通道是航空港、铁路港、公路港“三港一体”，多条货运通道可直接通往航空港；空港核心区则具备“航空＋高铁＋城际铁路＋地铁＋轻轨＋公路”的综合客运交通组织；郑州南站选址布局实验区，并通过城际铁路衔接郑州东站、焦作，轻轨衔接开封，地铁2号线衔接郑州站，高速公路衔接省域，实现中原城市群快捷换乘和空铁货运的多式联运。

航空经济带动产业集聚——实验区产业发展依托航空货运网络，充分利用全球资源和国际国内两个市场，形成特色优势产业的生产供应链和消费供应链，带动高端制造业、现代服务业集聚发展，构建以航空物流为基础、航空关联产业为支撑的航空港经济产业体系。富士康郑州科技园作为新郑综保区的“头雁”，创造了手机出货量近 1 亿部的“郑州数字”。实验区紧紧围绕高端制造业、航空物流业、现代服务业三大产业体系“招强引大”，继续领跑全省产业集聚区。菜鸟中国智能骨干网、友嘉精密机械产业园、普洛斯三菱商事物流产业园等一批大项目签约落地实验区。

水系与绿廊生态融合——实验区生态、城市绿地面积达 101.6 平方公里，占总面积的 24.5%；以“X”形绿廊为骨干的生态网络，通过两带（南水北调运河两侧绿化带）三园（即园博园、双鹤湖中央公园和苑陵故城遗址公园）、生态网络及生态细胞的塑造，形成规划区的陆地总体规划结构。“X”形绿廊即依托南水北调干渠、小清河及其两侧防护绿地构建规划区内核心的生态网络骨架，将水系与绿廊相结合，形成有机的共生体系。通过生态景观和城市建设的相互融合，塑造“不出城郭而获山水之怡，身居闹市而有林泉之致”的生态、宜居城市。

21 世纪，无处不在的航空旅行、隔夜速递以及全球商业网络，已经颠覆了原有的城市化模式，机场将成为中心，城市围绕机场而建。这种依托综合航空运输体系迅速崛起的未来城市形态，就是航空大都市。美国著名经济学家、北卡罗来纳大学约翰·卡萨达教授首创了“航空大都市”概念，向人们呈现了一幅“速度城市”画卷，并成为郑州航空港区“概念性总体规划”的理念引领者。

《航空大都市——我们未来的生活方式》一书翻译者、中国民航大学经济与管理学院副院长、临空经济研究所所长曹允春说，航空大都市是全球化的下一个阶段，这是用创新思路、深化改革的方式去塑造一座城市。

约翰·卡萨达作为为“概念性总体规划”提供全程咨询服务的专家，更是对郑州寄予厚望，充满期待：“全球航空大都市的优点，我希望能够在郑州得到复合和叠加，这里将是中国的航空大都市。”

投入到这场伟大“战役”的队伍，超过 10 万人。郑州市发改委主任助理王国安，是众多“参战”人员中的一分子。2013 年，王国安 46 岁，头发却开始变得花白，比实际年龄显得更“成熟”。他除了参与起草航空货运枢纽建设方案外，还独自承担着卡萨达、科比（世界航空城大会的发起人）等外援的联络、签约、接待等事宜，紧张、繁忙是他的常态，用他自己的话说，忙得是“头不是头，脚不是脚”。

从借调到郑州市航空枢纽发展建设办公室任职，到担任郑州航空经济示范区发展建设办公室副主任，王国安这位产业经济学专业博士亲历并见证了郑州航空港上升为国家战略的全过程。

王国安手中有一张草图，他如是解说此图：整个郑州恰如一架凌空飞翔的大飞机，“机身”是主城区，郑上新区为“左翼”，郑东新区和经济开发区为“右翼”，航空港区则是操纵方向的“尾翼”。

这张图得到了约翰·卡萨达的认可，他将图中所绘的航空城与航空大都市的关系，称作“郑州模型”。

王国安不会忘记，卡萨达在郑州调研时，对在建的郑州机场综合交通枢纽工程表示赞许。这项工程将使郑州机场成为城际铁路、高速公路、高速铁路等多种交通方式引入、有效衔接的立体枢纽。

王国安为自己能参与这场大建设感到荣幸与自豪，他在接受《河南日报》记者采访时说：“所有的付出都是值得的。郑州航空港经济综合实验区正大步朝前走，这是郑州、是整个河南的大机遇，也是实现个人价值的大舞台。”

7 加速郑州航空港区的建设，已经成为河南省全力以赴的大事。短时间内，河南省、郑州市近20个部门均出台了支持航空港区建设的相关政策、意见。

2013年8月29日，河南省科技厅出台了《支持服务郑州航空港经济综合实验区建设的意见》。文件提出，要把郑州航空港区尽快建设成为河南省自主创新的战略高地、培育和发展战略性新兴产业的核心载体、高层次创新人才的富集区域、抢占国际高新技术产业制高点的前沿阵地、发展方式转变和经济结构调整的重要引擎、实现创新驱动和科学发展的先行区域。

河南省科技厅将分别从建设自主创新体系、加快成果转化、合作研究及先进成果与人才引进等方面入手，把郑州航空港区建设成中原经济区科技创新、人才集聚和产业结构调整的领头羊。

河南省科技厅支持郑州航空港区建设，只是河南省支持航空港区建设的“冰山一角”。8月份，郑州海关和河南省高级人民法院，也分别在自己的管理范围内发布了支持郑州航空港区建设的意见。

2013年7月4日，郑州海关开始实施无纸化改革，之后又实行了许可证件电子数据联网核查，实现了税款电子支付的涉税、涉证报关单。这种模式既提高了监管效能，又降低了成本。

为保证进驻企业生存，进一步增加郑州航空港区发展的深度，河南省国税局经过论证，于9月2日出台了20条支持郑州航空港区全省“最优”的税收政策与措施，其中12条涉及税收优惠政策，并将五项审批权直接下放至郑州航空港区。对航空港区内属于国家需要重点扶持的高新技术企业，减免15%的税率征收企业所得税；对实验区内从事飞机维修劳务增值税实际税负超过6%的部分，由税务机关即征即退。这对航空港区高新技术企业发展、节能减排、优化股本结构和扩大投资都是极大的支持。

9月，河南省、郑州市工商部门大胆探索，郑州市工商行政管理局出台了《关于放宽工商登记条件促进郑州航空港经济综合实验区市场主体发展的意见》，在航空港区实行了领先于全国的管理办法。

工商部门的这个《意见》，对住所（经营场所）在航空港区并在机场工商分局登记的各类企业和个体工商户，放宽各类登记条件。

为切实提升服务效能，《意见》还提出下放登记权限，缩短办理时限，开辟“绿色通道”等举措。

10月24日，河南出入境检验检疫局发布《河南检验检疫局支持郑州航空港经济综合实验区建设的九项措施》。该措施围绕支持新郑机场建设和拓展口岸功能，实施“港、区、站”一体化通检模式，促进跨境电子商务快速发展，加强口岸核心能力建设，支持河南电子口岸建设，优化业务流程，支持航空偏好型产业发展，切实履行检验检疫职能等方面，提出了具有前瞻性、可操作性强的具体举措。

一股万众一心、众志成城建设郑州航空港区的“浪潮”高涨起来——这对于河南来说，无疑就是要打造一个犹如深圳一样、实现快速腾飞的“经济特区”。

8

2013年5月18日，河南航空经济研究中心暨约翰·卡萨达中国工作室在郑州航空工业管理学院（简称“郑州航院”）正式挂牌成立，该中心整合、凝聚了国内外一批专家学者，直接参与起草郑州航空港经济综合实验区立题申请，进行航空经济重大问题专题研究，为航空经济建设提供人才培养和智力支撑。

约翰·卡萨达还被聘为河南航空经济研究中心首席科学家和兼职教授。这位担任着全球诸多重要机场顾问，曾主持和参与过包括美国底特律机场、巴拿马国际机场、俄罗斯多莫杰多沃机场、俄罗斯莫斯科机场、中国台湾桃园机场、上海浦东国际机场、阿联酋迪拜机场等在内的全世界上百座机场的发展建设；还曾为包括波音、空客、联邦快递、德国汉莎航空、德国敦豪航空货运、泰国国际航空、美国银行等在内的许多知名跨国企业提供航空物流发展、企业选址、全球供应链管理等方面的指导工作。

卡萨达与中国的缘分，起于2004年——因为共同的志向和研究方向，他与中国民航大学曹允春教授开始有电子信函往来，探讨临空经济、航空城等方面的问题。

2006年，中国民航大学在北京顺义举行“2006临空经济发展国际论坛”，曹允春教授向卡萨达发出了邀请。卡萨达先生欣然答应，这是他第一次来到中国。从此，卡萨达成为中国临空经济的“高参”。

5月18日上午，卡萨达在郑州航院一现身，就受到了热烈的欢迎和关注。他与上两次来的时候一模一样：白色的衬衫，黑色的西裤，从容的步履，浅笑的面容。

时任河南省人大常委会副主任、河南航空经济中心名誉主任张大卫风趣地对卡萨达说："你的'模型理论'问世后，在河南引起了强烈的反响，有很多追随者和崇拜者。在郑州，可能很多人不知道 Iady Gaga，不知道席琳迪翁，但是知道卡萨达。"

"感谢郑州人民都喜欢这个理念，我也是在摸索研究中，希望大家共同努力。"卡萨达非常谦和，然后又说，"航空大都市虽然是全球化的概念，但想要发展航空大都市，必须和当地实际情况紧密结合，如今，我们有当地的，还有国际的，一加一不仅等于二，一加一应该等于十一。"

卡萨达总是这么幽默，让人感觉轻松和愉快，给人以希望和激励，让人充满信心和力量。

卡萨达曾说，航空港建设有了理念和平台，如何行动至关重要。但是，如果梦想只有战略指导，没有实践，那便是"噩梦"。他的话一语中的，道出了所有梦想人的心声。

大建设需要大智慧，郑州航空港将是一次大建设与大智慧的完美结合。地球上，一座新的航空大都市即将横空出世。

卡萨达这次到郑州，距上次的 5 月 7 日相隔仅仅 10 天。上次赴郑，卡萨达是专门为主持郑州航空港区规划评审团而来。两天紧张而繁忙的工作之后，他顾不得稍作停歇，便匆匆"飞"走。而中间的这十天里，他从曼谷辗转莫斯科、北京，然后又到郑州。这位国际航空经济倡导者与实践者，堪称地地道道的"飞行达人"。

而在此前的 4 月 29 日，卡萨达第一次飞抵郑州，在郑州市政府综合楼第二会议室为来自省直和郑州市及有关部门的领导、航空港区主要领导等人员做了一场《航空都市战略·如何打造郑州市的竞争优势》主题报告会。

主持报告会的郑州市政府领导向大家介绍，约翰·卡萨达教授是美国北卡罗来纳大学柯南·弗莱格勒商学院教授，柯南民营企业研究所所长，航空商业研究中心负责人，美国科学促进协会机场驱动经济发展研究方向院士、高级研究员。河南在编制郑州航空港经济综合实验区概念性总体规划时，曾聘请了两家国际咨询单位，约翰·卡萨达教授所在的美国北卡罗来纳大学就是其中之一。

“我能为郑州市乃至河南省做到的就是，谢谢你们对我报告的关注。”卡萨达报告会的开场白幽默风趣，一下子拉近了他与大家的距离。

卡萨达喜欢用经典的事例来证明他要阐述的问题，以此来告诉大家，什么是航空大都市，以及航空大都市里的人和事，还有他们的生活方式。他讲了德国法兰克福国际机场的联合办公楼：这座办公楼建立在高铁车站上面，步行只需要 6~8 分钟就可以到达候机楼的登机柜台，坐电梯下楼就可以直接乘坐高铁，旁边还有一条德国重要的高速公路。

卡萨达举例说，毕马威是全球著名的审计、税务和咨询公司。公司总部为什么设在联合办公楼而没有选址在法兰克福中心城区，董事长理查德·雷德的回答说明了问题，我走 6 分钟就可以到达候机楼登机。

卡萨达告诉大家，一个酒店可以直接和国际候机楼连通，它很大的作用就是能举行大型会议。人们来到这里休息一个晚上，参加一个会议，就可以登机离开。所以说，机场边的酒店，可以成为虚拟企业总部。

这样，航空大都市里的机场不再是单纯的机场，机场边的酒店也不再单单是酒店；机场的便利以及对产业的巨大推动作用，很可能会超出大多数人的想象。

接着卡萨达又讲了一个中国故事，来诠释机场周围的交通有多么重要：珠海与香港竞争迪士尼乐园。当时珠海为迪士尼乐园开出了十分诱人的条件，如提供免费土地和设施、减免税收等，他们就是希望迪士尼乐园能够落户珠海。尽管如此，迪士尼乐园最终还是选择了香港航天新城。不言而喻，迪士尼乐园看中了那里通达的交通网络：航空新城内有机场、有高铁，可直通珠海和澳门的跨海大桥。当然，这里还是风靡世界的购物天堂。十分便捷的交通，随时都能与 100 多个国家和地区实现“通达”。此时，“通达”就成为了一种经济行为。

卡萨达激昂地说，他讲这些，强调的就是：速度！速度！还是速度！

在未来的许多经济领域，速度永远都是最核心竞争力，因为它能拉近空间的距离。

“机场是核心，是发动机，有时候机场比城市更重要，一个明智的规划可以让机场地区成为地方经济发展的引擎。”卡萨达说。

他以如何实现航空港区与中心城区的互动发展来阐明自己的观点，他所讲的每个问题，都是正在建设的航空港区所面临的重要问题。

卡萨达把连接机场与中心城区之间的通道称为“走廊”。他以巴黎戴高乐机场为例：戴高乐机场附近的公路——走廊，直通巴黎中心城区，而沿线布局的都是航空关联产业。当地政府通过发展多式联运，让机场地区与巴黎中心城区互动发展，产生了双轮驱动巴黎经济社会发展的良好态势。这一点可以给郑州带来些启示。

当然，真正的航空都市区没有一模一样的，但它们都有着相同的或者相近的结构，一般的机场都会在城市城区之外，一个新的地点、一个比较广阔的地点来建设。比如，1927 年建设的洛杉矶机场，其核心就是机场区域，机场区域本身就有很多的商业业态，同时还有一个环形的道路，环形道路两边有一些酒店、写字楼；还有一些通往中心城区的“走廊”。“走廊”周围除了一些贸易区、综合区、会展中心，也有酒店、写字楼；同时还有一个连接机场的城际铁路。这个城际铁路就是从机场到中心城区形成的发展走廊。而这个“走廊”地带不会有加工企业，不会是工业园区，可以是一些高附加值的、高效的商业形态，比如金融业。

卡萨达还谈到莫斯科机场。在莫斯科机场他就发现过一个很失败的案例。他说，在通往莫斯科中心城区的道路一侧，竟然有一个日本的烟草工厂。他当时就想，这个道路是发展的走廊，走廊一定要设置一些高附加值高产出的行业，而不是一个生产烟草的工厂。后来，当地政府终于下定决心，支付给日本烟草工厂很大的一笔费用之后，让他们搬出了这个区域。

在谈到郑州航空大都市的规划时，卡萨达希望能够避免类似情况的发生。

他说，在航空大都市发展的路径上，从航空城通往中心城区的发展走廊是其中最重要的一部分，这应该是21世纪最具有价值的发展区域。

他还告诉大家：“建航空大都市是一个合作共赢的造城计划，不单单是政府决策层的事，也是港区企业的事。比如，法国在建设戴高乐航空大都市的过程中，吸纳了法国航空、荷兰皇家航空、联邦快递、欧洲高铁等20多家国有及私营企业，组建了欧洲航空都市集团。这是一个非常明智的决定，促使企业拿出最优质的资源，参与航空大都市建设。”

卡萨达尤其强调，航空大都市不是一个简单的房地产开发过程，它是以机场为中心建设的航空城，再扩展到一个航空大都市的过程。在这方面，香港就技高一筹，有很多值得借鉴的地方。

报告会之后，卡萨达还到河南保税物流中心、新郑机场、航空港区和上街机场等地方对基础设施进行了考察。

当谈到郑州航空港的构想时，卡萨达对郑州寄予了厚望，充满了期待——他期望世界各地航空大都市的优点，能够在郑州得到复合和叠加，这里将是中国的航空大都市。

他由衷地表示，他期待与郑州共赴征途。

卡萨达这场精彩的报告会，为郑州航空港区指明了方向，也为河南各界身处这场大建设一线的建设者解开了疑惑。

卡萨达在郑州的中国工作室成立之前，郑州对他来说只是个充满兴趣的常飞点。而今后，郑州无疑会成为他科研的“根据地”。

卡萨达则表示，他不但要为郑州航空港“把脉建言”，还将借他本人及其工作团队的学术地位、研发能力和全球影响力，致力于中国航空经济发展的学术研究和航空经济高端人才培养，努力打造中国航空经济研究的学术高地和具有世界顶级水平的航空经济人才培养基地，这才是他的终极目标。

河南航空经济研究中心聘请的另一位首席科学家是曹允春。这位中国民航大学教授、研究生导师，有着不凡的成就与创举：他是中国临空经济理论首创者，中国民航大学临空经济研究所创始人（现任所长），素有“中国临空经济第一人”之称。他曾主持完成临空经济及航空物流课题 40 余项，出版的《临空经济速度经济时代的增长空间》等专著在业界影响很大。

2011 年初，卡萨达与林赛合著的《航空大都市》在美国刚一问世，曹允春教授就委托朋友购到了英文原著，阅读之后非常惊喜，此书正是国内当下发展航空经济所需要的。曹允春主译中文译本，后经努力，在中国出版。

《航空大都市》是一本纪传体文学，描述了世界各地发展临空经济、建设航空大都市的背景、历程和现状，并以鲜明浪漫主义色彩的语言风格，通过 50 多位国际航空经济及相关领域专家的采访实录，结合全球 20 多个著名国际机场建设的实例，说明了航空大都市在人类未来将扮演的重要角色。

书中这样说：世界高效、快速及网络化的发展正形成速度经济，它改变了行业竞争和企业选址的规则，这些规则随数字化、全球化，航空可以以时间为基础进行竞争，在发展中不断地发生变化。今天的机场已经成为全球生产和商业活动的重要节点，也是地区经济发展引擎，它不断吸引着众多的与航空相关的行业集中到其周围，随着越来越多的商业、企业在机场周边及交通走廊周围聚集，出现了一种新型的城市——航空大都市。

国家民航局对这本书倍加关注，书稿还没有翻译完，时任国家民航局局长李家祥就先复印了一部分书稿，并推荐给了时任河南省省长郭庚茂。实际上，这本书的一些内容曾被译成中文陆续公开发表过，《参考消息》就曾在 2010 年夏登过半版的篇幅。当时，有心的河南决策者就捕捉到了发展航空经济的机遇。

2013 年 7 月，带着油墨清香的《航空大都市》与读者见面。不言而喻，这部书将为河南建设航空港经济实验区普及理论、营造氛围发挥积极作用。

在河南卫视 2013 年 8 月 13 日下午，“一起读吧开播暨《航空大都市》新书首发式”录播现场，张大卫说，河南建设郑州航空港区，我们不能忘记的、非常值得尊重的著名学者之一，就是张宁教授。

张大卫真诚地说：“那时候和张宁教授并不认识，一直很惭愧，连一顿饭都没有请张宁教授吃过，张教授却替我们河南做了这么多的工作，真是发自内心的感动。”

张宁教授作为一名理性学者，他关注到了郑州新郑机场的发展，从枯燥的数据中看到了郑州成为一个航空网络的雏形。

张宁教授是著名的航空经济专家，是国家发展和改革委员会特聘专家，是郑州航院航空经济发展河南协同创新中心首席科学家。张宁教授在受国家发改委委托所做的《国际航空枢纽发展战略研究》课题报告中提出，郑州新郑机场已经具备了国内航空枢纽的雏形，可能是北、上、广之外在中西部建设航空枢纽最适合的地方。这一发现，对后来郑州建设航空港区起着至关重要的作用——也就是从那时候起，河南就立志一定要将郑州新郑机场打造为国内大型航空枢纽。

张宁为郑州航空港区建设出了不少金点子，尤其是在 2013 年 4 月 10 日开幕的由科技部、中国科学院、中国工程院、国家知识产权局和河南省人民政府主办的第一届 “2013 中国郑州科技成果交易暨高科技人才交流会——创新驱动发展战略论坛”上，张宁在“航空经济发展战略”会上做了专题演讲，提出在未来一个时期，郑州航空港区将是一个新的标志，成为改革开放的第三极。

河南不仅邀请到卡萨达、张宁、曹允春等业界一流专家加盟郑州航空港区，还多方谋划，开发、组织国家高校、科学机构等做“高参”。举办论坛，为郑州航空港出谋划策，提供了强大的理论、人才、技术和信息支撑。

9

2013 年 5 月 5 日，立夏。郑州的天气有点“火辣辣”的。上午 10 点半左右，张大卫走进了河南省人才交流中心大楼。这里正在举办一场“郑州航空港经济综合实验区专场招聘会”。

2013 年 1 月 30 日，张大卫转任省人大常委会副主任。在他过去的工作历程中，曾任河南省发展和改革委员会主任、党组书记，河南省人民政府副省长。他还兼任着中国国际经济交流中心秘书长一职。中国国际经济交流中心是经国务院批准成立的国际性经济研究、交流和咨询服务机构，是集中经济研究领域高端人才并广泛联系各方面经济研究力量的综合性社团组织，由国家发改委主管，国务院原副总理曾培炎为中心理事长。

此间，张大卫曾负责完成了“打造中国经济升级版”研究课题，这一课题为“十八届三中全会公报已清晰勾勒出中国经济3.0版的实施路径”。此后，张大卫一边积极参与中国国际经济交流中心的相关工作，一边带领人员到全国各地考察调研，为中原崛起献智献策。

人才交流中心大楼内外，人头攒动，潮水般涌进涌出。这个专场招聘会，是省人力资源和社会保障厅与河南日报报业集团主办，省人才交流中心、大河报社、郑州市人才交流服务中心、开封市人才交流中心、郑州航空港区人力资源和社会保障局、郑州新区人才交流中心共同承办的。

招聘会上设了110个展位，面向郑州航空港经济综合实验区各用人单位和广大求职者提供服务，搭建平台，免费为招聘单位提供展位。

招聘会上午9点正式开始，而很多求职者不到8点就赶到了现场。

张大卫刚走到大厅，就碰见了正在找工作的一个女孩。经过询问，知道女孩叫张楠，是位“海归”。

“工作找好了吗？”张大卫关切地问张楠。

“正在找呢。”张楠回答。

“你对工作有什么期望？”张大卫问。

“最好是自己喜欢的、擅长的，又跟学业密切相关的。”张楠说。

“你学的什么专业？”

“经济管理。”

张大卫真诚地祝福她：“祝你好运。”

主办单位的领导一见张大卫来了，纷纷前来打招呼，他笑着说：“听说今天举行郑州航空港经济综合实验区人才专场招聘会，我抽出时间来看看。也感受感受现场的气氛。”

张大卫来到二楼招聘大厅。大厅里名企云集：“全球代工之王”富士康、美国联合包裹（UPS）、顺丰速运、台湾统一集团、河南众品食业、中粮（郑州）、好想你枣业、雏鹰集团、云鹤食品等，生物医药行业的有云南白药集团、辅仁药业等，河南省进口物资公共保税中心及10多家河南本土电子商务企业等有100多家，他们都是来招贤纳士的。这些企业，涵盖了航空经济产业链上的多个环节。

美国联合包裹、顺丰速运的展位前，真是人山人海。

一位十分俊朗帅气、看上去有20多岁的小伙，正在美国联合包裹的展位前“推销”自己。他说他是去年12月份从美国加州州立大学金融学专业毕业，这也是他回国后的第一次求职，一直倾向于物流、电商这两个行业。

还有一对为儿子找工作的夫妇，儿子在美国留学，他们希望儿子能回来工作，离他们近点儿。

一位50多岁的张女士，是来替女儿找工作的，女儿在韩国读书，学的是经济学专业，今年就要毕业了。

上午11点，招聘大厅人潮涌动，一些招聘企业的台前，依然被围得水泄不通。在河南省进口物资公共保税中心只有几平方米的招聘台前，就围了几十名应聘者。张大卫走过去，关切地询问一个拿着简历的女孩。

“小姑娘，报名了没？”

“还没呢。”

“你叫什么名字？”

“赵艳秋。”

“哪个学校的，学的啥专业？”

“郑大外语专业，2013届毕业生。”

“想应聘什么职位？”

“我想应聘报关员。”

省进口物资公共保税中心这次拟招聘5名报关员，报名的却有近百人，格外受求职者青睐。报关员的日常工作是代表所属企业（单位）向海关办理进出口货物报关业务，须通过考试依法取得报关从业资格，并在海关注册登记。对于深处内地的河南，报关员对众多求职者来说还很陌生——以前，在河南能提供这样职位的企业很少，想干这一行，基本上都要去沿海港口城市。如今，有了郑州航空港，本地进出口贸易的区位优势倍增，需要报关员的公司将逐渐增多，仅省进口物资公共保税中心，承担国家级跨境电子贸易试点项目后，业务量猛增，报关员缺口很大。这也为河南广大求职者提供了更多的就业机会。

随后，张大卫又“逛”到了美国联合包裹招聘台前。

张大卫问工作人员：“你们重点招聘哪些方面的人才？”

“我们主要招聘三个方面的人才：国际快递，货运代理，航空运输。”

张大卫又问：“这次准备招多少人？”

“我们这次招聘主要是做人才储备，有合适的就多招一些。”

听了这句话，张大卫点点头，十分欣慰，他清楚，这是美国联合包裹释放出来的一个信号，他们做好了长期在郑州发展的准备，这对港区来说尤为重要。以前，曾发生过类似企业入驻不久就撤走的事情。

张大卫随手拿起桌上厚厚的一沓报名表，数了数说：“这么多人报名，说明大家都很重视你们这个国际物流公司，另外也说明你们有决心在郑州发展，要不然你们也不会在这儿招聘人才，这个非常好。”

工作人员说，河南的市场十分广阔，要建设的是国际航空物流中心，这对联合包裹来说，发展的空间很大。

通过这场招聘会，张大卫思考的是更深层次的问题：发现人才、释放信号、加强人才储备，对港区建设意义都十分关键。眼下，人才储备及人才培养结构与港区发展还不是很对称，毕竟才刚刚开始嘛。

张大卫对围着他采访的记者说：“人才需求确实是一个过程，但这个过程在航空港经济综合实验区规划获批之后会大大缩短，对很多人才的需求瞬间也会迅速增加。我省前一段时间成立了航投（郑州航空港区建设投资有限公司）、交投（河南交通建设投资公司），都是为发展物流做的基础和准备工作。”

张大卫还在现场讲了这样一件事：因为要发展物流，就要招揽物流方面尤其是航空物流方面的学生，于是交投就在报纸上登了很长时间的（招聘）启事，结果怎么样呢？只有一个人应聘。

“这个人从哪儿来的呢？”张大卫顿了顿说，“是从机场公司过来的，是一个行业和系统的内部流转。”

在场的人都情不自禁地笑了。

张大卫接着说：“可见我们这里航空物流人才是多么稀缺。其实稀缺的不光是航空物流业人才，英语专业方面的人才也很缺。曾经有个旅客给我写信，说飞国际航线满大厅找不到一个学英语的，各航空公司也好，机场也好都找不到，可见我们人才的稀缺程度。”

张大卫满怀激情地对《大河报》记者说：“希望借助《大河报》这个平台，召唤更多人才加入航空港区建设。航空港区是一块创业的热土，是一块发展的热土，是国家构筑的内陆地区对外开放的新高地，是一个高端制造业、高端服务业发展的新平台，是国家发展方式转变、经济转型升级的一个实验基地，希望有眼光、有抱负、有理想的人才能到这块热土上创业、发展，实现自己的价值。”

张大卫在摩肩接踵的招聘会现场挤了近 50 分钟，边走边看，还不时停下来询问、谈论一番，了解到了许多求职者的心声与企业的需求。

仅 5 日当天，招聘会就吸引了 1.6 万名求职者到现场报名、考察。

5 月 6 日，省进口物资公共保税中心人力资源总监芦汤军在接受《大河报》记者采访时兴奋地说，这是他们公司第一次参加这么大规模的专场招聘会，效果非常好，从收到的简历看，报名人员既有工作经验丰富的青壮年，还有“海归”、高学历等高端人才。公司希望这样的专场招聘会能多办，同时把招聘信息传播到沿海城市，吸引更多的优秀人才回河南发展，到他们公司发展。公司还决定把这次招聘会“战线”延续 1 个月，对重点关注人才进行评估分类，给大家更多的时间，准备充分后再来笔试、面试。

“郑州航空港经济综合实验区专场招聘会”，通过河南日报报业集团旗下媒体的报道，一时间成为中原大地上的热词，且一路走红网络。

张大卫也曾多次称赞这次招聘会：省人社厅、河南日报报业集团及时举办这场专场人才招聘会，实际上是从人力资源支撑的角度，来全面支持航空港的规划与建设，是一件非常有意义的事情。

而这次专场招聘会才是一个不俗的开端。紧接着，省人才交流中心专门成立了郑州航空港区人才服务领导小组，并制定了《郑州航空港经济综合实验区人才服务工作方案》，并计划联合航空港区规划区域内的有关单位，每年都举办两次航空港区专场招聘会，两次航空港区网上人才招聘会，在相关网站上开辟航空港区人才服务专栏，积极为航空港区发展汇聚人才，提供充分的智力支持和人才保障。

招聘会的1.6万求职者中，有不少中国民航大学的毕业生。招聘会“爆棚”的消息，自然传到了曹允春教授那里，他当即表示，希望能借去河南出差的机会，与河南相关部门领导见面，商请郑州航空港将中国民航大学作为人才储备基地。

中国民航大学，坐落于天津滨海国际机场附近，于1951年建校，其前身是“中央人民政府人民革命军事委员会民用航空局第二民用航空学校”，当时的主要任务是为新中国民航培训飞行和机务人员。1958年12月，学校更名为中国民用航空高级航空学校；2006年5月，经教育部批准，更名为中国民航大学，是我国唯一的民航学科门类齐全、融合航空科技与交通运输工程两大学科群的高等学府，被誉为中国民航人才的摇篮。

2013年7月11日，中国民航大学校长吴桐水亲自抵郑，与省人力资源和社会保障厅、河南日报报业集团签署三方合作协议，并出席“中国民航大学河南教育中心”揭牌仪式。由此，河南省开启了与中国民航大学的合作之旅。三方协议首次合作期限定为5年，预计每年可为河南航空经济发展培训各类专业型、实用型人才2000余人。

这也标志着，郑州航空港区第一个有关人才培养、人才引进的合作项目正式实施。

吴桐水与河南的“缘分”，源于2013年3月初的全国两会期间——河南日报报业集团特派《河南日报》《大河报》记者到中国民航大学采访，吴桐水有了第一次与河南的“亲密”接触。此后，为进一步做好航空港区人才服务工作，中国民航大学与河南省人社厅、河南日报报业集团三方进行了深入洽谈，决定在教育教学、人才培养、人才引进、人才招聘、毕业生就业、人事代理及活动宣传等方面全面合作。

在第一次专场招聘会半年之后，因郑州航空港区人才告急，当年11月2日，河南省组织人员专程赴中国民航大学举办第二场郑州航空港经济综合实验区专场招聘会。

赴津招聘会的企业，有美国联合包裹、德国联邦铁路公司（DB）、富士康等世界500强企业，也有河南机场集团、河南中宇通航等本土航空类企业，还有好想你枣业、杜康集团等知名连锁企业，以及中国钢材网等新兴电商企业，提供了飞行员、航空物流、航空运输管理等400多个专业岗位，而这些岗位大多都是航空港区核心产业所急需。

中国民航大学羽毛球馆，悬挂着“郑州航空港经济综合实验区招聘专场”的大红横幅，身着黑色航空校服的中国民航大学毕业生会聚于此，争相应聘，在知名企业展位前排起了长队。

河南安阳籍的张辰，是中国民航大学物流工程专业的学生，一听到专场招聘会的消息，一大早就和同学一起来到现场。他对郑州要建航空大都市的国家战略早有耳闻。

郭发展，也是一位河南老乡，他已经在厦门某飞机工程公司工作，从网上看到招聘会信息就赶过来。家乡的航空业将有大发展，郭发展希望自己能为家乡建设贡献一份力量。

前来招聘的中宇通航副经理史永涛，看着厚厚的两大叠求职简历兴奋不已。他说，应聘者中，不仅有河南同乡，还有安徽、湖北、山西、云南等地的学子，真是来自五湖四海。公司渴望能招到高素质专业人才，这次来他们计划招20名，包括飞行员、机务员、航务员。一上午就收到了100多份优秀毕业生的简历，真是太出人意料了。

德国联邦铁路公司是全球首屈一指的综合物流服务提供商，进驻郑州不足 3 年，但在郑州的业务发展迅猛，急需高层次的英语、外贸、物流人才。仅半天时间，就有 1863 名应聘者投递简历，当即就有 503 人达成初步意向。

曹允春如是说，一个会思考的航空城，需要一批会思考的人。既然航空港是“国字一号”，那与之匹配的人才政策也应该是高标准的。以前高端人才愿意留在北、上、广，将来郑州航空港区也要成为吸引高层次专业人才的“高处”。

面对急需大量建设人才及实验区各方面所需的高层次人才，河南省委、省政府敞开大门，向全世界抛出了橄榄枝。尤其是对于引进的高层次创业创新人才，知识产权可以作为无形资产作价入股参与投资，投资比例最高可达注册资本的 70%。

航空港区内的外来务工人员，将纳入当地社会保障体系，与当地职工享有同样的社会保障、教育培训、医疗卫生服务、户籍办理、住房保障等待遇。

实验区内的航空运输和物流企业引进的外籍人员和高层次人才，在子女入学、住房购置等方面放宽户籍限制条件，予以妥善安置和照顾。

各项政策的出台，项目的落地，将为郑州航空港区逐渐成为新的人才“高地”吹起东风。而那个“航空大都市”的梦想，也将离河南越来越近。

第三章

求索之路

10 20世纪80年代以来，经济全球化成为一股风暴。套用一个著名的句式就是：“一个幽灵，全球化的幽灵，在世界游荡。”

“经济全球化”这个术语，最早由美国经济学家T. 莱维在1985年提出，用来形容此前20年间国际经济发生的巨大变化，即商品、服务、资本和技术在世界性生产、消费和投资领域中的扩散。到了20世纪90年代，“经济全球化”已经风靡全球。

飞机作为先进的交通工具，在经济全球化的大潮中，起到了不可替代的作用，它不仅缩短了时空距离，节约了时间，而且安全系数高。国际民航组织曾做过统计，在所有的交通工具中，飞机不但是最快的，而且是最安全的，平均每飞行 10 万小时发生重大事故 0.13 起。飞机飞行 1 亿公里，死亡 0.08 人，正是这些优势，发达国家早就开始发展航空业。

民航业的发展，已经成为一个国家和地区经济、社会发展的晴雨表。毋庸讳言，中国的民航业发展是相对落后的。20 世纪 80 年代，中国所有的民航客机加在一起，还没有美国一家航空公司的多。

作为内陆省份的河南，民航业发展更是不容乐观。直到 20 世纪 90 年代中期，河南还没有一个像样的民用机场，起降波音 737 都勉强，航班更是少得可怜，哪个河南人如果说坐飞机出去了，绝对是一件值得炫耀的事情。民航业的发展滞后，使得在全国拥有数一数二旅游资源的河南，很少有省外、国外游客光临；丰富的工业品、农副产品，因为空运不畅也受到影响。

1997 年 8 月，名为“郑州新郑国际机场”的郑州新机场，从郑州市当时的东郊搬迁至新郑市薛店镇，正式通航运营。这成为河南民航业里程碑式的标志。当时，国家领导人，还有国际友人、外交使节，国内外新闻记者，看过新郑国际机场之后都给予了高度评价。日本全日空航空公司的考察团参观之后，感慨地说：“没想到中国有这么好的机场，没想到这么好的机场在河南！”

从此，新郑国际机场成为一个被屡屡关注的“焦点”。

1997 年 3 月，新郑市委、市政府就组建了“新郑市港区建设管理委员会”，围绕机场开展基础设施建设和招商引资工作。

2000 年 2 月 22 日，河南省政府下发《关于成立新郑航空港商贸区协调委员会办公室的批复》的文件，同意新郑市设立“郑州新郑航空港商贸区协调委员会办公室”，事业编制，副处级规格，履行区域管理职责。

2000 年 8 月 4 日，在蓝天白云中翱翔了 14 年的中原航空公司，带着深深的眷恋和 7 架飞机的“嫁妆”，正式“喜嫁”中国南方航空公司，成为全国第一家完成联合重组的地方航空公司。

2004年3月，郑州市人民政府批复了航空港区总体规划（2002—2020年），规划建设用地16—18平方公里，由北部新区、中部商贸服务区和南部工业园区构成，规划人口5万—8万人。在新郑市的努力下，南航河南分公司、中南空管中心河南分局等企业落户，奠定了后来郑州航空港区的发展雏形。

2006年10月，在河南省第八次党代会上，省委首次提出“民航优先”的发展战略，要求规划机场枢纽建设，培育基地航空公司，打造服务机场的航空城。随后提出的“建设综合交通枢纽”——郑州东站和郑州国际机场的规划，将铁路从机场下穿过，该规划理念引起国家民航局的极大兴趣，为此后中国民航战略布局调整首选郑州准备了条件。

2009年6月，全国民航机场工作会议在郑州召开，这是在郑州召开的第一次全国性的民航会议，河南省委、省政府非常重视。郭庚茂要求，一定要组织好、安排好。晚上宴请的时候，还请了交响乐团，交响乐团临时排练了一些欢迎歌曲，特别是那首《我爱祖国的蓝天》。参会的很多人是飞行员出身，端着酒杯听着音乐掉眼泪，都说再来一遍。这场景非常有震撼力，河南的工作氛围一下感动了全国民航界。

2010年7月，富士康项目签约入驻郑州。

2010年10月24日，经国务院批准正式设立郑州新郑综合保税区。

2011年4月，根据中央编办批复精神，经河南省委、省政府批准设立郑州新郑综合保税区（郑州航空港区）管理委员会，实行一个机构、两块牌子、一套班子的管理体制，为省政府派出机构（正厅级）。

2011年3月14日，富士康科技集团正式投产。富士康项目入驻郑州后，航空港区进入建设发展的高峰期，成为河南省首个单厂产值超千亿元的企业。

2011年5月，国家民航局首次提出在我国发展“航空经济”，建设“航空经济区”的设想，并通过“航空经济区”的发展形成高端产业城市综合体，即“航空大都市”。

2011年9月，国务院《关于支持河南省加快建设中原经济区的指导意见》明确提出“推进郑州国内大型航空枢纽建设”，“把郑州机场建成重要的国内航线中转换乘和货运集散区域性中心”。

2011年10月，在国家民航局的支持指导下，河南省委、省政府主要领导批示，组织省市有关部门对航空经济进行专题研究。提出了发展航空经济的初步构想，即：通过发挥交通区位和人力资源优势把承接产业转移与城市发展、综合交通体系建设结合起来，在全国率先建设“航空经济区”。同时，河南的构想受到了富士康集团的高度关注，郭台铭率领其核心团队多次到河南考察调研后认为，郑州完全有条件在新郑机场周边区域建设“航空大都市”，形成电子信息、光学材料、生物医药、现代园艺花卉等航空指向型产业的全球供应链中心、产品展示交易中心等，表示积极推进与河南省的全方位合作。

2011年11月4日，中国中部地区首个综合保税区“郑州新郑综合保税区”正式封关运行。这是国内少有的围绕机场建设的综合保税区。该区龙头企业富士康科技产业园、发展迅速，郑州新郑综合保税区（郑州航空港区）也快速成长。在2012年，富士康员工人数最高达28万人，完成投资543亿元。拥有手机生产线95条，生产手机6846万部。完成产值1210亿元，实现外贸进出口总额284.97亿美元。郑州新郑综合保税区跻身全国特殊监管区域业务第五位，被海关总署推举为全国综合保税区尤其是内陆地区综合保税区建设的标兵和示范。在富士康的带动下，航空港产业集聚区工业2012年总产值实现1265亿元，同比增长168.2%。

2012年10月，国务院批复同意规划建设实验区，要求国家发改委牵头编制规划。2012年11月17日，国务院在批复《中原经济区规划》的同时，同意规划建设郑州航空港经济综合实验区。

2012年12月4日，海关总署正式批准郑州新郑综合保税区试点“自产内销货物返区维修业务”，成为全国10个试点之一。试行“返区维修”后，企业内销产品的维修、维护成本大幅降低，吸引了更多的企业在郑州新郑综合保税区设立研发、检测、维修中心，带动加工贸易产业转型升级，使郑州成为区域内重要的研发基地。

2013年3月7日，国务院批准《郑州航空港经济综合实验区发展规划》；

当年 7 月 10 日，郑州航空港经济综合实验区管理委员会揭牌，省委、省政府赋予省辖市级管理权限。航空港区规划面积 415 平方公里，相当于目前郑东新区建成区的 5 倍。

2013 年，郑州航空港区完成工业总产值 1740 亿元，增长 42.6%；地区生产总值 285 亿元，增长 33%；进出口总额 357 亿美元，增长 27.9%，财政总收入 35.2 亿元，增长 116%。

这些节点，犹如波澜壮阔的接力赛，无不彰显着河南省决策者解放思想、尊重规律、顺应潮流、抢抓机遇的执政理念。

正是借助思想解放、对外开放的大潮，使航空经济成为引领河南发展的新引擎。

11 多年来，客运流量在全国机场中一直处于中游、并没有特别出色“表现”的郑州机场，是如何成为继北、上、广之后第四大航空枢纽，又是如何成为全国第一个上升为国家战略的航空经济实验区的呢？

机遇，总是在不经意间来临。而能够抓住机遇乘势而上、取得成功的，一定是做好充分准备的人。正当河南省稳步推进航空港建设时，一个重大的机遇出现了：国家发改委历时 4 年多的“中国国际航空枢纽的发展战略”课题正式“出炉”。

2006 年底，国家发改委委托国家航天技术经济委员会委员、北京航空航天大学经济管理学院教授张宁做一个“中国国际航空枢纽的发展战略”的课题，研究中国国际航空枢纽的发展战略。

对于这个课题，国家发改委的初衷是，研究者不单单从自身专业的角度去考虑，而是从国家的宏观大局出发，为国内机场布局提供决策依据。

张宁接受这个任务后，立即组织团队投入实施，开始对全国 166 家商业机场进行调研。

我国，一度是航空大国，但不是航空强国。这是张宁在从事航空经济研究中所做出的判断。我国有着全世界第二大的航空运输量，仅次于美国。但是，在国际航线的竞争中，我们总是输给别人，不管是收入、运量，还是高端旅客，我们都不占上风。比如中美航线上，差不多四分之一的旅客出行，都选择通过仁川机场中转再到美国，或者选择东京的机场出行再到美国。在张宁看来，如果长期这么下去，在整个国际航空运输的网络构架中，中国就变成了国际网络上的支线，我们的航空公司就变成了这些支线的航空公司。那么，我们机场的地位就只能是支撑全球交往的一个机场而已，不能成为能够影响全世界航空的枢纽。

在调研过程中，要依据各项数据对国内机场进行排名。数据是分析问题的关键，也是建航空枢纽的依据。一直以来，中国民航界习惯把北京、上海、广州的机场称为三大枢纽机场，不是研究的重点，西部的乌鲁木齐、昆明、成都均成为考察对象。而在对中部进行选择的时候，首先进入视野的是武汉与西安，民间也一直有一种声音：武汉应该发展成为中国第四大航空枢纽。

分析新郑机场时候，发现其吞吐量每年就是几百万，总在 18 位和 20 位之间徘徊。在张宁看来，一个内陆省份的机场能排前 20 位也算不错了，于是就把郑州纳入考察序列。

“中国国际航空枢纽的发展战略”课题研究报告认为，武汉虽然具备最好的枢纽区位，但其到周边城市的距离都太近，航空公司的短线飞行成本较高；加上沪武、京广等多条高铁的开通，航空公司在武汉缺少竞争力。

张宁带领课题组在对全国 166 个商业机场的数据进行分析后发现，武汉北部 450 公里的郑州，却有着不一样的表现。其他地方吞吐量虽然比较大，但从业务上看，并没有枢纽的状态与特性，而在郑州这个地方，却看到了航空公司在选择航线的时候，特别愿意在郑州经停，当吞吐量很小的时候，中转过站的量就达到了百分之十以上。这是没法想象的，比例非常高。而且这种机场枢纽的雏形是自然形成的，而这种趋势，是谁也阻挡不住的先天优势。

这有点令人意外，但数据不会骗人。张宁格外兴奋，在非政府主导、完全由市场选择的情态下，那种集散效应传递出一个强烈的信息：郑州机场已经具备了成为枢纽机场的条件。

再者，郑州与东北机场的平均直线距离是1237公里，与西南机场的平均直线距离是1171公里，与华南是1164公里，与华东是812公里，与京津是623公里，加上各地旅客吞吐量的对比，郑州最适合发展成国内大型航空枢纽，由此可见，新郑机场的枢纽成熟度达到了中等，呈现出形成国内航空枢纽的态势。

郑州引起了全国业内人士的关注，郑州机场也开始频频亮相。这首先是专家而非官方认定的。课题组的专家最后做出如下结论：如果郑州发展成国内大型枢纽机场，除满足本地航空市场的需求外，至少还要增加50%以上的航空运力，开通40余个航点，增量挖掘50%以上的民航需求。

在起草课题研究报告时，张宁用了五六页的篇幅，来论证关于郑州机场的航空枢纽性。后来国家民航局要在中部选择一个机场打造全国性航空枢纽，张宁力荐郑州，这也为郑州在竞争中的脱颖而出奠定了基础。

国家发改委的领导和国家民航局相关领导认真阅读了报告初稿后，都有了深刻的印象，并给予充分肯定。

2011年4月7日，全国民航规划暨机场工作会议在贵阳召开。这次会议，国家民航局把河南等省如何发展航空的一些做法给予高度肯定并做了重点推介。当时，国家民航局在全国航空业布局中，第一次把郑州机场确定为全国八大区域性枢纽之一和全国第一个综合交通枢纽建设试点。可以说，这次会议确立了郑州新郑机场在全国的地位，成为一次历史性的转折。

在会下，国家民航局时任局长李家祥、国家发改委时任基础产业司副司长吴晓、河南时任副省长张大卫，围绕新郑机场进行了更深入的交谈。交谈中，张大卫得到了一个令人振奋的信息：国家民航战略布局将要进行调整，要把北京、上海、广州机场的一些功能剥离出来，在中西部地区选择一家机场，培育成国内大型航空枢纽来替代这三个机场的一部分功能，目前国家发改委正在组织规划论证方案，初稿已经出来了，推介的是郑州。

张大卫很清楚，这之前的一段时间，河南周边省份城市都在争抢国内“第四”航空枢纽机场的位置，竞争非常激烈，特别是武汉、长沙、西安、成都、南京等机场，争夺已进入白热化阶段。

张大卫兴奋之余，询问这个论证方案是哪个专家主持做的，吴晓就把张宁如何做那个课题研究报告的过程向他进行了介绍。

张大卫获得这样的信息，非常振奋。第一意识告诉他，河南的机遇即将到来了。

为了把这件事情做好，河南开始深度介入。张大卫与河南省发改委的工作人员马上去北京航空航天大学拜访张宁，他就想看看北航教授领衔的小组做的是一份什么样的研究报告。找到张宁后，张大卫要来了那个课题研究的初稿，不仅自己认真研读，还组织有关人员进行研讨，对课题报告由衷地赞叹：长期以来，河南自己都不了解的新郑机场优势，在专家的分析论证下，一目了然。

报告深入细致地分析了郑州机场的经停率、中转率、绕航率和市场潜力，得出的结论是：郑州比武汉、西安更有条件来承担国内大型航空枢纽的功能。

张大卫说，张宁教授带领他的团队，以科学的态度，从国家的宏观大局出发，经过认真的研究，做了大量的图表，大量的数据分析，认为郑州可能是最适合的地方。当这个科研成果被国家发改委最后确定后，真是喜出望外，发自内心的感动。

2011 年 4 月 26 日，“中国国际航空枢纽的发展战略”课题结题评审会在北京航空航天大学经济管理学院新主楼会议中心召开。来自国家发改委，国家民航局，北京市发改委，河南的省、市部门领导以及国航、南航、东航、首都机场、白云机场等航空运输龙头企业的负责人和业界专家 20 多人，针对如何积极有效为国家战略发展做好决策参考进行了深入的讨论。时任河南副省长张大卫参加了这次论证会。而之前，省级领导参加这样的论证会极为少见，河南能参与进来，纯属个例。

在这个论证会上，专家经过充分讨论，一致认为，该课题对我国民航事业发展具有战略性与前瞻性意义，对优化我国航空运输资源配置、发展我国国际航空枢纽、提升我国航空运输的国际竞争力具有极高的可操作性。此外，评审专家特别指出，课题将发展我国国际航空枢纽上升到国家发展战略层面，“强化与完善国际枢纽机场功能”的建议已列入“十二五”综合交通运输体系规划，充分体现了高校科研积极参与国家决策的良好发展势头和方向。

吴晓代表国家发改委表示，从交通和民航的角度考虑，郑州具备建设成全国甚至全球性区域交通枢纽的条件。

张宁以事实为根据，以科学为准绳，通过大量的资料与数据研究分析得出结论：新郑机场已经具备了国内航空枢纽的雏形。

最后，与会专家正式形成了推荐意见，在这个意见上郑重地写下了：推介郑州新郑国际机场作为国内大型航空枢纽的首选。

消息传到河南省委、省政府。时任省委书记卢展工立即做出指示：“把航空枢纽作为中原经济区建设的重要内容抓紧抓好。”

时任河南省省长郭庚茂果断决策，要求抢抓这一重大历史机遇，“务求成功”。

2011 年 7 月，郑州开始筹备成立大型航空枢纽指挥部。

指挥部从郑州市各个部门抽调工作人员，投入郑州大型航空枢纽的建设与规划。虽然当时很多人也都听说郑州要建这么一个航空枢纽，但具体怎么建设、规划的内容是啥、建成后啥规模、将来会发展成一个什么样子等，公众甚至连不少机关单位的工作人员都无从知晓。

从此，郑州在全世界的民航业发展史上踏上了新的台阶，开始了新的征程。

自从知道了张宁教授，河南就多次派人去北京请教他，不断向他展示郑州这个地方各种各样的条件。与此同时，河南省正好也在起草《中原经济区规划》。河南省领导就咨询张宁教授，能不能把他报告里关于郑州机场的内容写到这个规划里，上报到国家。张宁教授很爽快地答应了。

为打造航空枢纽，河南省把张宁教授与国际航协的张道俭总裁一起邀请到郑州，做了一次郑州国际航空枢纽建设大动员。张宁教授在郑州做了一次生动的演讲。听了张宁教授的演讲，大家都很兴奋，都觉得这的的确确是别的地方没有的机会。在张宁教授看来，这是郑州独有的机会。别人没做的，郑州已经开始走上这样的路径，已经上了轨道。这个时候国际航协说，天空是开放的，于是河南就试着向国际航协提出，能不能够在郑州搞一个特区，一个围绕着航空经济的特区。

张宁感叹，河南的决策者实在是太有智慧了。作为理论者，他只是从学术上去讲，而河南的决策者凝练出了航空港综合实验区这么个概念和战略，并赋予了它一个特定的、发展的内涵。

当河南把这个规划报到国家民航局之后，民航局领导非常兴奋——打造一个航空经济特区，这也是他们长期以来的一个梦，与河南一模一样的梦。这个梦在各方的碰撞过程中，现在它已经不完全是梦了，已经有人在做了，而且做得有模有样，而且有激情、有热情。这个激情，不是过去那种老的激情，而是上下一心，各方的激情，包括富士康，包括郑州机场，包括郑州市政府，包括省领导，包括一些高校……都充满了激情，大家都积极去做这个事情。国家民航局的领导非常感动，并表示大力支持。于是，这个文稿就到了国家发改委，国家发改委也觉得这个事情是可圈可点、需要支持的，接着就上报到了国务院。

推介郑州建设航空枢纽是国家民航战略的一大布局，更是郑州发展航空业的重大机遇。也就是从这个时候，河南开始了打造航空港、建设国际航空枢纽的规划，这次规划了 48 平方公里的机场核心区面积和 5 条跑道。这是河南的一次大手笔，是河南国际范的具体体现。

一个 48 平方公里的核心区面积，5 条跑道的机场，绝对够“高大上”。要知道，在国内能有 5 条跑道的机场规划很少见，全世界也寥寥无几。

比如首都机场，它已经没有空间发展了，除非把首都机场搬出去。再比如武汉，建成 3 条跑道就到头了。而河南，就看到了郑州机场的后发优势，一开始，他们就对这个区域进行了严格的空间保护，让基本农田覆盖住，今后，在完全有条件的时候，随着需要再把整个机场按规划建设起来。

全球有5条跑道的机场屈指可数，只有芝加哥、亚特兰大、法兰克福三个机场。除此之外，再无案例。从长远看，有了这5条跑道，郑州机场在全球航空业无疑会拥有很高的地位和优势。

然而，当这个规划公布于众后，却遭到了一些人的质疑和嘲讽。

张大卫曾经谈起过，有一次开会，一个从河南出去、在别的省份任省级领导的同志遇见郭庚茂，很直接地说，郭庚茂同志，河南的干部你得招呼着点，吹牛吹得厉害，什么五条跑道？郑州去哪儿建五条跑道？我们现在才两条，你就搞五条跑道？这些干部你用的时候小心点。

郭庚茂笑笑，没有回应。

别的省机场有2条跑道，并不意味着河南不能建5条跑道。河南早已把机场今后的发展空间和发展条件保护起来了。

河南的决策者组织了专门的考察团，在国内先后考察了很多机场，如北京、上海、广州，还有武汉。其中上海虹桥机场对他们的启发颇大。彼时，上海虹桥机场也在做航空枢纽规划，他们把高铁、地铁和虹桥机场并了起来，以体现零换乘和无缝衔接的综合交通枢纽优势。河南的决策者们的思路一下子打开了。张大卫说，这些在郑州也可以实现，上海虹桥机场的交通都是并列的，跨越式的，我们可以来一个下穿，也就是让铁路从机场下面穿过去。这样，一个航站楼的大屋顶下，上面可坐飞机，下面可坐城铁和地铁，上下由电梯来连接，就可实现零换乘和无缝衔接。

正是这个构想，在随后的机场规划和正在建设的郑州高铁东站，改变了原来认识上的很多观念。比如，在制订打造机场交通枢纽的规划时，不仅把这个构想写了进去，而且在原来的“机场交通枢纽”概念里加了两个字——综合，成了“机场综合交通枢纽”；也正因为这个构思，把正在建设的郑州东站和机场两个枢纽连接了起来，在郑州东站进行中转的旅客坐城铁直接到机场，实现无缝对接和零换乘。这样一来，充分发挥综合交通枢纽优势的特点也就彰显出来了。

河南这个构想和规划，在全国的机场建设中是比较超前的。正是做了这样一个规划后,郑州新郑国际机场才引起了民航局的关注。后来,国家发改委、交通部、民航局的领导都来考察，称赞河南这个理念是一种创新，并向全国推介这种把机场发展为综合交通枢纽的做法。

要想让机场发展起来，真正唱主角的是航空公司。为了引进强大的基地公司，河南一度遭遇了很多困难和挫折。最初，他们曾到处苦求，但是收效甚小。原因何在？开车的人都知道，车的最大消费不是过路费过桥费，而是耗油，耗油量最大时是车启动时。对一架大飞机来说，它的一起一降成本是很高的。如波音 747 飞机，从广州至北京的航线，要经停郑州，这一起落，耗油量就增加很多，成本提升。如果客流量不够，货运量不足，航空公司肯定不愿意把这里作为经停点。另外，是市场的发育还不够完善。比如货运，即便有货可出，但有货可进吗？再者，有高素质的经济要素吗？比如发达的科技、发达的教育、发达的文化等。如果没有，人家凭什么要经停你这里？

那么，河南的特色在哪里？河南的优势在哪里？

我们的经济素质不够，所以引不起别人的注意，几大航空公司谁都看不上。

张大卫不止一次讲过一件事，或许因为这件事对他的触动太大了。曾有旅客给他写信说，偌大一个航站楼，找不到一个会说英语的服务员。这说明了什么？说明了我们的经济素质还不够，还不能足以引起别人的注意，还不能足以吸引别人入驻。

河南渴求合作的几个大航空公司，谁都看不上新郑国际机场，最后只留了一个南方航空公司的基地公司，其他的都撤走了。2010 年，河南省政府与深圳航空有限责任公司达成战略合作协议，鲲鹏航空有限公司完成主运营基地、住所地的变更程序，正式更名为河南航空有限公司。

然而，就在这当儿，一个灾难性的事故发生了。2010 年 8 月 24 日晚上，河南航空有限公司 B-3130 号 E-190 型客机由哈尔滨飞往伊春，抵达伊春机场时，在距跑道尽头约 690 米处坠毁，造成 44 人遇难。8 月 27 日晚上，河南省政府新闻办对外发布通报称，根据国家工商行政管理总局发布的企业名称登记管理实施办法，河南省工商行政管理局决定撤销河南航空有限公司企业名称登记。这对河南积极发展航空的热情打击很大。

每当张大卫说起这些事，依然禁不住感伤。

面临打击，坚韧的河南人没有退却。航空是中原崛起的希望所在，必须继续做下去。

一个机场，没有基地公司怎么能行。张大卫临危受命，去找各大航空公司谈，一家一家地谈。

春秋公司，是一个廉价航空公司，张大卫曾坐过这家航空公司的飞机。他说，一上飞机，很小一个座位，然后就是卖饮料、卖小食品，不停地卖。

张大卫曾经把这家公司引进过来一段时间，但不久该公司也弃河南而去。后来张大卫就去航空公司总部询问原因，得到的回复是：到他们那儿去的副省级干部，他是唯一一个，所以他们很感动，就去了，但一算账，很不划算。对此，张大卫也很无奈。

为了改变现状，寻找新的航空经济增长点，河南抓住了富士康，抓住了这个一刻也离不开航空运输的“世界代工厂”。富士康的到来，使郑州新郑国际机场的航空运输得到了很大转机。自此，也很快改变了郑州新郑国际机场的命运。特别是航空货运，经过不懈的努力，国际上多家航空公司开始飞郑州全货机了，如美国联合包裹、俄罗斯空桥等世界闻名的大航空公司。随后，澳大利亚航空、TNT 国际快递也都要求飞郑州，而卢森堡公司则要求郑州对他们进行重组。

在国外的航空公司看到河南的商机并纷纷落户时，国内的航空公司却还没有动静。于是，国家民航局有关领导把东方、南方和国航这三大航空公司的决策人召集到一起，质问他们郑州这个商机你们为什么看不到？为什么联合包裹能看到？为什么俄罗斯空桥能看到？

后来，国货航空公司通过对三家货航的重组，把基地放在了郑州；河南对本土的河南航空有限公司也做出了大的改革措施，进行了重组。

12 虽然有了航空港的规划，但下一步该如何打造，如何建设，还真不是一个简单的问题。河南省委、省政府把眼光瞄向了全世界，他们要借鉴全球最先进、最科学的案例。

2012 年 2 月，中原大地处处充满着勃勃生机，在这春意盎然的季节里，时任省长郭庚茂亲自带队从新郑国际机场出发，踏上了为实现“中原梦”而求索、对国外著名的世界枢纽机场考察学习的“取经”之旅。从荷兰的阿姆斯特丹、美国的路易斯维尔、德国的法兰克福、阿联酋的迪拜再到新加坡的樟宜机场，13 天里绕了地球整整一圈，但这绝不是一次轻松的商务之旅。

郭庚茂一行考察的第一站是荷兰阿姆斯特丹的斯希普霍尔机场。在这里，他们了解到，这个机场的前身是一个军用机场，建于 1916 年 9 月，位于阿姆斯特丹西南 10 公里外。机场曾经历了两次世界大战，几乎被完全摧毁。1945 年重建，1949 年机场火车站完工，各项配套基础建设也逐渐完备。

然而，在重建工作之初，颇具长远战略眼光的设计师扬·德拉尔特就把机场将来扩建规划的目标都制定了出来。伴随着荷兰经济和社会发展，1946 年，荷兰政府将斯希普霍尔机场定为国家级机场。1958 年转型成为一家有限公司，国家持股 75.8%，阿姆斯特丹市政府持股 21.8%，鹿特丹市政府持股 2.4%。有了国家资金的支持，一座拥有 4 条起降跑道、一座集出发和抵达为一体的 2 层航站楼及 3 个码头的多功能机场进入了规划阶段。机场的周边还环绕着四通八达的高速公路和铁路线。

从 20 世纪 70 年代开始至 80 年代末，斯希普霍尔机场已经实现了从机场到城市即航空城的蜕变。

郭庚茂他们看到，在斯希普霍尔机场外围区域，那里不仅有高档的喜来登酒店和冠以“世界贸易中心”之称的写字楼，还有大片的物流仓储区域。这些就为与航空业务相关的企业提供了极其良好的整体环境。外围办公区的主体建筑与机场候机楼相隔并不远，它们之间连成了一片建筑群，其中，内部的通道和地下停车场都是相互连接的。

步入机场大厅，这里就像一条琳琅满目的商业街，聚集了美食、银行、电子器材、服装、日化用品、药店等各类商家店铺。这些设施不仅为旅客提供了方便，更为在空港城工作的各类人员提供了休闲去处。

为了推动空港城的发展、吸引相关企业的入驻，斯希普霍尔机场正在全力打造“无缝物流”。无缝物流，就是指以机场为枢纽，在货物的验关、交付、转运等方面建立快速而便捷的通道，结合公路、高速铁路和海运，形成无缝衔接的高效货物运输网络。再就是借助一系列高科技设施，极大地简化了机场物流手续。比如，送货人抵达机场后，他不需要像以前那样先去办公室办理一大堆文书，而只需刷一下卡，系统就可以立即获取他的货源信息。

空港城的建设正在持续向外围辐射，以进一步提升机场的物流枢纽地位。为了更长远的发展，他们还在投资新建一条连接阿姆斯特丹与巴黎的高速铁路，并计划开发许多夜间专线，然后将到达的货物通过高速铁路向外输送。

在空港城方面，他们还打算采取多项措施促进空运、海运、陆运的无缝衔接。一方面，通过与大约 20 公里外的阿姆斯特丹港以及 70 公里外的欧洲第一大港鹿特丹港直接对接，斯希普霍尔机场有望以无缝衔接欧洲境内的内陆船运为卖点，吸引更多的鲜花、电子产品以及其他各类货物；另一方面，借助智能化调度措施协调解决货运卡车空载或拥堵等问题，全面提升陆路运输效率。这些项目的推进，还能够推动空港城内有关货物电子标签、物流网络衔接技术等信息技术产业的发展。

斯希普霍尔机场的这些经验，在郭庚茂一行看来，正是下一步打造郑州航空城所要走的路。比如，拉大机场框架，实现无缝对接、零换乘及多港联动等的规划，都深受阿姆斯特丹斯希普霍尔机场规划建设的启发和影响。

当郭庚茂一行乘坐的飞机降落在德国的法兰克福机场时，正遇上机场员工罢工，从早上 6 点到下午 3 点，每人只吃了两个小面包。即便这样，也阻挡不住河南考察团对这座城市的兴趣与热情。

法兰克福市位于著名的莱茵河畔，支流美茵河从中穿过，将它一分为二。初春，当夜幕降临时，偶尔能看见美茵河畔的游轮，许多人想象不到，这些游轮均是临时的旅馆。

法兰克福金融管理学院院长兼首席执行官乌多·斯特芬教授告诉郭庚茂一行，法兰克福会展中心这两天正举办一个大规模的展览，很多参加会展的人找不到住处，只好住到美茵河的游轮上。

对于法兰克福人来说，隔三差五举办会展已成为一种生活常态。在斯特芬教授看来，如果没有法兰克福机场，很难想象法兰克福能把会展举办得如此成功。他认为，机场在一座城市中的角色十分重要，它的重要性体现在“看得见”和“看不见”两个方面。

看得见的是一串数字，如 2012 年，法兰克福机场运送旅客 5750 万人次，机场集团销售收入为 24.4 亿欧元，集团员工超过 2.2 万人，是创造就业最多的企业，包括行李搬运工等低级工种，也包括波音 747 和空客 380 机长等在内的高级工种。但法兰克福机场的地位显然并非这些数字能够完全体现，最能体现的应是法兰克福的金融业。在法兰克福，有 200 多家德国和国际知名银行落户，包括德国排名前两位的德意志银行和德国商业银行在内，还有一些大银行的总部都设立在法兰克福。国际上如高盛、瑞士银行、摩根士丹利、美林证券公司、苏格兰皇家银行等等，都在这里设分支机构或代表处。斯特芬说，法兰克福机场成为法兰克福连接世界的纽带，使这座城市成为“既容易到达，又容易离开”的目的地，正是这个原因吸引了众多国际企业的落户。

法兰克福会展公司总裁兼首席执行官沃尔夫冈·马尔钦说，法兰克福位于欧洲贸易通道的交点，它有举办展会的先天优势。

法兰克福有 800 年交易会的历史，是世界上历史最悠久的会展城市之一。马尔钦说，他们公司就是德国最成功、盈利最高的会展企业，也是世界上自由展出场地的最大交易会组织者。会展不但有“名”，而且有“利”。

马尔钦算了一笔账，在德国，法兰克福会展中心创造了 3.25 万个就业岗位，其中 1.87 万个在法兰克福；中心举办的展览每年能创造 31 亿欧元购买力。这不仅促进法兰克福以及周边地区经济增长，对德国其他地区的经济也大有裨益。具体而言，法兰克福展会活动带来的购买力为德国政府贡献 5.67 亿欧元税收，为法兰克福的税收贡献 2900 万欧元。

法兰克福展会的每名参加者在食宿和交通等方面平均花费 450 欧元，而参展企业的总花销高达 14.6 亿欧元。这无疑会大大增加当地出租车、服饰以及物流企业的收入。

除了直接经济效应外，法兰克福会展中心实际上已经成为极具价值的就业引擎，包括拉动酒店与旅游服务人员、熟练工人和服务提供商等就业。

法兰克福机场，是欧洲最大、全球最繁忙的机场之一。无论是机场、会展还是金融行业，如今都已经成为法兰克福的名片。

美国时间 2 月 14 日，郭庚茂一行飞抵美国的路易斯维尔。他们不顾旅途疲劳，早晨 6 点，郭庚茂就带领考察团出发，奔赴路易斯维尔机场。

路易斯维尔国际机场是一座军民合用机场，也是美国主要的货运机场之一，距离市中心约 10 分钟车程。

在路易斯维尔国际机场，考察团参观了美国联合包裹速递服务公司在路易斯维尔的跑道尾服务。什么是跑道尾服务？这对大家来说是个陌生的概念。

郭庚茂告诉大家，这个概念首先是联合包裹公司和东芝公司合作产生的。东芝公司生产电脑和其他一些电器产品，它的客户在使用过程中出现了一些零件的更换，或者要进行维修，没法解决，它就找到联合包裹公司总部。联合包裹公司就想，我帮你运可以，但仅增加业务量不行，只有增加作业环节，并把它融入联合包裹价值链管理的集成协调系统，才能实现更多的增值和创造的价值。联合包裹公司就调整思路，在路易斯维尔机场周边建了一个维修中心，他们选择工程师、技术人员，经东芝公司认证后来承担这些业务，然后利用快件运输系统，把世界各地需要进行返修的、更换零部件的电子电器产品空运来，几个小时就可以修完，修完以后再返回，保证两天之内返还到用户手中。东芝觉得这是个好主意，他们不但免去了很多投入和人力成本，也会因改善售后服务获得良好的市场信誉。就这样，一个新型的跑道尾服务行业发展起来了。

由彼及此，郭庚茂想到了富士康，想到了正在河南生产的苹果手机。他说，我们现在正生产的苹果手机，将来能不能在郑州机场也发展属于我们自己的跑道尾服务，不但我们生产手机，而且将来整个智能手机甚至苹果产品的维修和售后服务基地都可以建在这里，这也将能产生很大的航空物流量和经济效益。

联合包裹公司总部设在美国的亚特兰大。下午，联合包裹公司全球总裁丹尼尔·布鲁托热情地接待了郭庚茂一行。双方的第一次接触是在2010年5月，自此，为推进合作双方都做了大量积极的工作。2011年布鲁托就曾亲自率团访问河南，并代表联合包裹与河南省政府签署了合作备忘录。这在郭庚茂看来，河南又进入了一个新的发展阶段，双方再次进一步合作将是一个重要的节点。布鲁托说，哪里有业务需要，联合包裹公司就会把运营扩展到哪里。2012年10月，联合包裹公司落户郑州，这也是该公司在中国的第5个航空口岸。

布鲁托说，他所看重的是地理位置的区位优越、河南的经济发展速度及人力资源优势。

美国时间2月15日，郭庚茂一行来到了亚特兰大机场。它也是世界上最大的乘客中转枢纽机场，它拥有5条平行跑道，每小时可供130架飞机起降。机场由亚特兰大市政府出资建设，达美航空公司租赁机场6个登机台中的5个进行运营。2011年机场旅客吞吐量达到9000万人次，达美公司全球旅客吞吐量超过1.7亿人次。

上午，在达美航空公司商务副总裁郝恩斯汀及公司高管的陪同下，郭庚茂一行首先参观了达美航空公司运营的登机牌换取柜、停机坪等，随后又来到正在建设中的七号登机台，在这里，他们考察了票务处理中心、海关登机处理中心、行李处理中心等，这些功能处，可以说是最值得考察的细节，郑州也即将面临如此的问题。

这天，已至深夜1点，他们还在讨论当地的航空物流模式。

郭庚茂深有感触地说，这里的设施非常先进，布局特别精细，也特别人性化，各方面都为旅客考虑得非常周到，这些先进理念都非常值得我们学习。

迪拜是阿拉伯联合酋长国的一座城市，这座现代化的城市，坐落在阿联酋的沙漠中。不少中国人知道，跨国旅行时常在这里转机，尤其是前往西亚、欧洲或非洲，很多国际航班都要经停迪拜国际机场而中转。因此，源源不断的人流为这座“沙漠之舟”带来无限生机和繁荣，并一举成为闻名世界的“航空大都市”、现代购物天堂。它的崛起，令人赞叹为“迪拜奇迹”。

在以石油“黑金”著称的中东地区，迪拜却与多数地区不同，它石油产值只占国内生产总值的6%，所以只能靠旅游来发展当地经济。正是这一发展理念才缔造了“经济中心和金融中心”发展模式的“迪拜奇迹”。

早在20世纪中期，迪拜还只是波斯湾沿岸一个从事渔业和贸易的小村庄。宽松的自由贸易价格和合理的税制，使迪拜率先吸引来自世界各地的贸易商，一度使之成为闻名世界出口珍珠的贸易点。

随着中东地区石油贸易的发展，20世纪70年代后迪拜也得到迅速发展。借此，迪拜就提升城市基础建设，大力发展沙漠旅游业，迅速成为中东乃至全球经济增长最为迅猛的城市之一。在短短几十年间，便创造了总高828米、世界最高建筑——哈利法塔，建设了世界上第一家七星级的帆船酒店、全球最大的购物中心、世界最大的室内滑雪场等。这，不能不说是世界奇迹。

滚滚而来的财富，投资庞大的开发建设，使得迪拜几乎成了奢华的代名词。而开放活跃的房地产市场、接连不断的国际展会、体育赛事等，无时无刻不在吸引着全世界的目光。

当去追寻探究的时候，才发现这一切原来与迪拜航空城紧密相关。正是因为航空城发挥的枢纽联动作用，才带动“迪拜奇迹”最终实现，这也是迪拜发展和繁荣的重要经验。

2012年2月23日上午，这是阿联酋时间，郭庚茂一行来到阿联酋航空公司和迪拜机场考察调研。在阿联酋航空公司全球网络控制中心，巨大的显示屏上，几百架飞机的影像正飞行在一张世界地图上。

郭庚茂指着一架飞行在中国上空的飞机显影说，它的位置正在河南上空。

公司负责人告诉郭庚茂，那是一架正在飞往上海的航班。

郭庚茂对他说，河南地处中国核心腹地，承东启西，连通南北，交通区位优势明显，中国中部地区正在快速崛起，你们可以考虑将一些航班经停郑州，拓展在中国中西部地区的业务。

随后，阿联酋航空公司远东及澳大利亚区域高级副总裁理查德·约伯利向郭庚茂一行介绍了公司的基本情况：阿联酋航空公司成立于1985年，从2002年开通到上海的定期货运航班以来，阿联酋航空在中国已经发展了10年，在北京、上海、广州设立了航空枢纽基地，在中国已有66条成对的航线，而且现在的迪拜，已经成为中国货物的最大转口地，而阿联酋航空则成为世界第二大货运航空公司。

郭庚茂听完介绍，也向他讲述了郑州机场的现状：去年（2011年）郑州机场旅客吞吐量达到1015万人次，货物吞吐量超过10万吨，已经进入高速发展期。郑州机场即将实施二期改造工程，设计年旅客吞吐量3000万人次。当下，中国经济发展的重心正在由沿海向中西部地区转移，河南已成为产业转移的热点地区，今年苹果公司的iPhone手机70%在郑州生产，主要面向国际市场销售，下半年每天可以产生200吨的国际货运量。眼下，河南省正积极筹划建设郑州航空经济示范区。河南愿意加强与阿联酋航空公司之间的合作，也希望你们将郑州作为公司在中国的下一个航空枢纽来经营。

理查德·约伯利说，河南处于中国中部地区重要交通枢纽位置，有着举足轻重的地位。阿联酋航空公司打算在中国打造自己的第四个航空枢纽，目前公司国际事务部正在中国有关城市考察，郑州市也在其中。

考察了阿联酋航空公司总部后，郭庚茂一行在迪拜机场公司高级执行副总裁贾迈勒亲王殿下的陪同下，参观了迪拜机场3号航站楼。

在漂亮的航站楼内设有免税购物中心。这个免税购物中心，是吸引大量空港旅客最为有效的载体，也是体现商业价值最直接的平台。迪拜国际机场免税店是中东和北非地区最大的免税商品零售店，免税购物区面积达9000平方米。整个设施极其华丽，环境幽雅，让人完全感受不到寒暑四季和黑夜白昼的差别。

在这里，世界知名品牌如瑞士名表、法国化妆品、意大利时装、日本数码产品等商品，可谓琳琅满目，价格诱人，而且保持着与欧美同步的流行风尚。怪不得很多旅客即使旅途劳顿、昏昏欲睡，但只要一迈入机场免税店大门，也会立刻精神振作，淘货的激情使困倦顿时消散。

在这里，既可使用迪拉姆和美元现金，还可使用中国的银联卡，而且还免去多数中国双币信用卡在当地购物所需的 1.5% 的手续费。

为了更好地服务中国游客，迪拜商业中心招募不少中国售货员，可以用汉语为中国游客服务。

此免税购物中心的过境旅客，人均消费额超过 30 美元，居世界第一。有些旅客，多花三四个小时在此转机，就是为了到免税店购物。

难怪卡萨达教授做出如下的判断：像迪拜这样优秀的航空枢纽，将在下一阶段的全球化中占据核心地位，这些庞大的中心不仅服务于地方经济，更能实现其经济转变，迪拜这种世界级物流基地将有助于转变全球贸易格局。

郭庚茂一行还专程来到迪拜机场自由贸易区，参观调研货运和物流设施。迪拜机场每年货运吞吐量 250 万吨，全球排名第四，正在建设的新机场建成后将再增加 6 条跑道，届时不仅年货运量可达 1200 万吨，将是目前世界最大的货运中心孟菲斯货运中心的 3 倍，通过与港口共建、海关共享，未来到迪拜转口的远洋货柜，还可以从码头直接送到航空站。而现在迪拜机场货运吞吐量的 85% 都来自转口。

这次考察收获颇丰。不同的机场城市，城市机场，都将给河南打造航空城带来不同的借鉴经验。每一次走出国门，河南的决策者都会受到很多启迪。眼界越来越开阔，思想越来越解放，胸襟越来越宽广，智慧积累也越来越丰厚。

13

为了进一步解放思想、开阔眼界，河南省有关领导在几年的时间内把自己的出国考察重点都放在了国外机场上。

有一次，张大卫等人去考察仁川机场。他们是看了《航空大都市》受到启发后去仁川的。仁川机场负责人就把当时为什么要规划的一些想法讲了出来：东边是一个强大的经济体日本，西边是一个强大的经济体中国，北边还有俄罗斯的远东地区，他们在中间能做点什么？他们能做的就是中转，航空中转、海运中转。所以，他们就选择在中转上下功夫，然后扩建仁川机场，把仁川港进行扩建，这中间填海修筑了一个智能型的松岛新城，将其定位为自由贸易和国际商务中心，建设成东北亚物流中心，来服务中转的功能。

张大卫一行在仁川看到的，正如《航空大都市》描写的那样：松岛新城完全是服务航空经济发展起来的一座智能型城市。

张大卫一行考察后很羡慕仁川，于是就和仁川机场进行沟通，把自己的想法也告诉对方。那时，郑州航空港经济综合实验区规划还没有获批，仁川市市长就亲自带团到河南来，要跟河南结成友好省市关系。过去，河南交往的那些国外的友好省州，比如堪萨斯州，在美国的中部，也是农业大州，与河南的境况差不多。而仁川市是韩国的直辖市，相当于中国的上海，直辖市和河南结交为省市关系，这是第一例。

仁川主动来到河南，与河南签订友好省市关系。为什么呢？仁川市市长说，他看到了郑州机场的发展前景。将来两个机场完全可以联程联运，你是中国的枢纽，我是韩国的枢纽，我们联合起来的话，亚洲一条非常繁忙的航空物流通道就建设起来了。

他们还提出一个很好的想法，在郑州建一个“韩流中心”，把韩国的美食、养生、美容、服装、休闲等产业引过来，这有利于郑州的国际化。

仁川机场有句广告词：“从仁川机场出发，两个小时之内你能到达中国大陆很多不知名的城市，比如长沙。”

张大卫就向陪同他的仁川市市长幽默地说：从这里出发，不用两个小时就能到达中国大陆的很多城市，比如郑州。

阿姆斯特丹是典型的机场城市（Airport City），在世界范围内做得都比较好。阿姆斯特丹机场离市区有一定距离，但因为机场的发展比较好，世界500强的总部有48个在机场周边，旅行方便，办公效率高，机场周边就形成了 20 多万人口的城市，机场本身功能非常多元。

张大卫等人去机场考察的时候，负责人告诉他们，在机场的周边吃住行游购娱，功能一应俱全。

在阿姆斯特丹机场的手袋上就写着 3 个“Y”，一个是 FLY（飞行），一个是 BUY（购物），还有一个是 PLAY（玩），都在机场解决。这对河南考察团的启发很大。

后来到亚特兰大机场，也是这样，每天有 10 万人的周转和客流，候机楼又热闹又舒适。他们去日本机场考察，名古屋机场的候机大厅就相当于日本的民俗文化村一样，非常繁华。当时大家就觉得，郑州就应该建一个这样的机场城市。

起初机场规划的时候还没有想到现在的规模。后来富士康进驻，郭台铭听说他们要做机场城市，于是就提出来，能不能共同开发一个航空城（Air City），因为富士康蓝领、白领本身就有几十万人要入驻这一区域。那时候，省政府牵头，郑州市承担做了一个面积为 189 平方公里的航空城规划。

机场航空城的规划理念也像铁路从机场下穿的构想一样，引起了国内民航界的很大反响。在所有人看来，这也是一个非常大的创新。

河南的决策者一直都在思考，关于民航发展的思路问题，也在不断地调整、不断地创新、不断地改变，比如能不能支线为主，以支促干，客运为主，以客带货；能不能干支结合，客货并举，突出中转。在经过几年的磨合、探讨、实践、思考、学习后，终于把思路调整了过来。郭庚茂明确地提出“货运优先、以货带客，干线优先、公铁集疏，国际优先、以外促内”的战略。

对于这个战略，被大家称为“抢占制高点的战略”。郭庚茂说，要抢占这个制高点，我们上去占了以后别人就上不来了。有了这个制高点以后，下面就好办了。

在实施抢占制高点战略后，接着，河南又明确提出，要建设大枢纽、培育大产业、塑造大都市的航空经济发展思路，并以此来带动全省的经济发展。

2011 年 10 月，在国家民航局的支持指导下，河南省委、省政府主要领导做出批示，组织省市有关部门对“航空经济”进行专题研究。在此背景下，“发展航空经济的初步构想”诞生了。

河南在做规划的时候，也受到国内其他地方的启发。比如，看到湖北的襄阳航空产业园，西安的阎良航空产业园，于是就提出来，能否随着富士康的进驻，综合保税区不断进行扩建，以及保税物流中心、机场周边产业不断集聚，航空城逐渐扩大，搞一个属于自己的航空产业园区？

有了这个想法，张大卫代表河南与国家民航局讨论。国家民航局的领导却提出来更大胆的设想：搞一个航空经济区。

张大卫真是惊喜万分，直接搞航空经济区，那是更高端的战略构想。回河南后，张大卫立即向卢展工、郭庚茂汇报，两人非常重视。

郭庚茂说，这正符合我们的想法，我们不但要搞这个航空经济区，而且还要跑步前进地搞，争取国务院早批立项、批规划，抢先把这个概念拿下来。

河南的这个构想，凝结了很多人的智慧。

2012 年 2 月，郭庚茂陪同郭台铭在洛阳考察，其间聊到航空经济，郭庚茂遂让张大卫赶到洛阳，向郭台铭介绍关于航空经济区的一些想法。郭台铭听后特别激动。

介绍过程中，郭庚茂有事先走了一步，张大卫与郭台铭交谈非常契合。

郭台铭对张大卫说，你们这个想法太鼓舞人心了，我很激动，我有很多理想，没想到你们的思路这么超前。

随后，张大卫与郭台铭从洛阳坐高铁回郑州。在高铁上的半个小时，郭台铭进行了一场“头脑风暴”，他画了一张规划草图，畅谈了他的想法。

郭台铭说，要把郑州变成全球性电子消费类产品的供应链中心，把郑州机场建成可以与香港、仁川、路易斯维尔等机场类似的航空货运枢纽。在郑州如意湖北、郑州东站东广场、郑州新郑机场建设全球性的电子产品研发、制造、销售、金融、结算、物流、仓储、展示、指数的中心，还有相关的零组件、设备制造、模具等先进制造能力也向航空港区及周边集中，还要改组地面铁路和公路系统。

郭台铭的激情和丰富的想象力让张大卫备感钦佩。

郭台铭接着说："你们有条件啊，我帮你们实现。我把电子消费产品的供应链中心放在郑州，它就一定能实现。现在因成本过高难以维持下去的中国台湾地区、韩国、日本、泰国及中国华南地区供应链上的主要企业，尤其是这些地方的电子消费类产品的零部件生产都要迁移了，我去哪儿，他们就跟着我到哪儿，光我自己弄几百家过来都没问题。"

郭台铭在规划草图上标注了从设计、研发到制造、展示、交易的一整套构思，包括金融服务、仓储等十大功能。他还谈了几大目标，与谁合作，甚至包括建立决定全球的电子消费品价格的指数系统，还有如何削减在香港的业务量等，他都毫无隐瞒地抛了出来。尽管听起来跳跃性很强，但都很超前。

郭台铭说，把这些都带到郑州来。有了这些，再把这整个中心往这里一整合，郑州新郑机场一定会很厉害。

张大卫说，这些正是我们现在所需要的，也是求之不得的，而且操作性很强。

在河南人的心目中，郭台铭是最尊贵的世界企业家之一，没有富士康落户河南，就很难想象河南航空业未来的发展。

2010 年，为了航空业的发展，河南决定不惜一切努力，要争取富士康的产业转移河南。有一次，听说郭台铭在上海，郭庚茂就专程去上海拜访他。

郭庚茂与郭台铭商谈的时候，郭台铭问："你有综合保税区吗？你要有综合保税区，我就把生产线转过去。"

郭庚茂如实回答："这个还真没有，但我会去争取。"

"什么时候能争取？你如果三个月能拿下来，我现在就把企业开始往你那里搬，我就开始建厂房。"

郭庚茂拍拍胸脯说："三个月一定把综合保税区给争取下来。"

在积极引进富士康项目的同时，郑州积极申报综合保税区。

三个月后，郭庚茂真的把综合保税区给争取到了。这事真有点出乎意料，尤其是令郭台铭吃惊。更令郭台铭惊叹的则是厂房建设，原本一年甚至更长时间才能建成的厂房，河南竟然三个月就完成了富士康初期生产线所需要的厂房。

2010 年 8 月到 2011 年 3 月 14 日，富士康科技集团郑州各产业园相继投产运营，创造了富士康项目建设史上的郑州速度。富士康的入驻，把河南区域发展推到了一个更高的平台上。2010 年 10 月 24 日，国务院正式批准在原郑州航空港区的辖区内设立郑州新郑综合保税区。根据国务院批复，保税区规划面积为 5.073 平方公里。

在研究保税区怎么建时，河南省政府常务会议集体决策，把它建在机场旁边。这样，既可实现区港联动，也可使运输半径缩短，成本降低，还便于管理。

郭台铭情不自禁地为河南竖起了大拇指。

14 围绕机场建设综合保税区，这样的规划当时在全国是少有的，除北京天竺比较近似，再就是重庆，但重庆的综合保税区离重庆的机场 25 公里，正是这 25 公里，它的运输成本就大大增加了，整个生产组织、流通组织非常不方便。河南就方便快捷很多，因为是紧贴机场来建设这个综合保税区的。虽然一时条件比较差，可从整体看其优势非常突出。这在全国机场的大格局中处于一种理念领先的地位，对后来航空港区建设的影响也非常深远。

在探讨保税区的过程中，河南提出建设总后空投基地（全称：中国人民解放军总后勤部应急保障基地）的设想。这个基地就建在高速公路旁边，占地 500 亩。因为部队现在比较缺的是战略投送能力，所以总后要选一个地方建一个总基地，做应急保障基地。

河南积极地去争取这个基地。建这个基地有什么好处？一是在空域上，河南可以完全和军方进行合作；二是物资的中转能形成他们的货流，也就是航空物流；三是很多物资完全可以依靠本地的生产能力去生产；四是很多物资放在这里，河南可与他们共享。特别是解放军总后勤部的运输能力、仓储能力，平常是民用的，战时是军用的。按照军方的要求，平时还真得用，只有平常用了，到紧急的情况部队才能用起来，要是平时不用，不磨合，不演练，不运转，可能还会出问题。

在河南的努力下，解放军总后勤部把这个空投基地放在了这里，军方也因此给予河南强有力的支持，如后来河南修高速公路的一些指标就是部队给提供的。因为部队要建交通站，要为部队服务。这个基地建成以后，也在全国引起了一定的反响。交通部领导到河南看了以后说，什么叫综合交通枢纽，你们河南给我们做了一个样板。

郭台铭听说这些后非常兴奋，对张大卫说，你们做这个好，有创意。

军民合用，铁路、公路、机场多程联运，零换乘、无缝衔接等这些概念，紧随其后，还有公路港、铁路集装箱中心站这些概念，在发展的过程中都慢慢地明晰起来。

保税物流中心的徐萍女士，曾去过东欧，有这方面的经验，在保税物流中心做保税仓库生意。她提出了做跨境贸易电子商务试点的想法。有一天，河南省委副书记邓凯去保税物流中心视察工作，徐萍就给邓凯说了一些关于跨境贸易电子商务试点的思路。

邓凯听后，对她说，你写个书面的材料，包括下一步的一些打算报给我吧。

邓凯拿到徐萍的材料，马上就报给郭庚茂。郭庚茂看后就批转给张大卫。材料里，徐萍提出了要搞电子口岸、汽车口岸、E 贸易等，大家认为这些都是很好的想法，但这都是新概念，究竟怎么搞，大家争论很激烈。

此时，恰逢国家提出要搞跨境贸易电子商务，也就是 E 贸易的试点城市。

河南得到消息已经比较晚了。上海、重庆、杭州、宁波这四个城市的方案都已经全部报上去了。河南雷厉风行，根据徐萍的材料也制订了一个方案报了上去。

报送那天，张大卫对国家发改委领导简单谈了所报的方案，发改委领导一听，就说，你谈的这个东西正是我们需要的东西。于是，国家发改委立即组织评审专家听取张大卫的专题介绍。专家们一听就被吸引住了。

张大卫说，现在大量的网购活动都在分散进行，特别是跨境贸易的物品。这些物品现在采取两种方式来进口，一个是走行李包裹邮件，但重量必须比较轻，价值也受限制。另外更多的高档消费品、奢侈品，大量都是通过水货由水客带进来，或是由出国人员携带，由于不便监管，我们的关税大量流失，还形成了偷漏税的通道，防不胜防。

网购发展迅猛，怎么解决这个问题呢？徐萍的解决方法，就是利用我们现在的保税物流中心，和电商、网商进行充分合作。比如过去在网上买一个香奈儿的包，或者买雅诗兰黛的化妆品，这种网购行为都是分散的，网商组织货源要一件件地去组织。而现在呢？有了这个中心，就可打包组织货源，大批量地承运，比如一下运 1 万个香奈儿包，运过来以后进到保税物流中心，采购成本和运输成本就大大降低了。出关的时候，海关进行监管，交一定的税。交什么税呢？交行邮税，不是交进口税，行邮税和进口税有 7 到 10 个百分点的差别。消费者在购物的时候因为中间的税降低了 7 到 10 个百分点，再加上网商采购节约的成本也会让出来一部分，这样，消费者也受益了。对于海关，集中管理以后，也能集中收取行邮税，税收也不会造成流失。

如此一来，网商、电商能得好处，国家也有税收，消费者也能得实惠。而对我们郑州也能形成很大的物流量，有了物流量，航空货运自然也能上去，也能带动航空物流和关税的增加。不过，因时间紧，方案还需要进一步完善。

听完张大卫的提议和想法后，评审专家们表示，我们想要的就是你所说的这些东西。

随后，河南立即着手完善方案，并按时上报。经专家论证，河南的方案被评为第一，而且综合方案选择了郑州方案，最后国家发改委还在郑州开了现场会。会上，中国海关表示要大力支持河南。

郭台铭听说后，觉得这件事很了不得，于是他就让富士康的高管来听报告会。郭台铭对河南有关领导说，我要和你们合资，我要入股。问他为什么呢？他说，这预示着一种商业模式的革命，苹果手机还需要运进大卖场或专卖店吗？可能不太需要了。如果网购的话，可直接从我们港区就分拨了，将来很多商场卖货，可能只需要提供一定的展示店。

网购，已经成为一种不可阻挡的时代潮流，一种新的商业模式。

2012 年 9 月，郑州跨境贸易电子商务服务试点项目启动，成为全国唯一一个利用综合保税区进行试点的城市。

2012 年 2 月 6 日，河南和国家民航局在郑州签订了建设航空经济区的协议。这也是河南民航发展史上又一件盛事。仪式由时任副省长张大卫主持，时任省长郭庚茂和时任国家民航局局长李家祥分别签字。双方商定，国家民航局将加大力度支持郑州国内大型航空枢纽建设，推动郑州航空经济综合示范区建设。

随后，郭庚茂主持省政府常务会议，讨论了航空经济综合示范区的问题，4 月份又召开省委常委会议再次讨论这个问题。这次常委会议上，时任河南省委书记卢展工提出，不要叫示范区，不如叫航空经济综合实验区，我们不给别人做示范，别人怎么做是他们的事，我们就实验，我们把它做起来，变成实验区，大规模地展开我们的计划，我们就这样干了。批也干，不批也干，边批边干。卢展工又进一步分析，我们这个是要带动中西部的，最起码把中原经济区通过这个龙头带起来，通过地面交通系统把这些城市统统带起来，统统纳入这个网络。现在光富士康的一些产业部门已经在全省 13 个市落户，将来如果富士康产业继续转移的话，大量的先进制造业会在各个城市陆续展开，而且现在我们正在做这方面的规划。

一个“示范区”，一个“实验区”，当这两个词分别在“航空经济”后面作后辍时，其意义就有着质的区别了。“示范”，那是给别人做样板、做榜样的，而“实验”就不同了，那是需要大胆改革、需要大胆创新的。郭台铭的规划草案也给决策者们增加了不少底气。

2012 年 7 月 12 日，国务院颁布《关于促进民航业发展的若干意见》（24 号文件）。这当儿河南与国家民航局一起向国务院正式上报了建设实验区的请示。

24 号文件下发当天，郭庚茂与张大卫等人就来到北京。当他们来到主管交通的国务院副总理马凯的办公室的时候，马凯刚把文件放在案头。

这一次，河南提出来的关于建设“航空经济实验区”的一些想法，与24号文件中提出的“通过民航业科学发展，促进产业结构调整升级，带动区域经济发展，鼓励各地区结合自身条件和特点，研究发展航空客货运输、通用航空、航空制造与维修、航空金融、航空旅游、航空物流和依托航空运输的高附加值产品制造业，打造航空经济产业链，选择部分地区开展航空经济示范区试点”这些意见不谋而合。

当郭庚茂向马凯汇报时，马凯顿时就清楚了。

马凯说，支持你们。中央领导清楚，河南要搞一个高地，中原经济区有了，但是要搞一个对外开放的高地、产业的高地，把这个龙头和核心增长极塑造起来，来带动河南这个地方的发展和对外开放。

这个报告呈上去之后，国务院非常重视，安排国家发改委牵头研究。刚开始，很多同志到河南调研时，对航空经济区的概念还不太清楚，过去没有过这个概念。大家通过听取河南领导的汇报、反复讨论，加上对有关理论的学习，终于豁然开朗。接下来，这个事怎么规划？怎么设计？在调研的过程中，国家发改委和河南形成了一些共识：河南应该构建这么一个对外开放、承接产业转移和转变发展方式的高地。因为河南的一些想法也极大地影响了国家发改委，所以说整个规划内容基本上是河南提供的，国家发改委在把握住大的原则前提下，进行了一些修改和调整，使整个规划方案更加完善，更加科学。

当年9月，国家发改委再次向国务院呈上关于设立郑州航空经济综合实验区的意见，10月份国务院就批复同意了这个意见。当拿到批复的提案意见后，原本提案意见里“郑州航空经济综合实验区”却多了一个“港”字，变成了“郑州航空港经济综合实验区”。

大家一看都比较纳闷，多一个“港”字，这是什么意思呢？

有人说，好像从A市市长调到B市当市长一样，也就是平移一下吧。

郭庚茂说，不管怎么样，下一步先把它正式批复再说，少一个字多一个字没关系。不过，他给我们加一个“港”，肯定有他的想法，我们可能当时是全方位、立体化，在云端的东西比较多，这个“港”是不是让我们往下面落落，做实点。

河南的决策者们仔细琢磨这个“港”字之后，觉得这个“港”字加得好，这不是要把实验区建设成内陆港口嘛，它不仅增加了河南这个“港”周边的区域空间的概念，也更接地气，更有利于河南在地面上发展产业系统，更适合“塑造大都市，培育大产业，构建大枢纽”这一发展目标，更有利于河南加快融入世界的步伐。

后来才知道，那个“港”字，是在国务院批复前，马凯副总理加上的。

紧接着，就是下一步立项规划。

党的十八大后，2012 年 11 月 17 日，河南传来了两大好消息：一是中原经济区规划已被国务院批准上升为国家战略，另一个就是航空港经济综合实验区建设的立项规划方案也被批复。

接下来，就是河南省配合国家发改委开始编制《郑州航空港经济综合实验区总体发展规划》。

12 月 28 日，河南省政府联合国家民航局在北京举办了郑州航空港经济综合实验区规划建设座谈会，国家发改委、工业和信息化部、商务部、财政部、海关总署、中国银监会、国家外汇管理局等部门和中国民航大学等单位的专家、学者与河南有关方面的领导，以及河南省直有关部门和郑州市负责同志出席了会议。

张大卫主持会议，并做了专题演讲。

时任河南省发改委主任张维宁首先介绍了规划建设郑州航空港经济综合实验区的背景和初步设想等有关情况，与会专家、学者充分肯定了建设航空港区先行先试的重要意义，接着张大卫就提出请求，希望与会的国家直属部门对郑州航空港区的建设，从政策与资金上给予大力支持，让河南探索出一条通过发展航空经济实现转型发展、跨越发展的路子，为我国其他地区发展航空经济积累经验、提供借鉴。

这些国家直属部门领导也都纷纷表态，一定会大力支持郑州航空港区的建设。

有了这些承诺，河南就紧锣密鼓地开始了各种申报工作。2012 年除夕的前一天，在国家有关部委的大楼里，最后离开的是河南的申报团队。春节后，第一天上班，河南申报团队又最先等候在国家有关部委的大楼前。为了等财政部的反馈意见，3 月 4 日那天，时任河南副省长李克在国家发改委一直等到晚上 9 点。

申报团队为此感慨：没有轰轰烈烈，但绝非轻轻松松。在等待与煎熬之中，确实有一种责任感在支撑着大家。

时隔三天的 2013 年 3 月 7 日，国务院正式批复《郑州航空港经济综合实验区发展规划（2013—2025）》。

消息传来，河南的决策者们振奋，申报团队的成员们一个个都流下了激动的泪水。从 2012 年 7 月 4 日，河南省政府和国家民航局联合向国务院提交《关于建立郑州航空经济实验区的请示》以来，不足 7 个月，但这期间申报的每一段经历，每一段时光，都充满了艰辛与汗水，让人紧张焦虑，又让人奋进激昂。申报团队的成员，或风尘仆仆，或冒严寒酷暑，或彻夜难眠，或加班加点，或饥肠辘辘……这一切一切，现在都微不足道了。如期的结局，诠释了河南干事创业的境界：上下同欲者，胜！

第四章

决策接力

15 改革开放，尤其是农业生产责任制的实行，大大激发了广大农村的活力。随着1982年中国共产党历史上第一个关于农村工作的一号文件出台，家庭联产承包责任制全面推行，并不断稳固和完善，鼓励农民发展多种经营，使广大农村地区迅速改善生活水平，逐步走上富裕的道路。

地处中原的河南，生产责任制的推行却并不顺利，曾经发生过著名的“张浩来信”事件：1979年3月15日，《人民日报》头版加“编者按”发表了张浩的“读者来信”。张浩是河南省伊川县人，在甘肃工作，他回老家探亲时看到洛阳地区农村实行联产到组的情况，便给《人民日报》写信，认为“现在实行‘三级所有、队为基础’符合当前农村的实际情况，应该稳定，不能随便变更，轻易从‘队为基础’退回去，搞分组，是脱离群众，不得人心的”。编者按指出：“已经出现分田到组、包产到组的地方，应当正确贯彻执行党的政策，坚决纠正错误做法。”

这件事当时对河南影响非常大。当天，正在南阳考察工作的时任省委书记段君毅，早上从中央人民广播电台听到张浩来信和“编者按”后，立即给省委打电话，提出要开一个小会讨论一下，然后以省农办负责人答记者问的形式，在《河南日报》上发表，以表明省委的态度。当天上午，由时任省长刘杰主持召开了一个在郑州的几位省委领导和省农办负责人参加的会议。大家在讨论中表示了对《人民日报》发表“张浩来信”的不同看法，但都认为没有违反中央规定。最后研究决定由洛阳地委召开各县委书记紧急会议，以会议纪要的形式通报全省，以稳定河南的局势。根据省委的意见，3 月 18 日至 19 日，洛阳地委紧急召开县委书记会议。会议讨论很热烈，一致认为洛阳地区推行各种形式的生产责任制，是符合实际情况和群众要求的，应该坚持不动摇。刘杰在讲话中指出：“洛阳地区的情况，省委是知道的。如果有什么问题，责任在省委，与地委无关。”

从“张浩来信”事件也可以看出，河南受“左”的思想路线影响非常深远。

20 世纪 90 年代初，河南还发生过这样的故事：郑州某豪华宾馆在客房门上安装了猫眼，公安机关检查发现后，要求宾馆把猫眼反过来安装，理由是这样便于从外向内监督检查。这个荒唐可笑的故事，如今看来仍令人如鲠在喉，难以释怀。

这不能不令人深思，一度制约和影响河南发展的，不仅仅是客观条件，更是思想的僵化与禁锢。

河南不禁发问，不改革开放，如何解放思想？不解放思想，如何开拓创新？河南的决策者非常清楚，只有打开所有的桎梏，才能打开河南发展的空间。

于是，河南历任决策者开始了一场决策接力，并逐渐形成河南如今思想解放、对外开放的大好形势。

16 1990年，李长春履新河南。

河南作为农业大省、人口大省，其发展长期受到人口多、底子薄、基础差、灾害多等省情的困扰。改革开放之后河南在经济建设方面虽然取得了一定的成绩，但在20世纪90年代初，人均主要经济指标在全国仍处于落后状态，是无可争辩的欠发达省份。同时，河南长期受“左”的思想和小农经济旧观念意识影响极为深刻，已经严重影响到河南改革的进程，阻碍河南经济发展的步伐。

面对如此的省情，为了冲破“一左一旧”思想禁锢和束缚，1991年，河南省破天荒地第一次召开了全省对外开放会议，实施“优化环境，外引内联，四面辐射，梯次发展”的开放战略，全方位推动河南经济，闯出内陆省份对外开放的新路子。

20世纪80年代末、90年代初，伴随着改革的推进，经济逐渐趋向过热，这时，人们对改革开放产生了不同的看法。而苏联解体，东欧剧变，致使中国改革陷于进退两难的境地。

1992年1月18日到2月21日，邓小平视察了武汉、深圳、珠海、上海等地，沿途发表了重要谈话。反复强调“一个中心、两个基本点”的方针不能变。“基本路线要管100年，动摇不得。”同时，他还强调，改革开放的胆子要大一些，敢于试验，看准了的，就大胆地试，大胆地闯。没有一点闯的精神，没有一点“冒”的精神，没有一股气呀，劲呀，就走不出一条好路，就干不出新事业。

借着邓小平南方谈话的“东风”，河南省委在1992年确定了18个改革、开放、发展特别试点县（市），形成了“十八罗汉闹中原”的生动局面，一批经济强县脱颖而出，带动了河南经济整体发展。

1993年1月，李长春发表《冲破思想禁锢，实现中原崛起》，明确提出：思想是行动的先导。从某种意义上说，思想解放的程度，决定着改革开放步伐的大小，决定着经济发展的快慢。经济要上新台阶，思想观念必须先上新台阶。思想观念要上新台阶，就必须做到：一是破除计划经济体制下形成的旧观念，树立社会主义市场经济的新观念；二是破除姓社姓资的思维定式，树立以“三个有利于”为标准的新观念；三是破除一切靠本本、条条的旧习惯，树立实事求是、一切从实际出发，敢闯、敢试、敢于创新的新观念；四是破除传统封闭的内陆意识，树立扩大对外开放、以开放促发展的新观念；五是破除消极畏难、无所作为、小进即满、小富即安的小农经济思想，树立艰苦奋斗、开拓进取、干大事业、求大突破、上大台阶的新观念。[1]

正是这“五破五立”的提出，开启了思想观念这个“总开关”，在中原大地奏响“团结奋进、振兴河南”的主旋律。

李长春在《闯出一条内陆省份加快对外开放的路子》一文中写道：内陆城市搞开放同样可以大有作为，关键是要比沿海地区的思想更解放一些，紧迫感更强一些，干劲更大一些，工作效率更高一些，一切都得加上“更”字才行。

郑州作为省会城市，要发挥“中”与“通”，即地处中原、四通八达的优势，下大力气改善投资环境，形成大交通、大流通、大市场格局，充分发挥郑州中心城市的作用。

在河南省领导班子的直接推动下，包括郑州新郑国际机场、郑州火车站二期扩建工程、郑汴洛高速公路等在内的10项基础设施工程以及覆盖工业、农业、石化、轻纺、烟草、食品等多种行业的20项振兴工程全面展开，为全方位对外开放打下了坚实的基础。

李长春还提出了要围绕“农”字上工业，上了工业促农业，强农兴工、协调发展的新路子，从而确立了区域经济协调发展的新格局。

河南人不会忘记，20世纪80年代，开封与日本户田市建立友好城市关系，

[1] 李长春：《中原大地奋进曲》，人民出版社，河南人民出版社，2016年2月版。

对方市长应邀访问开封，因航班不通，只好从上海转坐火车来开封。在火车上，市长不小心从卧铺上掉下来，摔断了肋骨。这个意外的事故，为开封与户田的友好往来留下了难以抹去的阴影。

这件事的教训，让河南省清醒地认识到，如果不早些建成新机场，将会影响河南省的改革开放步伐；如果没有一个现代化的机场，河南将永远无法打开对外开放的大门，河南将无法甩掉贫困落后的帽子。

追溯航空史，可以说冯玉祥是开创河南航空的第一人。1923年至1925年，冯玉祥先后在洛阳等地修建机场，后来，中美合资的中国航空公司、中德合资的欧亚航空公司先后开辟了途经河南的航线，在郑州、洛阳、开封有不定期的航班起降。

1956年8月1日，郑州航站正式开航营运，成为新中国第一个航站。

1986年，7架退役的伊尔14飞机，在盖了128个图章后，成立了安阳市中原航空公司，到2000年8月，共有7架飞机。

1989年2月2日，郑州机场获得国务院正式批准对外开放，成为国内航空干线的重要枢纽之一。

1994年4月26日，原中原航空公司第一架波音737飞机投入使用，首飞郑州至广州航线，这架飞机也成为河南省第一架波音飞机。

1995年6月4日，由河南省外事办包租南航海南公司的飞机，开辟了郑州至新加坡不定期航线，成为我省首条国际航线。

1997年，郑州新郑国际机场建成通航，原在郑州机场的所有航班全部转至郑州新郑国际机场，至此，原郑州机场完成了它的历史使命。

搬迁之前的原郑州机场，在燕庄，还是一个军民两用机场，每天航班就三五个；建筑物也仅有一座两层小楼。机场距市中心只有6公里，其功能主要为战斗机服务，也无盲降设备。战斗机和民航机一旦发生起降冲突，民航机就得为军用机让路。有位熟悉原郑州机场工作的人说：“当时降落（波音）737都很勉强。”

原郑州机场离市中心太近，加上狭小的空间难以承受当时的航空运输，而且也无法向外拓展。基于这些原因，决策者决定让原郑州机场外迁。

郑州机场的搬迁，经历了漫长而曲折的过程。

1985 年春，河南省就开始酝酿郑州机场的搬迁，却因为各种原因，一直未能落地。李长春上任之初，再次把搬迁郑州机场提到议事日程。然而，这个关乎河南经济命脉的工程却成了一个“卡脖子”工程。建新机场需要 10 亿元人民币，对当时经济基础薄弱的河南来说，这可不是个小数目。反对声、质疑声一片。有人说，坐一宿火车就到北京了，还建什么机场？有人说，河南投巨资修建这个机场是否为时过早？投入这么大到底划算不划算？一时间，好像建机场就是愧对全省人民的“败家”行为。

河南省委、省政府当然没有被反对与质疑的声音吓住，有序地做着机场搬迁的准备工作。

机场选址是件非常辛苦的事情，因为它要受到许多限制，比如，建跑道必须考虑风向。业内人士说飞机不怕逆风，就怕顺风。通常郑州的风多是东北、西南风，因此在郑州建机场，跑道要以东西为基本方向。

专家们花了好大精力，提出了 200 多个选址。先后在圃田、小李庄、中牟等多地进行考察，专家比较倾向于这 3 个地方，郑州南郊的小李庄被定为初选，认为这里非常适宜飞机起降。但在后期决策时，却选定了新郑的薛店孟庄地带。

这里是京港澳高速路的必经之地，能够节约数亿元的新修机场高速公路费用。新机场最早的名字叫郑州薛店机场，后来才定名为郑州新郑国际机场。

在我国要建一个机场可是件非常大的事，必须经国务院和中央军委同时批准才能开工建设。当时又赶上全国要压缩基建规模，这期间的申报工作极其艰难。尽管如此，党中央、国务院和中央军委对河南建机场依然给予支持。1992 年 10 月，三位时任政治局常委共同在这个立项报告上签了字。新郑机场顺利获得“准生证”。河南全省上下备受鼓舞，迅速投入实施。

1994 年 6 月 24 日，郑州新郑国际机场终于奠基动工。河南全省上下全力以赴，社会各界共同努力，支持机场建设。新机场在新郑市薛店镇征的

7000 亩土地，地方政府分文未得。河南省建筑工程公司第五分公司等建筑单位也只收成本费。曾为我国南极科考队生产过电缆的郑州电缆厂、河南省高速公路发展有限公司等单位都是以最低的价格为机场的辅助设施做出了贡献。来自四面八方的建设者们为机场建设做出了巨大的贡献，施工人员所住的帐篷经常被风掀跑；中国有色六冶金属结构厂女电焊工杨冰兰在一次焊接建筑钢架时，跪在地上整整焊了 7 个小时，膝盖跪得青紫。为了机场建设，条件再差，环境再艰苦，建设者们都无怨无悔。

更值得一提的是，好不容易建了这样一个机场，河南省和郑州市以极大的勇气将机场移交给了民航部门经营。

新郑国际机场建成之初，国家民航局如此评价：该机场是我国重要的干线机场之一，也是首都的备降机场之一，同时也是河南省唯一一个大型机场。飞行区等级为 4 E 级，可满足目前世界上最大的波音 747-400 型客机的全载起降，同时保证 20 架波音 737 以上客机的营运，停机坪可以停 24 架飞机，候机楼面积是原机场的 25 倍。每周进出航班 500 多个，通航城市 40 多个，全国近 30 家航空公司在郑州新郑国际机场开辟了空中航线，继郑州成为全国铁路、公路和通信枢纽之后，一个以郑州为中心，四通八达、辐射全国的航空运输网已经形成。

经过 3 年多的艰苦建设，1997 年 8 月 28 日，郑州新郑国际机场正式通航，还有一些人对建机场依然心存疑问。后来，当省内一些旅游景点不断地吸引省外、国外的大批游客涌入时，当郑州花卉市场上通过空运过来的大批鲜花成为主流时，当空运的海鲜成为河南人餐桌上司空见惯的食品时，享受到机场给河南带来的方便与实惠之后，那些人的疑问才逐渐消散。

17 1998 年 6 月，河南迎来了一位中华人民共和国成立后第一位博士省长，也是当时全国最年轻的省长——李克强。

在任省长期内，李克强力推城市建设的“两端”。如体现现代城市特征的“郑东新区”，以邓州孟楼为样板的小城镇。

2000年下半年，河南省“十五”规划出台，提出了要把中原城市群建成河南经济增长极和发动机的思路。

中原城市群，河南省在制订“八五”计划时就提出过，当时叫“中原城市群体”，在“九五”计划中也曾提到，“但不清晰”。

20世纪80年代，河南省也曾提出建设沿黄河城市群，包括沿黄河8省，是国内首次提出的城市群概念。

“城市群”提了很多年，但直到1998年，河南的城镇化率只有20.8%，仅高于西藏，在全国排名倒数第二。

研究“十五”计划时，河南省委、省政府提出，城镇化不能拖工业化的后腿，农业现代化的前提还是城镇化。并理出了这样的发展思路：“河南要有载体去承接工业化、城镇化、农业化‘三化’协调发展，要把龙头做起来”。

在研究“中原城市群”应是什么概念时，起初，确定的范围是郑州、洛阳、开封、许昌、新乡、焦作、济源七个城市。后来根据调研的资料，把平顶山和漯河也囊括进来。因为这九个城市都在高速公路一个半小时交通圈之内。

当时有人心存疑虑，有了中原城市群，其他城市会不会被边缘化？河南省委、省政府如此解答：实现城镇化加速发展，不能搞平均主义，要走不平衡战略，集中力量优先发展中心城市和地区性中心城市，以中原城市群为主体形态推进城镇化。

1999年底，河南省政府召开小城镇建设工作会议。随后，河南在制订“十五”计划时，提出了“区域中心城市、中小城市和小城镇三头并进”的城镇化发展战略。河南省政府选定了26个中小城市、115个重点镇为突破口作为城镇化改革试点。彼时，还提出了进一步加强轨道交通，把这九个城市连起来，即谋划并勾勒了“郑州到开封、焦作的城际铁路建设”的蓝图。

几千年来，河南一直是传统的粮食主产区，农耕文化的根基非常深厚，无论是各级官员还是普通民众都有着以农为主的情结。

2003年河南编制了《中原城市群战略构想》。当年8月，《河南全面建设小康社会规划》明确提出，要举全省之力，优先发展以郑州为中心，包括洛阳、开封、新乡、焦作、许昌、平顶山、漯河、济源在内的城市密集区，使之成为我国中部地区实力最强的经济隆起带。

实践证明，中原城市群已成为区域竞争的主要形态，河南要在激烈的竞争中立于不败之地，必须实施城市群发展战略。构筑河南，乃至中部地区具有强劲集聚效应和辐射带动作用的核心增长极。

2002 年 12 月，河南省委召开全省经济工作会议，首次完整地提出了三化协调发展的战略思想。

会议上，还提出了“中原崛起”战略：夹在东南沿海和西部大开发之间的河南，开始尝试走出“洼地”；以“中原城市群”概念实施中心城市带动战略，同时力推县域经济、小城镇建设。

2003 年 7 月，河南省委七届五次全会通过了《全面建设小康社会规划纲要》，《纲要》正式确立以“加快工业化、城镇化，推进农业现代化”作为实现全面建设小康社会目标的基本途径，也是从根本上解决“三农”问题的必由之路。

就因这个“基本途径”的提出，打破了原来一贯“农业本位”的思维模式，一时间，争议四起。

一位持反对意见的领导干部曾向河南省委质疑：“中央把‘三农’放在重中之重，河南又是个农业大省，历来都把‘三农’放在首位，现在放到第三位，‘上不符合中央精神，下不符合河南省情！’”

河南省委做出了这样的答复：我们把工业化、城镇化放在前面，不等于削弱农业、忽视农民和农村，恰恰相反，是要用推动工业化、城镇化的发展，从根本上解决‘三农’问题，这和中央重视‘三农’问题是一致的。

之后，河南省发布的全面建设小康社会规划纲要，正式将中原城市群确定为河南今后一个时期带动经济社会发展的重点区域。

经过讨论酝酿，中原城市群的思路已经拨云见日，上升到全省的战略层面，搭建起一个 5.87 万平方公里的经济大舞台。

在这个对河南影响深远的战略构想中，郑汴一体化、郑洛城市工业走廊、中原城市群、城际轨道交通、建设生态宜居城等宏大布局将9座城市紧紧联在一起，为辽阔而古老的中原大地注入了新的活力。

2003年，河南再次进一步明确要实施“中心城市带动战略”，建设大郑州，真正发挥中心城市的产业集聚和辐射带动作用。

这期间，郑东新区拔地而起。

多年来，河南省会郑州中心城区规模偏小，中间又被陇海、京广铁路交叉分割，拓展空间也被制约。一个人口过亿大省的省会城市定位，应该成为全国经济大版图中的“全国区域性中心城市”，为国家打造“中原经济隆起带”上的“龙头”。这就意味着，郑州必须拓展新的发展空间。

2000年，河南省委、省政府确定了郑州发展的目标：规划新区，拉大城市框架，加快人口集聚，培育新的经济增长点。

此时，老郑州机场刚刚搬迁。郑州市拿出了一份占地不足5平方公里的规划方案，打算筹划一个面向港澳地区招商引资的商贸城，叫“港澳新城”。不过，这份规划最终被省领导给否定了。

2001年9月，对郑东新区概念总体规划采取国际招标的方法进行，以体现郑东新区新世纪、新郑州、高起点、高品位的目标。33位国内知名专家组成的方案评选团通过投票，最终选中了日本规划名家黑川纪章的方案：该规划郑东新区的面积达到150平方公里，比老城区的面积还大了10平方公里。

2002年3月，郑州市人大常委会通过决议，以地方法规形式对规划方案予以确认，并及时向河南省委、省政府做了汇报，同时按照有关法定程序上报国务院备案。

在推进新城建设过程中，为了避免换一届领导就换一种思路，河南省将新区规划交由人大通过，以地方法规的形式，保证“一张蓝图绘到底”。

在“十五”规划中，河南把交通放在了经济建设发展的突出位置，尤其是加快公路交通建设。河南的“十五”规划中写道：“以高速公路建设为龙头，全面贯通以京珠、连霍国道为主的‘三横三纵’主干线，进而打通省会至18

个省辖市间的快速通道，形成中原高速公路骨干网。”

河南的决策者明确指出，要把河南交通建设放在全国的大格局中去考虑，高速公路建设不仅要考虑省内，更要加快实现与周边省份的连接。要进一步解放思想，拓宽思路，调整公路建设规划，尽快打开周边各市通向省外的高速通道，积极拓展经济发展的空间，把河南的区位优势充分发挥出来。

河南“十五”规划中如是说：“加快其他国道、省道和县、乡公路的新建与改造，提高公路通达深度和路网密度，形成中原交通大通道，为河南乃至全国的经济发展提供良好的交通条件。”

规划还指出：“要通过高速公路等重点工程建设拉动全省固定资产投资增长，进一步推动河南经济快速发展。”

在2002年推出的多个重点工程中，京珠高速公路黄河特大桥（郑州黄河二桥）就是其中之一。

京珠高速公路黄河特大桥是京珠国道主干线的咽喉工程，全长9848米，宽45米，按8车道高速公路标准设计，总投资近10亿元，是目前全国现有高速公路桥梁中最长、最宽，也是河南省高速公路设计标准最高的桥梁。2002年4月1日开工，至2004年10月1日通车，整整建设了两年半时间。

这一时期，河南省提出，“十五”期间河南高速公路必须超常规发展，在五年内形成一个纵横交错的高速公路网——

在实施国家西部大开发战略的形势下，沿着宁西铁路建设一条从西安到南京、上海的高速公路。规划建设东通长江三角洲及其他沿海发达地区，西连大西北地区的若干条大通道。同时合理规划南北通道建设，从而在河南境内形成“三纵三横”的高速公路主骨架。

这些规划，成为后来国家京珠、大广、二广、连霍、沪陕、宁洛等国道“三纵三横”高速路网框架设计的重要组成部分。

此期间，河南不仅对一些重大战略如中原崛起、中原城市群、三化协调发展等进行了全面设计，而且还拉大了郑州的城市框架。在综合交通上，全面发展中原运输大通道，大力发展高速公路网络，并极力推进高速铁路建设。

当时，省内对修建高铁也存在一些争议。有人认为，如果河南自己不修，铁道部的铁路也会从这里经过——这些人的意思很明白，那就是等着国家修建。

河南的决策者则认为，现在铁路都网络化了，我们不修，它完全可以绕行，可以从你这里跨过去。比如，以前北京到西安要经过郑州，现在完全可以从大同那边绕过去。

在高铁建设上，河南省的决策者尤其主动，强调交通部门要解放思想，自己要掏钱修铁路，不能丢掉区位优势。

18 “这几年来，以李克强同志为班长的省委一班人，密切结合河南的实际，做出了一系列的战略部署，提出了一系列的工作任务。实践说明，这些决策部署是正确的、是有效的，所以我们现在要一不改变、二不停顿、三不松劲，在现在发展的基础上，进一步把河南各方面的工作推向前进。”2004 年 12 月 12 日下午，在河南省领导干部会议上，新任河南省委书记徐光春如此表态。

徐光春出身记者，曾在新华社、光明日报社任职，调任河南之前，任中宣部副部长、国家广电总局局长等职。

徐光春主政河南后，继续按照上届省委的战略部署推进工作，坚定不移地坚持“持续发展”道路，继续坚持改革创新。

2005年5月22日，美国著名专栏作家克里斯托夫在《纽约时报》发表了《从开封到纽约——辉煌如过眼烟云》的评论文章，以中国开封为例，回顾 1000 年前世界最繁荣的城市开封衰败的历史并感叹：“回望大浪淘沙般的历史长河，你会看到辉煌，特别是某一个城市的辉煌，多么像萤火般转瞬即逝，也会为这种无常的兴替感到震惊。”以此提醒美国人要不懈努力，要改进高科技创新力，改善促进经济增长的政策，否则，纽约总有一天也会沦为哈德逊河上衰落的古城。

徐光春看完这篇评论文章，非常感慨，他当时表示：“……重要的是现在如何在我们手里把开封建设好、发展好，使之成为现代化的城市，展示共产党人的执政能力。现在看，要使开封尽快发展起来，没有一些特殊的措施是不行的。”

随后，他建议省委、省政府要作为专题进行研究，要把振兴开封作为“十一五”规划的重点来实施。由此，推进郑汴一体化发展的号角在中原大地吹响了。

2003 年，河南邀请国内有关专家在参加中原城市群规划时，就曾提出把郑洛工业走廊向东延伸的观点，认为“郑州虽然是全省政治、经济、金融、物流中心，但作为一个近一亿人口大省的省会城市，其首位度太低，没有绝对优势可以辐射带动全省，必须进一步强化郑州作为河南核心城市的地位。如果单纯依靠郑州自身发展，这个过程会很长。而开封具有的条件完全可以成为郑州的功能互补区，实施‘郑汴一体化战略’将使两地实现资源共享、产业互补、人民互利，优势互补相向发展，达到事半功倍的效果”。

这是专家们的科学论断，徐光春将这一战略继续推进。

2005 年 8 月 14 日，时任国务院总理温家宝在长沙主持召开促进中部地区崛起座谈会，时任河南省省长李成玉前去参加会议并实地考察了“长株潭一体化”的发展情况，这让河南更加坚定了推行实施郑汴一体化发展战略的决心和信心。

当年 8 月 17 日，李成玉赴开封调研时正式提出：建设郑汴城市连接线。

郑汴一体化发展序幕拉开了，犹如拨开了沉寂、没落千年帝都上空的阴云，重新看到了振兴繁荣的天日。

河南省委、省政府的远见卓识和果敢决断，使郑汴一体化进程迅速进入具体实施阶段。此时，郑州、开封两市的领导对这一问题也都表现得非常开明、主动，有胆识，各项工作很快便有序地全面铺开。

古丝绸之路连通中国与世界互通互融，青藏铁路让青海和西藏实现了快捷和融合。郑汴一体化战略在实施的过程中，也是从一条路起步，突破体制障碍，逐渐迈向融合的。这条路就是郑开大道。

郑开大道于2005年12月6日正式开工，2006年11月19日通车。这条路原来叫郑汴快速城市通道，是连接郑州和开封两座城市的免费快速路，宽100米，双向10车道，总长39.2公里，设计时速80公里，从郑州市区到开封仅需30分钟。郑开大道的贯通，加快了郑汴一体化的进程，也为郑州中心城市建设及其带动周边区域城市群的发展起到了推动作用。

这一年，河南省大力推进郑汴一体化建设，两个城市功能互补、基础设施共建、公共服务共享，在全国引起了很大的反响。

2006年4月15日，国务院印发的《关于促进中部地区崛起的若干意见》中明确提出，“以中原城市群等为重点，形成支撑经济发展和人口集聚的城市群，带动周边地区发展”。显然，这是中央对河南这一战略决策的充分肯定。

该《意见》还指出，要在中部地区初步形成便捷通达的水陆空交通网络，具有承东启西、连南通北的区位优势；提升交通运输枢纽地位，促进商贸流通旅游业发展，扩建省会城市枢纽机场，增加中小型机场；进一步推进商贸流通体系建设，构建以武汉、郑州等全国性市场为中心，以区域性重点市场为骨干，以具有地方特色的专业市场为补充，现货市场和期货市场相结合的市场体系。

此背景下，在同年10月的河南省第八次党代会上，河南省委首次提出“民航优先”发展战略，要求规划机场枢纽，培育基地航空公司，打造服务机场的航空城。随后又提出“建设综合交通枢纽”——郑州东站和郑州国际机场的规划，“将铁路从机场下穿过”的构想。这一规划理念为此后中国民航战略布局调整首选郑州准备了条件。

2007年，河南陆地交通建设“三纵五横”的铁路网、“三纵三横”的公路网均已形成，河南已成为全国高速铁路、公路通车里程最长的省份，河南交通优越的区位优势更加突出。然而，航空运输业却没有同步发展。

随着经济全球化的不断发展，航空运输正日益成为综合大交通体系的关键环节，也是发达的综合大交通枢纽的标志。航空交通以其安全快捷舒适的特点，正在成为人们尤其是高端人群出行的首选。

河南怎么办？河南下一步怎么办？民航业的发展已成为河南的一个短板，这是决策者们最清醒的判断。公路、高速、铁路解决不了河南对世界开放的问题，如果没有一个强大的航空港，郑州永远会是一个默默无闻的内陆小城。

就目前，在经济全球化的条件下能够集中吸引高效配置资源的往往只是几个大的城市群、大的都市。无论国外还是国内都是如此，比如到美国，大多都是去洛杉矶、旧金山、芝加哥、华盛顿、纽约；到德国，也就是法兰克福、柏林、汉堡等；外国人到中国来，也都是去北京、广州、上海或者西安一看一游，在中国的旅游就结束了。而郑州呢？基本就是来观光少林寺，很少有人知道郑州，也便不会在郑州耽误时间。人不来，资源要素就不会往这里流动，企业也不会往这儿聚集，这样慢慢地就被边缘化。要想不被边缘化，必须把民航发展起来。只有与世界的航空网络连接起来，在世界大的经济和城市格局中河南才能占有一席之地。于是，河南省委、省政府明确提出“民航优先”的发展战略，确定“以支带干，以货促客，空地对接，协调发展”的基本思路，以此统筹谋划全省民航及相关产业发展，把航空枢纽建设作为对外开放、加快中原崛起的关键环节强力推进，努力探索走出一条后发、高效、科学化的路子。

2007 年 9 月，河南省委、省政府基于战略上的考虑，对新郑港区的管理体制和总体规划做出新的重大调整，将新郑港区所辖区域管理权限由新郑市全部划转至郑州市，正式设立“郑州航空港区管理委员会”，正县级规格，为郑州市人民政府派出机构，对郑州航空港区实行统一领导和管理。

2007 年 11 月 23 日，河南省人民政府印发《郑州国际航空枢纽暨港区建设规划纲要》的通知，进一步明确区域规划范围为京广铁路与南水北调主干渠合围部分，辖 2 个办事处，代管原新郑市和中牟县的 42 个行政村，农村人口 7.6 万人，总面积 138 平方公里。区域发展空间布局为“一核（机场核心区）二区（物流商贸区、临空产业区）”。郑州航空港区的远景目标是，建设全国大型枢纽机场、国际货运枢纽和功能完备、特色鲜明、协调统一的现代化航空新城。

2008 年，第 29 届奥运会在北京举行，以“同一个世界，同一个梦想”

为口号，向全世界展示了中国经济发展的高水平和快速度。以“和谐之旅”为主题的火炬接力活动，点燃着激情，传递着梦想。一个开放的中国向世界展露出新的姿态——中国对世界更加开放。

这一年，郑州新郑机场旅客吞吐量首次进入全国20强。

这一年的8月13日，在国家民航局公布的《关于加强国家公共航空运输体系建设的若干意见》中，第一次正式将新郑国际机场列为全国八大区域性枢纽机场之一。

19

2009年11月30日，卢展工从福建调任河南省委书记。

上任之初，在了解省情时，卢展工问河南有没有主要口岸。

时任副省长张大卫说，我们有一个航空港，还准备搞一个陆海对接的无水港，但是我们做得不好。

卢展工说，不好没关系，有题材我们就要下决心把它做好。

2009年12月的一天，在省社科联五楼会议室，卢展工与全省社会科学专家座谈。座谈会上，他第一次抛出让专家学者和全省领导干部研究的命题——什么是中原？什么是中原崛起？为什么要中原崛起？怎样实现中原崛起？卢展工还提出了什么是经济区及中原经济区的这个概念。

卢展工以递进式的问题开启思路，归根到底一句话，他是让专家们探讨，河南到底要走什么样的经济发展道路。

2010年初，在第一次河南省委常委会议上，卢展工又提出了同样的问题，来引导、启发大家自我审视，谋求未来。同时，他正式提出“中原经济区”这个概念，并且要求，要把“中原经济区”作为重大课题进行研究。这让大家觉得眼前一亮。

从2010年3月下旬开始，河南省发改委组织专家，以河南发展为题对这个概念进行集中研究，从提出到最终形成多个研究报告，历时3个多月。初步的研究报告，成为下一步中原经济区战略规划的轮廓。

当年4月7日，在“全省主要领导干部深入贯彻落实科学发展观加快经济发展方式转变”专题研讨班上，卢展工“点题中原”，公开向全省主要领导干部提出“河南应该如何定位、如何发展”的问题，让大家仔细思考，并提议界定厘清“中原、中原崛起、中原城市群”的内涵。

“点题”之后，河南省发改委会同省直有关部门，开始就河南建设中原经济区的有关问题进行研究，“中原经济区”的概念越来越明晰。

接下来的几个月，各类关于中原经济区的研讨会陆续召开，主要围绕四大命题：河南要不要上升到国家战略层面的经济区？河南能不能构成经济区？河南干部群众期盼不期盼经济区？河南有没有能力建设经济区？

当年4月23日，省委统战部组织省各民主党派、工商联、无党派人士与社科界专家在郑州召开研讨会，围绕河南发展及“构建中原经济区、促进中原崛起”进行专题研讨。最终，与会人士达成共识——提出构建“中原经济区”的设想。6月8日至9日，由省委统战部、各民主党派、河南省委、省工商联合会主办的中原经济区发展高层论坛，在开封开元名都大酒店隆重开幕，这次论坛的主题是“构建中原经济区、促进中原崛起”。

历时两天的高层论坛，先后有14位专家、学者发表了演讲，提出了意见、建议，为河南发展理思路、出主意。专家们认为，构建中原经济区的战略思路，无论从全国发展大局还是河南自身发展实践来看，都十分必要。应建设中原经济区，促进中原崛起、支撑中部崛起、呼应国家区域发展战略。

同年8月31日，卢展工接见在郑参加第十六届全国省区市党报总编辑新闻出版工作研讨会代表时提出，中原经济区是与生俱来的、客观存在的。建设中原经济区，是走不以牺牲农业和粮食、生态和环境为代价的“三化”协调科学发展之路。

最引人注目的当数该年9月份在北京召开的三场“中原经济区研讨会”。一场是9月5日国务院发展研究中心、河南省委宣传部共同召开的构建中原经济区高层专家座谈会，一场是18日中国国际经济交流中心、北京大学联合举办的建设中原经济区高层研讨会，一场是19日中国区域经济学会召开的建设中原经济区高层研讨会。

这三场研讨会，不论是有着“中国最高级别智库”之称的中国国际经济交流中心，还是拥有国内顶级经济学家的中国区域经济学会，均集纳了刘国光、厉以宁、王梦奎、吴敬琏、胡鞍钢、张维迎、樊纲、张卓元等老中青几代经济学家，这几乎是当时中国经济学界最豪华、最炫目的阵容。他们都“不约而同”地把目光聚焦中原，密切关注一个区域经济板块，为中原经济区建设建言献策，并且纷纷表态：支持中原经济区上升为国家战略、写进国家“十二五”规划。

2010年10月7日，卢展工在京主持“河南省建设中原经济区汇报座谈会”。

2010年10月8日至9日，时任国务院副总理李克强来到河南省南阳市调研。在谈到中原经济区建设时，李克强说：“河南蕴藏着巨大的发展潜力，当前，河南省委、省政府正在谋划中原经济区的发展，奋力去实现中原崛起，努力使河南走在中部崛起的前列，河南是充满生机的，也是大有希望的。”[2]

“中原经济区”的构想，即以郑州大都市区为核心、中原城市群为支撑、涵盖河南全省延及周边地区的经济区域。

2010年11月17日至19日，河南省委八届十一次会议审议并原则通过《中原经济区建设纲要（试行）》。11月26日，河南省十一届人大常委会第十八次会议审议通过《河南省人民代表大会常务委员会关于促进中原经济区建设的决定》，并制定和发布了《中原经济区建设纲要（试行）》。

河南未来发展的定位正式确立：一是全国“三化”协调发展示范区，二是全国重要的经济增长板块，三是全国综合交通枢纽和物流中心，四是华夏历史文明传承核心区。为此制定了“两步走”的发展轨迹：五年彰显优势，十年实现崛起。

---

[2]《河南充满生机大有希望——李克强河南调研纪行》，《河南日报》2010年10月11日第2版。

虽然当时这一谋划仍局限在省级规划层面，尚未纳入国家战略规划，但是河南已经先做了起来，并把建设中原经济区、加快中原崛起和河南振兴作为“十二五”的总体战略。

2010年12月17日，国家工商总局率先审议通过了支持中原经济区建设的意见。这是首个国家部委出台的对中原经济区建设的支持意见。

在中原经济区建设的史册上，将永远记载着这些日子——

2011年1月5日，国家开发银行与河南省人民政府签订了《开发性金融支持中原经济区建设合作备忘录》，从而成为首个与河南省政府签订具有战略合作性质协议的中央单位。该《合作备忘录》中写道，国家开发银行将在“十二五”期间，主动融入并支持中原经济区建设，通过提供“投资、贷款、债券、租赁、证券”以及引入央企投资等全方位金融服务，为河南提供融资数千亿元。

时任河南省发改委主任张维宁说，与国家开发银行开展的战略合作，对于破解河南在中原经济区建设过程中的资金瓶颈制约，促进河南基础设施建设、产业结构转型升级、保障和改善民生将起到重要作用。

2011年6月3日，河南与中央企业合作重点项目在北京人民大会堂举行签约仪式。来自120家中央企业、9家国内知名企业和6家金融机构的负责同志等600多人参加了签约仪式。卢展工参加了签约仪式。

这一天，国家开发银行、中国工商银行、中国农业银行、中国银行、中国建设银行以及民生银行，同时与河南省政府签订战略合作协议，为中原经济区提供“金融血液”，可提供近1.5万亿元的意向性融资规模。

这一天，中国移动、中国联通、中国电信同时与河南省政府签署战略合作协议。

这一天，河南省政府分别与有关中央企业、金融单位签署了18项战略合作协议，确定了总投资2898亿元的130个合作项目，为中原经济区发展注入了强大动力。

这次签约活动，是当时河南省规模最大、层次最高、签约项目和金额最多的一次与央企对接合作活动，这标志着河南与中央企业的合作进入一个新阶段。

截至7月23日，已有36个国家部委和中央单位出台了具体支持文件，或与河南省签订了支持中原经济区建设的框架合作协议、备忘录或会谈纪要，在政策、项目、资金、人才等方面给予大力支持。

当年9月28日，国务院出台了《关于支持河南省加快建设中原经济区的指导意见》，这标志着中原经济区正式上升为国家战略。该指导意见出台后，河南立即组织人员认真学习，并快速采用细化分解任务、对口衔接、落实重大项目等办法去履行贯彻。

河南省九次党代会，把贯彻落实国务院《指导意见》与立足河南实际紧密结合起来，在坚持重在持续、重在提升、重在统筹、重在为民的实践要领下，不断完善推动中原崛起的举措中，又提出了“一个战略、一条路子、一个引领、一个转变、一个形象”的系统发展新思路——

“一个战略”，就是全面实施建设中原经济区、加快中原崛起河南振兴总体战略。

“一条路子”，就是持续探索不以牺牲农业和粮食、生态和环境为代价的新型城镇化新型工业化新型农业现代化“三化”协调科学发展的路子。

“一个引领”，就是以新型城镇化引领“三化”协调科学发展。

“一个转变”，就是用领导方式转变加快发展方式转变。

“一个形象”，就是以务实发展树立务实河南的形象。

这个系统的发展新思路，为河南今后的发展统一了思想、指明了方向、理清了思路、明确了措施、提供了保障。

2012年8月7日，由国家发改委组织的中原经济区规划编制工作启动会议在郑州召开，这标志着中原经济区建设进入关键阶段。

这年5月份，以中原经济区建设为主题，先后有8个国家部委、中央单位与河南省人民政府签订战略合作协议、会谈纪要：5月9日，国家质检总局与河南省政府签署战略合作协议；10日，河南省政府与住建部签署合作框架协议，同日，河南省政府与国家知识产权局签署合作框架协议；11日，国务院台湾事务办公室与河南省政府签署合作备忘录；14日，河南省政府与铁道部签署《进一步推进河南铁路建设会议纪要》，同日，河南省政府与国家开发银行签署合作备忘录；29日，中央机构编制委员会办公室与河南省政府签署合作备忘录，同日，河南省政府与中国华融资产管理公司签署战略合作协议。

一个月时间，签署8份战略合作协议。可想而知，河南的决策者们，整天都处在一种什么样的工作状态。

郭庚茂在中原经济区规划编制工作启动会议上的致辞中充满信心地说，规划编制工作一定会结出丰硕成果，中原经济区建设一定会迎来更加光辉灿烂的明天。

2012年11月14日，党的十八大闭幕，17日，国务院对河南就正式批复了两个文件：一个是《中原经济区规划》，另一个是同意规划建设郑州航空港经济综合实验区。

20

2008年4月7日的河南省十一届人大常委会第二次会议上，郭庚茂被任命河南副省长、代省长。5年之后，郭庚茂接任河南省委书记。

郭庚茂1950年出生于河北冀州，在河北读书工作，从公社党委副书记做到河北省省长，有着丰富的基层工作经验，享有“民生省长”之誉。

履职河南后，郭庚茂用了3个月的时间，完成了对全省18个市和有关部门的调研。他调研的第一站就是郑州航空港区。此时的航空港区还不是如今意义上的航空港经济综合实验区，就是一个“区”而已。但航空港区已经开始对航空枢纽和机场二期工程建设进行规划了。调研中，当郭庚茂听了航空港区负责人详细介绍的情况后，他就迅速做出一个决断：航空枢纽规划和机场二期工程规划要当作“一号工程”来抓，河南的将来要靠机场。

郭庚茂已经敏锐地意识到，即便是几万公里的铁路和公路，它连接的依然是大陆，而机场可以让河南联通世界。有了地图上那一条条神奇的航线，即便不沿边、不靠海、不临江，河南也将不再是经济版图上的封闭之所。

2009年1月10日，河南省委、省政府邀请河南省部分老领导及专家学者，围绕加快中原城市群发展、构建现代城镇体系规划召开座谈会。

会上，河南省发改委汇报了关于构建“一极两圈三层”的中原城市群总体框架：

“一极”即构建带动全省经济社会发展的核心增长极，就是“郑汴新区”，包括“大郑东新区”和“汴西新区”。

“两圈”即加快城市群轨道交通体系建设，在全省形成以郑州综合交通枢纽为中心的“半小时交通圈”和“一小时交通圈”。“半小时交通圈”就是以城际快速轨道交通和高速铁路为纽带，实现以郑州为中心，半小时通达开封、洛阳、平顶山、新乡、焦作、许昌、漯河、济源8个省辖市；“一小时交通圈”就是以高速铁路为依托，形成以郑州为中心，一小时通达安阳、鹤壁、濮阳、三门峡、南阳、商丘、信阳、周口、驻马店9市的快速交通格局。

“三层”即中原城市群核心层、紧密层、辐射层。核心层指郑汴一体化区域，包括郑州、开封两市区域；紧密层包括洛阳、新乡、焦作、许昌、平顶山、漯河、济源7个省辖市区域；辐射层包括安阳、鹤壁、濮阳、三门峡、南阳、商丘、信阳、周口、驻马店9个省辖市区域。

在研讨时，郭庚茂针对这个框架指出，要继续深入实施中心城市带动战略，加快构建现代城镇体系，加快中原城市群发展，推动全省经济社会跨越式发展，促进全省城市合理分工、功能互补、向心发展、协调推进、共同繁荣，进而促进中原崛起。

2010年开始引进富士康项目。为引进富士康项目，郭庚茂代表河南省委、省政府三番五次到深圳去见郭台铭。在千呼万唤的期盼中，郭台铭终于答应将项目由深圳迁至内陆郑州。这年6月29日，一份郑州与富士康的《战略合作框架协议》草案在富士康深圳总部签订。

富士康的落户，改变的不仅仅是河南的GDP、贸易出口率、就业转化率等，而是像物理学中“核裂变”一样，辐射到了所有的边边角角。后来有人认为，如果不引进富士康，或许就没有郑州航空港区的横空出世。富士康的引进，改变了河南在全国乃至世界的形象和地位。

《世界是平的》这本书说，地球不再是圆的，而是平的，大家都在一个平台上。随着互联网、物联网、航空运输的发展，推动了经济全球化的进程，也促进了供应链管理的变革，世界变成了一个地球村。而且，整个世界是在一个平台上配置资源，距离、空间已经不再成为问题，服务外包、离岸制造、电子商务利用信息技术得到了迅猛发展。

深受这本书的启发，郭庚茂有了河南建设“郑州航空港经济综合实验区”的最初意念。到 2011 年 10 月，郭庚茂阅读了时任国家民航局局长李家祥推荐的《航空大都市》书稿后，他便开始酝酿将郑州建成“航空大都市”的梦想。梦想不是空想，更不是幻想，因为郑州已具备了书中所描绘的航空大都市的初级模型——“一极两圈三层”。

为了这个梦想，2012 年 2 月，由郭庚茂带队踏上了考察亚特兰大、孟菲斯、法兰克福、仁川、迪拜等国际枢纽机场之旅；当年 4 月，在中共河南省委常委会议上，作出了申建郑州航空经济综合实验区的重大决策。

郭庚茂强调说：“几万公里的铁路和公路连接的是大陆，而几公里的跑道可以连接世界。航空港的繁荣与否，将在很大程度上影响中原经济区建设的整个进程。”

他还说：“郑州航空港做好了，有可能使我们抢占一个新高地，迈上一个大台阶，改写中原地区经济在中国版图中长期落后的历史。这是河南的机遇，是全国的机遇，也是世界的机遇。”

随后，河南向国家发改委提交了这个构想的申请。

2012 年 8 月 6 日下午，国家发改委有关领导来到郑州，对这一构想进行调研座谈。座谈会上，郭庚茂声情并茂地进行了演讲。

他说，提出建立郑州航空经济综合实验区的设想，是为了“贯彻落实国务院《关于支持河南省加快建设中原经济区的指导意见》”；是为了“走好‘两不三新’三化协调”的发展之路。因为，要走好这条路，“不仅需要统筹规划，更需要选择一个战略突破口，通过先行先试、示范带动，形成中原经济区的对外开放平台、核心增长极和‘三化’协调发展先导区”，才能“为整个区域提供公共服务平台，支撑、引领、带动中原经济区建设梯次展开”。

如何选择这个战略突破口？按照国务院《指导意见》提出的全国区域协调发展的战略支点和重要的现代综合交通枢纽的战略定位，思考要把培育带动区域发展的增长极与发挥交通区位、人力资源等比较优势结合起来，构建一个体现时代特征、符合发展趋势的综合性战略平台。在这一过程中，顺应航空运输正在成为继海运、河运、铁路、公路之后拉动区域经济发展第五轮冲击波的规律，积极借鉴美国孟菲斯、路易斯维尔，德国法兰克福等内陆地区发展航空经济的经验，在国家民航局的支持下，便有了这个宏大的构想。

有了这个构想，随之就有了“培育大产业、建设大枢纽、塑造大都市”的理念。因为郑州已经具备了先天的区位优势，发达的综合交通体系，辐射半径大的良好空域条件；已经具有对航空依赖性较强的高端制造业、现代物流业的加速集聚及人口的加快转移。

郭庚茂还强调，这个构想，将是打造“三化”协调发展的先导区，是构建带动中原经济区发展的核心增长极。

2013 年 3 月 20 日起，郭庚茂同志任河南省委书记。在当年 4 月 2 日河南省第十二届人民代表大会第二次会议上，郭庚茂如是说，实现中原梦，一定要坚持科学发展道路。道路关乎命运，方向引领未来。近些年来，历届省委、省政府团结带领全省广大干部群众，持续探索不以牺牲农业和粮食、生态和环境为代价的“三化”协调科学发展路子，规划建设国家粮食战略工程河南核心区，努力构建“一个载体、三个体系”，提出并推动中原经济区上升为国家战略，着力打造郑州航空港经济综合实验区，发展战略、发展目标越来越清晰，发展思路、发展措施越来越明确。“政贵有恒”，要坚持一张蓝图绘到底、一任接着一任干、一以贯之谋发展，不动摇、不懈怠、不折腾，在坚持中提高完善、在继承中与时俱进。

2015年6月30日，在省委九届十次全体会议上，郭庚茂说：“郑州航空港经济综合实验区和‘米’字形快速铁路网建设，是支撑我们未来发展最大的王牌，对河南的影响最为深远。要尽全省之力拼上去。”

一时间，这句话风靡河南政坛，“两张王牌”“拼上去”，也成为媒体圈里两个最热门的词。郭庚茂特别解释，他想不出什么更解气的话了，要尽全省之力拼上去，努力形成新格局、新优势。

对于第一张王牌“‘米’字形高铁”，它对河南将来的影响有多大，郭庚茂说怎么说都不过分。

到2020年，河南的“米”字形高铁网将全部完工投入使用，届时将形成以郑州为中心的经济圈。

而另一张王牌“郑州航空港区”，则是全国唯一一个上升为国家战略的航空经济发展先行区，它被视作中原经济区当前和未来发展的重大引擎。

有一次，郭庚茂谈到申报航空港实验区时，无意中披露了这样一个细节：当时，在向中央领导汇报工作时，说河南除了粮食和小康问题，还需要解决开放问题。理由是，如果内陆省份不开放，前面这些目标就都实现不了。开放呢，得需要一个平台，这个平台就是航空港经济实验区。中央领导说可以考虑，你们可以研究。就这样，河南便启动了航空港经济综合实验区的规划和审批，整个过程，用了不到一年时间。

转眼之间，郭庚茂在河南工作了8年之久。河南这几年的发展，让郭庚茂看到了河南人能够树起自己的形象，能够挺起腰杆儿，外边人看河南人的眼神也变了，这让他感到非常欣慰。

河南形象的巨大变化，2015年在郑州举行的“上合会”就是最有力的印证。

2016年3月，郑州航空港经济综合实验区已被写入国家“十三五”规划。

21

2016年3月，中央决定，谢伏瞻同志任河南省委书记。4月7日，在河南省十二届人大六次会议第二次大会上，陈润儿当选为省长。

2013年4月7日至8日，履职之初的谢伏瞻，把首次调研选在了省会郑州，深入了解郑州市经济社会发展情况。作为一个学术型领导，谢伏瞻为郑州发展指明了方向：随着中原经济区上升为国家战略、郑州航空港经济综合实验区发展规划获批，郑州在全国的影响力持续提升，经济社会发展已经站上了一个新的战略起点，要倍加珍惜省会城市的龙头地位，发挥省会城市的作用，自我加压，勇于担当，砥砺奋进，努力为实现中原梦做出新的更大贡献。

2013年7月23日，河南省经济运行电视电话会议召开，分析当前经济形势，部署下半年经济工作。谢伏瞻在讲话中指出，要充分认识当前形势的严峻性和复杂性，增强忧患意识，做好应对困难局面的思想准备和工作准备，坚定信心，用好机遇，攻坚克难，毫不懈怠地做好各项工作。

2014年3月，全国两会期间，作为全国人大代表的谢伏瞻接受了新华社记者专访，就郑州航空港经济综合实验区建设、产业结构调整、农业大省的新型城镇化之路等话题，畅谈了自己的理政思路：到河南后，通过到企业、农村调研，与广大干部群众深入接触，我对河南的了解在逐步加深，我已经深深地融入这个大家庭，我为能够成为一名地地道道的河南人而自豪。目前，全省上下正在加快实施粮食生产核心区、中原经济区、郑州航空港经济综合实验区三大国家战略规划，发展态势越来越好，发展前景越来越广阔，是一片充满生机与活力的热土。

谢伏瞻认为，“金融是国民经济的血脉，是现代经济的核心”“金融搞活了，全盘皆活”。他对金融在经济发展中的定位非常明确，所以他到河南之后，一直着力狠抓金融工作。

2014年，河南省的金融工作大有起色：中原银行组建，河南首家大规模本土金融机构重装登场；中原证券在香港成功上市，市场表现良好；中原农险获批筹建，中原航空港产业投资基金获批等，使得河南的金融发展呈现出一片勃勃生机。

2015年，中原农业保险开业，“中原系”金融版图继续扩展，集聚了中原银行、中原农险、中原证券、中原信托的4家本土行业龙头企业，形成了横跨银行、保险、证券和信托的“金融豫军”新势力。伴随着新势力的迅速崛起，“金融豫军”被首次写入2015年政府工作报告。

2016年，河南在主要金融指标、金融主体培育、金融市场活跃程度等方面都取得了相当可喜的成绩：至年底，全省本外币存款、贷款余额分别为5.5万亿元、3.7万亿元，同比增长13.9%和16.8%，分别高于全国平均水平2.6和4个百分点；资本市场融资2891.4亿元，增长12%；实现保费收入1555.2亿元，同比增长24.5%，保费规模居全国第六位、中部六省首位。

2016年8月1日，谢伏瞻、陈润儿带领河南省四大班子部分领导奔赴航空港区进行调研。这样的调研似乎成了一种惯例：自2013年起，每年的2月份、7月末或8月初，河南省委书记、省长一起带领省四大班子到航空港区调研，四年来，从未间断。虽然没有条文规约，新一届的河南领导班子仍按“惯例”来到航空港区。仅凭这一点，便知郑州航空港区在河南的地位。

这天的天气炎热。调研中，谢伏瞻说，航空港区建设会更加“火热”，不会“凉”下来。

调研会上，谢伏瞻明确表示，航空港区发展的态势没有变，也不能变；实验区在全省经济发展中的地位没有变，也不能变；省委、省政府大力推进实验区建设的决心没有变，也不会变。

“三个不变”表明了河南新一届领导班子对港区建设的决心和信心。这让航空港区犹如吃了“定心丸”。

陈润儿则强调了“抓重点”的要求：要突出抓好航空枢纽建设，带动形成中部综合交通体系；要突出抓好实验区的功能配套，带动形成综合承载能力；要突出抓好特色产业培育，带动形成区域经济优势。陈润儿讲话中还要求着力抓创新，抓好融资模式创新、土地储备创新和管理体制创新；要加快拆迁安置，抓好社会管理，搞好协调服务，加快实验区建设步伐。

自上升为国家战略以来，郑州航空港经济综合实验区建设驶入“快车道”，成为河南发展的“王牌”战略。

截至2016年上半年，新郑国际机场开通航线171条，其中全货运国际航线30条，位居内陆第一，基本形成覆盖全球主要经济体的航线网络，国际航空物流中心雏形初显；2015年，航空港经济综合实验区内手机产量达到1.43亿部，约占全球供货量的八分之一，全球智能终端生产基地加速形成；郑州跨境电商正朝着“买全球、卖全球”的目标迈进。

第五章

有凤来仪

22

2010年6月20日下午4时许，一架“湾流G550”公务机缓缓地降落在新郑国际机场。舱门打开，一位抱着小女孩的中年男子走下舷梯——他就是“世界代工巨霸”、中国台湾第一大企业鸿海科技集团创办人郭台铭先生，而他怀里抱着的，则是他一岁多点的小女儿妞妞。

这位世界电子产品代工巨头，祖籍山西晋城，出生在台北农村，幼时家境寒微，年轻时候就拉起几十人的队伍，从生产黑白电视机的旋钮起家。后来，依靠自己的努力逐渐壮大起来。正如郭台铭的自我比喻，

“山上的地瓜长得太大了，免不了吸引人来看”“寒冬中的孤雁”“如水牛般辛勤耕耘”“一只打不死的蟑螂”等，他个性坚韧、孤高，不畏磨难挫折，勤劳耕耘，有超强的生存能力，可以适应各种恶劣的环境。

说起“富士康”几乎家喻户晓，即富士康科技集团，是鸿海科技集团旗下的高新科技企业。自1974年初创立以来，富士康一直致力于精密模具技术的开发，拥有领先与快速的精密模具核心技术，并专业研发生产精密电子组件、云计算服务及新能源、新材料开发应用等高新科技。

郭台铭于1988年在深圳成立广东深圳富士康精密组件厂，生产电脑周边接插件，由此拉开了富士康投资大陆的帷幕。之后，昆山、北京、上海、杭州、武汉等地，陆续有了富士康的产业园区。凭借前瞻决策、扎根科技和专业制造的优势，富士康迅速发展壮大，很快拥有了百余万员工及全球顶尖的客户群，成为全球最大的电子产业科技制造服务商。

郭台铭青睐中原，也是有机缘的。他与郭庚茂相熟已久，郭庚茂在河北省任职期间，就因富士康在廊坊的投资建设，与郭台铭有过密切交往。

未至夏至，郑州的气温已经进入盛夏了，这天的最高气温达到三十五六摄氏度。虽然已是半下午，但炎炎烈日下依然透着灼人的热气。

年届花甲的郭台铭，看上去也就四十多岁，容貌并不显苍老，倒是带着些许神采飞扬的激情。他站在舷梯上，满脸微笑，与接机的东道主一行挥手致意。与他一同前来考察的，还有苹果公司一位副总裁。

接机的东道主，则是河南省人民政府时任省长郭庚茂等人。下午3时许，正是一天中最热的时段，郭庚茂轻车简从，从距离机场25公里的市中心赶来。

郭台铭下了飞机，便与郭庚茂等人直接去了不远处振新路东侧的一大片空地。映入眼帘的，是一片片枣林、一块块刚刚收过小麦种下秋苗的庄稼地和蒿草遍地的沙荒。

双方在这里仔细察看。天气热，东道主的情意更热。郭庚茂不停地向郭台铭做着介绍，两人不时地把目光放远和拉近，指指点点，交谈甚欢。

宾主洽谈中，郭台铭一直抱着他的女儿妞妞。这个可爱的小女孩，当然不会明白大人们正在进行严肃的商业谈判，因此毫不掩饰自己好奇、兴奋的情绪，不停地发出充满童稚的笑声，为这场高规格的会晤带来了难得的轻松和愉快。后来，妞妞的“表演”成为这次郭台铭赴郑的“花絮”，被当作富士康落户中原过程中的一则趣闻广为流传。

翌日一早，郭台铭便飞离郑州。

这场不到半天的会面，可谓低调而神秘，双方均未向外界公开披露洽谈的任何消息。其实，一进入6月份，富士康内迁的消息便开始流传，尤其是富士康与河南的亲密度，频频被热议，但双方都始终保持缄默，令外界有点捉摸不透。

当河南与富士康的话题几乎被人们淡忘的时候，一个规划占地面积达10平方公里、计划用人30万的富士康工业园悄悄地在那片郭台铭看过的枣林、庄稼地、沙荒交错的空地上萌动生长了。那次宾主双方均“秘而未宣”的洽谈结果，很快就绽放在现实里。

这是个大得惊人的工业园区，比富士康大本营深圳龙华园区面积大了4倍还多，仅一期工程占地面积就超过7000亩。按照富士康与郑州市政府初步达成的协议，这里将成为富士康核心业务之一，即苹果手机整机生产基地。

“如果建造一座城市，所有人必须思想一致，速度一致，行动果断，并付诸实施；他们必须更加快捷，能够冲破官僚作风的阻碍，无论对手是谁，都要战胜他们，虽然他们不是一个城市。”这是航空大都市之父约翰·卡萨达教授的名言。

河南的决策者，一直在践行着卡萨达的这一法则。而为了使富士康项目尽快落地，郑州市更是紧锣密鼓，各项工作齐头并进。

适者生存是自然法则，而在新时期经济形势下，效率与速度已成为决定企业生存成败的关键因素。

郑州市专门为富士康成立了专项工作组，并决心实现“七月签约，八月开工”的目标，为下一步重点协助富士康尽快建立物流管理、报关系统，理顺企业进出口流程及大规模发展做好铺垫。

2010年6月29日，河南与富士康在深圳富士康园区草签《战略合作框架协议》之后，河南就开始集中投入富士康项目建设，并且制定了简略的工作时间表：

7月2日，出口加工区的相关领导小组成立，与富士康科技集团郑州投资项目协调推进领导小组（2007年成立）进行对接。同日，富士康方面将设计好的第一张图纸发至郑州，次日，相关改造方案陆续落实。而郑州方面，一切工作早已提前做好准备，像施工方的确定、地下管网的开挖等。

7月3日，富士康一期项目厂房改造工程动工。

7月5日，双方签订正式合作协议。这一天，时任郑州市市长赵建才到如火如荼的厂房改造现场视察。

7月6日，项目区一切腾退、整理完毕，并配合厂方对原有厂房进行改造。同时，富士康旗下的富泰华精密电子（郑州）有限公司进行工商注册。从富士康工作人员走进海关到完成所有相关的手续，只用了一个半小时。当富士康工作人员接过“海关注册登记证书”时，非常吃惊，想不到郑州居然如此地快速高效。以他们以往的经验，这样一个环节颇多的流程，即使特事特办也要两三天。

7月10日，时任河南省副省长张大卫视察富士康项目厂房改造工程。

7月14日晚11时，赵建才再次带领市领导班子深夜到施工现场视察。

7月15日上午9时许，时任河南省省长郭庚茂视察厂房改造工地。

7月23日，苹果手机整机生产项目的投资方“鸿富锦精密电子（郑州）有限公司”在郑州市工商局注册成立，注册金额为1亿美元，投资总额达2.98亿美元。该项目计划在2011年8月之前分三批交付使用，全部投产后可达到日产苹果手机20万台的生产能力，按保守预测年出口额也有130亿美元。

厂房改造开工之后，无论白天还是黑夜，机械的轰鸣声从来都未曾停歇过，争分夺秒地赶进度。

7月18日下午5时许，在郑州出口加工区举行富士康厂区改造工程完工暨设备进场交接仪式。这个不同寻常的改造工程，仅仅用了15天。

接下来的15天，富士康组织进行了电力配套和生产设备的安装调试工作。

8月2日，富士康河南项目首条生产线在郑州出口加工区正式投产。

这太令人意外了。郭台铭认为简直有点不可思议。一个月时间，一个面积达6万平方米、可以容纳8000人作业的厂房改造完成，真是快得惊人，被社会各界誉为“郑州速度”。

富士康中央营建部经理时德治如是评价“郑州速度”：“郑州能有如此速度和效率，是我们早先绝没想到的。”

富士康副总经理林政辉也在很多场合称赞，在富士康科技集团的历史上，“郑州速度”不敢说“绝后”，但肯定是空前的。

郭台铭对“郑州速度”更是大加称赞，感慨地说：通过富士康项目，可以自豪地说，别的省份能做到的，河南也能做到。

如此神速而高效，这背后究竟有着怎样的故事呢？

按照约定，富士康在郑州投资的第一站，选择在郑州出口加工区，占用郑州出口加工区的7栋共计6.25万平方米厂房。

河南在这里已经建好了标准厂房，专门供企业入驻使用。一般企业，不需要改造即可直接进驻投用，富士康对厂房要求高一些，提出对厂房进行改造的方案。

项目建设指挥部提出“决战15天，加快富士康厂房改造工程建设，确保富士康员工如期进场”的口号。开工后，各个工地实行人员轮歇，施工24小时不停。河南一建在参与这项改造工程中，每个项目都安排1名领导和3~4名技术人员驻工地跟班作业，实行机械、人员、作业时间、作业面“四增加”，采用“五加二”“晴加雨”“白加黑”的工作方案，昼夜连续奋战。为了加快施工进度，工地间还开展了竞赛活动，一等奖的获奖单位奖励15万元，二等奖的获奖单位奖励10万元。

出口加工区的工作人员24小时在单位吃住。工作人员经常凌晨两三点开完会，接着还要再整理相关会议纪要。施工期间，河南省政府、郑州市政府领导频频视察。

郭台铭在与河南省领导会见时曾真诚地说，富士康在郑州的“五五计划”进展顺利，这与河南省委、省政府的关心和全力支持分不开。看到河南干部职工为项目建设“五加二”“白加黑”夜以继日地工作，他深受感动。他希望通过双方共同努力，让社会享受到高科技带来的便利，树立起河南高科技、高品质和诚信的形象；双方可以就产业链延伸问题进一步探讨，带动河南相关产业升级和产品档次提高，打造双赢多赢的局面。

富士康项目一期工程建成后，既可吸纳 18 万人就业，还能使全省的出口额翻一番至两番。根据郑州海关的统计，2010 年上半年河南省实现外贸进出口总值 77.1 亿美元，其中出口 46.5 亿美元，预计全年出口额约为 100 亿美元，远不如富士康一个厂的出口额。

富士康落户郑州之后，各大媒体便开始连篇累牍地报道，预测未来将随着富士康和配套企业的入驻，以及物流、餐饮等服务业的发达，诞生一个人口规模达 50 万人的“新城”，地方政府则将在这里兴建学校、医院和公交系统等基础设施。

此外，位于郑州中牟新区的一个 IT 插件及线缆项目、位于郑州金水区的富士康集团集零售、批发、电子商务、物流集散的大陆地区总部等项目，也在推进之中。

23

珠江三角洲等经济发达地区，借改革开放之东风和环境资源等禀赋优势实现经济快速崛起之后，由于劳动密集型、资源消耗型等产业受土地环境等要素的制约，面临着经济发展方式的转变，加快向资金密集型、技术密集型、创新驱动型转变，而劳动密集型、资源消耗型等产业被转移出珠三角等这些经济发达地区。

这对中国内陆省份来说，是一次难得的发展机遇。面对珠三角等经济发达地区的产业转移资源，河南同全国其他内陆省份一样，加入了这场没有硝烟的争夺战。

2009 年，国家财政增收困难和上半年信贷投放较多，使得下半年中央扩大内需政策力度的空间有限，要增强经济发展拉动力，很大程度要靠扩大招商引资规模。7 月 9 日，河南省政府召开全省大招商动员电视电话会议，提出“汇聚一切力量，调动一切积极因素”的大招商经济刺激计划。在 7 月 21 日至 22 日召开的河南省委八届十次全会上，将这一计划列于全省“七大行动计划”之首。

此时，“大招商”成为河南全省各地政府部门工作的重点，并很快产生了巨大的爆发力。仅 2009 年下半年，全省实际到位境外资金 25.1 亿美元，同比增长 51.6%；实际到位省外资金 1132.5 亿元，同比增长 28.3%。而郑州市，更是连创开展活动最多、接待客商最多、签约项目最多、招商力度最大等数个全省之“最”。

2010 年 2 月，河南省下发《2010 年河南省招商引资行动计划》，大招商的战略思路不变，但稍做微调：提出首要任务是“落实”和“跟踪”。省政府先后 4 次召开全省招商引资工作会议，对大招商工作进行部署和动员。提出了依托 175 个产业集聚区，充分发挥其筑巢引凤功能，高水平策划集聚区招商概念，按照“大项目—产业链—产业集群”的思路，以“区中园”建设为切入点，引导产业关联度大、成长性好的项目向产业集聚区集中，争取新设立 10~20 个“区中园”，积极承接发达地区链式和集群式产业转移，促使招商引资、项目建设、产业发展同步推进。

2010 年仅上半年，郑州市组织区域、行业专题招商活动就达 20 余次，还组建 30 多个小分队分赴北京、上海、深圳等地开展一对一、点对点专项回访。此外，在 6 月 4 日至 10 日，一周内河南省商务厅就发出 7 个组团通知，召集奔赴缅甸、贝宁、马来西亚、巴黎等地参展。其间，“世界华商高峰论坛”“豫浙投资合作项目洽谈会”“2010 年中国（郑州）世界旅游城市市长论坛”等，接连掀起高潮。其中，在豫浙投资合作项目洽谈会上，河南省更是吸金 344.5 亿元。“大招商，招大商”一时成为河南上下同心的目标。

河南招商引资能够取得显著的成效，得益于一个重要载体——产业集聚区。当时，河南省已经建立了180个产业集聚区，有效地整合了土地资源和产业资源，为招商引资搭建了一个大平台，凸现了规模效应。

政府招商的主要精力是招大商，而民营园区则可以承载招“小商”的任务。河南在打造产业集聚区的同时，赋予民营园区相应政策并进行着力推动，让企业服务企业，从而实现招商方式由政府推动向市场驱动转变的重要环节。

由民资投资、定位为“台商转移第一港”和“中部企业升级综合体”的郑州航空港区台湾科技园，也纳入建设日程。

与沿海地区等传统产业聚集地不同，台湾科技园融集约化、立体化、产业化为一体，更加注重标准厂房的创新建设和产业发展环境的营造。有意内迁的企业，只需购买标准厂房即可，入驻相关手续将由航空港区管委会全部代办。

园区规划的消息一传出，就有不少企业咨询，成为大招商的又一只巨大潜力股。

对于自身拥有的招商优势，河南人是清醒的，正如时任河南省副省长的宋璇涛所说：“以郑州为中心，画一个直径200公里的圆，其所辐射的人口和承载的城市，是世界任何地点都无法相比的，具有其他地方不具备的聚集和扩散效应。”

不难理解，这是河南得天独厚的优势所决定的。相对全国其他区域板块，河南及周边都是平原地带，而且位于长三角、京津冀、珠三角和成渝城市带之间，是进出西北六省的门户，交通物流成本非常具备竞争力。而区位优势，尤其是交通优势以及航空港的发展等，又能促使企业销售半径拉大，为企业带来市场便利。无疑这都是郑州具有吸引力的重要因素。

河南人力资源和生产力基本要素的资源优势也非常显著。改革开放初期，河南与沿海地区非常明显的政策、资金和人才差异，如今几乎没有。相反，河南省原有的劳动力内在要素优势却正在提升。河南每年有2300万的农村劳动力需要转移，而且这一数字以每年10%的速度在递增。

富士康这只“巨凤”，就是在河南“大招商”的背景下，挥师北迁、落栖中原的。

有人说，“后经济危机”（指在2008年美国发生的金融危机）的风暴以及富士康公司闹得沸沸扬扬的“连跳事件”，都令郭台铭心存忧虑。为了缓解这种压力，加之地方官员不断地造访相邀，都争相与他合作，这才让他有了动身中原的意念。其实，那只是一方面，更重要的是，河南拥有区位、劳动力等资源优势与河南、郑州两级党委、政府“持续不断的邀请”。

河南对富士康的“守望”与“追求”，可谓为时已久。早在2007年，郑州市政府就成立了一个级别很高的“富士康科技集团郑州投资项目协调推进领导小组”，组长由时任市长赵建才担任，多位副市级干部担任副组长，各相关部门主要负责人为小组成员。

当时，一度传出富士康落户的风声。富士康的内迁初成趋势，在河北廊坊，湖北武汉，辽宁沈阳、营口等地相继投资建厂，但河南未能把“金凤凰”引来。

此后，虽然富士康“IT产业园”等名称不断出现在河南省的重点建设打捆项目、对外经济合作项目、自主创新工程等各种文件中，但合作一直无实质性的进展，双方只是断断续续地保持着沟通。

千呼万唤之中，富士康迟迟不肯落户河南，原因明摆在那儿：一个传统的农业省份，可以说贴上了穷的标签。穷字当头，就意味着居民收入和财政收入水平有限，意味着靠消费和投资拉动经济的能力也有限。再者，一个内陆省份，经济外向度更加有限，包括进出口，这能和沿海地区相提并论吗？

种种的局限，明显的差距，河南拿什么来与这个有着100多万人的“世界代工巨霸”匹配？

正是这种种的局限，富士康对于河南，其意义更加非同一般，如对GDP、出口额、就业、税收等等的提高和拉动，还有相对薄弱的IT产业，都将起着不可估量的撬动作用。

几年来，随着领导干部职位的变动，领导小组上的人员名字也在不断变化，但河南对富士康的“痴情”却始终未变。

河南在引进富士康的过程中，不管是与富士康的“博弈”，还是与其他省市的竞争，都非常激烈。因此，在这个过程中，河南出面与富士康洽谈的政府官员，职务级别、人员规模、谈判次数，都要超过外省。仅郑州市政府就去了六七十名官员，分组与富士康进行谈判，有时候，市政府主要领导还要在深圳蹲点，现场协调和参与双方的具体谈判。

河南面对的不仅仅是富士康，最关键的是全国各地的竞争对手。就在河南热情与富士康洽谈的同时，天津、武汉、廊坊等这些富士康已经有过项目合作、希望能够争取更多投资的地方，也向富士康开出了优惠条件。富士康的态度却不明朗，甚至有些暧昧。显然，这是为了在与各地方官员的谈判中获得更多的主动权，让地方政府提供更优惠的政策，进一步压低运营成本。

每个地区的产业规划虽然不一样，但河南面临的压力并未减轻。谈判中，富士康方面还总是在变，随时都会出现不确定性因素。

郭台铭思维特别跳跃，想法也很多，与他谈判，非常考验人的耐心。他一会儿是这个想法，一会儿又是那个想法，这个领域可以做，那个领域也可以做，好像什么都想做，其实他是在试探政府的底线与需求。

河南省政府主要领导曾在内部会议上多次表示，现在的一些项目，特别是大项目，好项目，往往多家、多市、多省在争，越是大项目好项目，业主投资越谨慎，往往提出各种条件，这就有一个决断的问题，所以在做好大量前提工作的基础上，必要时候主帅出征，果断决策。

2010 年，省委、省政府从全面实施中原经济区发展战略的大局出发，以建设航空经济枢纽为支点，把与富士康的合作，作为全省承接产业转移的重中之重来抓。这一次，河南没有错过，迅速抢抓机遇，付诸行动。在天时、地利、人和的情势下，河南以“竭尽全力”的邀请，终于令富士康动心。

2010 年的 3 月，郭台铭终于握住河南频频伸出的邀请之手，在春风和煦、暖意浓浓的春天，富士康派出了一个先遣小组，到郑州进行了为期一周的项目综合考察。但富士康考察中绝口不提是否有投资意向，他们只拿出一个提纲，对他们关心的诸多问题予以咨询。这些问题涉及 IT 产业、LED 技术和人力资源等方面。这让河南接待的官员有些茫然，富士康知道河南要做什么，而河南不知道他们的真实想法。

这次考察之后，河南省委、省政府立即将与富士康的对接从郑州市上升到省级层面。当年5月中旬，河南省相关领导与郭台铭在上海进行了一次小范围的高层“碰撞”。由此，一直处在胶着状态的谈判出现了转机，由此拉开了双方正式谈判的序幕。

郭庚茂亲自参与谈判，协调解决重大问题，这无疑使富士康投资河南加快了步伐。河南与富士康的亲密度快速升温，一个月内就进行了四轮商务谈判——而且这四轮谈判的规模之大、参与范围之广、涉及领域之多，都是史无前例的。谈判内容触及战略合作内容、落户政策、投资项目和人力资源等各个方面。

当商务谈判基本定局时，6月20日下午便出现了郭庚茂机场迎接郭台铭的历史性一幕。郭庚茂与郭台铭就此事虽不是第一次会见，但这是郭台铭唯一一次亲临郑州洽谈合作意向。

那天，考察过一期工程现场之后，郭庚茂与郭台铭还特意去参观了郑东新区CBD（中央商务区）。郑东新区CBD是近年来河南斥巨资兴建的一个现代化商业中心，在河南人眼中，足可比肩上海陆家嘴和深圳深南大道及广州天河CBD。郭庚茂意在向郭台铭展示河南在城市建设方面的超前理念与气魄，并借此希望能增强郭台铭投资郑州的决心和信心。

晚间，一场简约而隆重的晚宴，尽显东道主的真诚，在融洽与友好的氛围中，富士康投资河南的悬念终成定局。

事实上，河南与富士康的洽谈一直都在悄悄地进行。从6月初至7月初的一个月时间内，河南省政府高规格的代表团多次赶赴深圳，从河南省政府相关领导，郑州市政府主要负责人，再至相关厅局一把手，都参与到了这场与富士康对接的活动中。

6月下旬，由时任常务副省长李克、时任副省长宋璇涛带队，各相关部门领导组成的代表团，与富士康针对项目等方面对接的具体问题进行了最后磋商。

6月29日，时任河南省副省长宋璇涛与富士康财务总监黄秋莲代表双方草签了一份《战略合作框架协议》，初步协议约定，富士康将在电子信息产业、人力资源、物流、销售等领域与河南省展开合作。

两个月后，当郭台铭再次驻足那块空地眺望时，曾经的枣林、庄稼地，已是一排排拔地而起、鳞次栉比的崭新建筑，那就是富士康已经投入生产的科技园区，苹果手机将源源不断地从这里输往世界各地。

郭台铭笑了。他为“郑州速度”喝彩，为选择河南而欣慰。

2010年9月8日，富士康富鼎精密工业有限公司落户中牟，同样是一个月开工投产。打破常规的勇气、高效有力的运作，无不表达着河南高昂的激情、诚意和坚定不移的决心，无不彰显着中原人想干大事、能干大事的实力和能力。

9月16日，富士康郑州科技园在郑州航空港区破土奠基，仅项目一期厂房建设面积就达140万平方米，此项目也标志着富士康真正的“产业大腾挪”开始。

按计划此工程分三期建设，到2011年底即可实现超过14万人入驻科技园。

这是目标，这是亿万中原人翘首以待的蓝图。

从这一刻起，在郑州市区东南一隅，机场高速路以东，超过7平方公里的区域里，又开始了沸腾，车轮滚滚，人流如潮；各种机械冲天轰鸣，各种建筑材料如山一样堆积起来。

施工期间，工程急用的钢管脚手架，由于用量大，郑州市场一下租不到那么多，指挥部几经周折，不得不赶往外省的大型钢厂去购买。为了赶时间，钢管装到车上的时候还保留着刚出炉的烫手温度。

当商品混凝土供应不上时，河南省重点项目办立即加紧协调，周边混凝土厂家统统退掉其他订单，集中全供“富士康”。

冬季施工，相应基础设施配套一时跟不上，施工单位及水、电、气、暖各家纷纷启动应急预案。

河南省、郑州市人力资源部门积极帮助富士康招募培训员工，为富士康和员工协调解决关系切身利益的问题；组织部门认真选拔推荐挂职干部；海关、商检和机场、工商、商务等部门，积极争取政策支持，为富士康协调解决有关难题；有关县区和乡村顾全大局，乐为富士康项目奉献……

富士康方面也把全球大市场的信号向工程同步传递，完善设计，调整施工，精益求精。

“加速，增量，提质，融合”，卢展工、郭庚茂与郭台铭合作题写的这八个大字，醒目地竖立在建设工地，成为贯穿富士康郑州项目建设的“冲锋号”。

至 2010 年 12 月 10 日，一期工程 B、E、K 三个地块，68.5 万平方米厂房建设大部分已进入尾声，两个厂房开始机电安装；位于四港联动大道西侧的锦绣枣园生活区 19 栋住宅楼和公寓已基本建成——2012 年 1 月中旬，这里迎来了 1.7 万名富士康员工入住。一处起名为豫康新城的施工区，49 栋总建筑面积达 77 万平方米的宿舍楼全面进入地面以上施工，部分已建到五层，这就是令人瞩目的富士康郑州科技园。在省、市两级政府全力支持、强力推进下，河南的建设者们不畏严寒，再次奋力打造着令人惊叹的工程“传奇”。

之前的 10 月 24 日，一个激动人心的消息传来，郑州新郑综合保税区已获国务院批准。这是具有口岸、物流、加工等九大功能的综合保税区，也是国家在中部地区设立的唯一一个综合保税区。这对河南来说，标志着河南经济从此拥有了与世界接轨的平台；标志着河南在中部崛起进程中站在了新的制高点上；也标志着河南的对外开放将进入一个新阶段。而富士康则成为综合保税区第一家入驻企业。

11 月 30 日，由郑州市和富士康科技集团联办的郑州航空城总体规划评审会在索菲特酒店成功举行。规划范围为北起南水北调北侧保护控制边界、南至运河南侧保护控制边界，西起京广铁路，东至规划的新 107 国道，总用地为 186 平方公里。这个兼具产业、交通、生态、文化等多重优势的航空城，其项目主要由富士康来支撑。

郭台铭在评审会上说："我们一个富士康集团入驻，三年后将会形成60万人的规模，随着发展，将来航空城的人口规模不会低于150万。"

郭台铭道出了河南人的心声，河南就是要打造世界级的航空城。

一个项目，一座新城，关乎着郑州的跨越，关乎着河南的振兴。

对富士康，河南不忘初心，在服务中融合，在融合中服务，努力展现更高的境界和追求。

对河南来说，富士康的进驻，无疑是一种考验，也是全面提升的契机。作为筑梦航空大都市的直接引擎，河南速度、郑州速度无疑会打造出越来越适宜投资和企业发展的优化环境。

24

为了对接服务富士康，郑州市专门成立了一个"五五办"工作小组。2011年郑州市人民政府办公厅下发的《关于建立郑州富士康项目促进服务工作机制的通知》中对"五五办"如此解释：与富士康开展深入对接成立的小组，即做到"五个一"，即一个项目、一个团队、一个方案、一条龙服务、一盯到底。而富士康总裁郭台铭更是主动制订出"五五"专案，即五年在河南创造5000亿元产值。

郑州海关数据显示，2011年河南省进出口总值达326.4亿美元，与2010年相比增长83.1%。在中部六省排序中，2011年，河南省进出口总值排在湖北之后居第二位。2011年，富士康集团进出口合计94.7亿美元，占河南全省进出口总值的29.0%。经测算，2011年全省进出口增幅中有52.6个百分点是由富士康拉动的。

而由富士康所产生的蝴蝶效应更是不可估量。随着富士康的入驻，来自香港、台湾、深圳、东莞、昆山、苏州等地近百家配套企业也相继来到新郑综合保税区、出口加工区及周边的中牟、新郑等地，最终将带动100多个产业、400多家配套企业落户河南。

富士康的到来，还吸引了许多跨国公司的投资。

2011 年 6 月 18 日，郭庚茂到台湾考察时，台湾顶新国际集团董事长魏应交如是说："有富士康的地方，就会有康师傅牛肉面，我们会追随富士康的脚步，继续加大在河南的投资。"

10 月 8 日，国际快递巨头联合包裹宣布，在河南省郑州市和韩国仁川之间，新设一条周一至周五的每日航线。自此，郑州成为联合包裹在中国的第五个航空口岸。新航线开通后，郑州的货物可以迅速从仁川直飞美国阿拉斯加州安克雷奇，出口货物转运时间至少缩短一天。以前，联合包裹在中国的口岸主要集中在上海、青岛、深圳等沿海地区。郑州则是联合包裹在中国中部地区的第一个口岸。

这些外来投资，让新郑这个内地小城市，迅速上演了一出"瞬间造城"的大戏。

2011 年 9 月 12 日，苹果公司发布 iPhone 5 后，一日之内被消费者订购 200 多万部。实际上，从 8 月份，富士康在中国的多个生产基地已经领到来自苹果的 iPhone 5 的生产任务。

为确保完成订单，富士康郑州公司就需要招收 20 万名工人来保证产能，其中仅 9 月份就需要招收 5 万人。这对于人口大省、劳动力转移大省河南来说，对提高剩余劳动力就业转化率、增加农民收入都是有利因素。但短时间内招到 20 万名劳动力，也不是件容易事。河南省委、省政府高度重视协助富士康招工事宜，在 8 月 4 日的省长办公会上，把协助富士康招募 20 万工人的任务分配给了全省 18 个地市政府。一时间，全省各级政府投入这场招工大战。

这期间，在郑州市区及火车站、汽车站周边，富士康厂区和宿舍区周边都设有很多招工报名点、招募中心，打出了"富士康招工不收任何费用，任何收费概与富士康无关"等广告语。

富士康对河南省的青睐，最主要的因素之一就是劳动力。最初的合作谈判中，富士康就明确提出，河南省政府要为其招聘足够的员工。一期规模需要 10 万人，未来的规模将达 30 万人。河南迅速行动，投入这场宏大的招工攻坚战。

2010年6月18日，河南与富士康还在谈判阶段，河南省政府就召开“富士康科技集团在豫招聘培训员工动员协调会”，动员全省政府资源帮助富士康招工。河南省就业促进工作办公室牵头组建了一个专门的工作小组，抽调了人才交流中心等好几个部门的人马，负责全省的富士康专项招聘工作。6月24日，省内各大媒体在重要版面刊登了《省就业促进办负责人就富士康在豫招聘培训员工答记者问》的通稿。

招工计划被分解到各级地方政府，每个省辖市都分配有相应的招工指标，并被层层落实到县、乡镇（街道办事处）。为了保障招工顺利进行，河南还制定了相关的补贴和服务政策，从就业专项资金中划拨钱款按每人200元职业介绍费、100元/月就业生活费的标准给予补贴，并提供免费职业技能培训，包括在校生派往深圳实习的各项补贴，都做了详细规定。同时，河南省政府还要求各级人社部门深入基层，介绍富士康招聘情况，招工成为各个基层单位的中心工作之一。

河南还借鉴了四川等其他省份的招工经验，组织了大量职高院校学生到富士康实习。2011年9月，河南省教育厅专门下发了《关于组织中等职业学校学生赴富士康科技集团顶岗实习有关事宜的紧急通知》，倡议河南中职学校组织二、三年级的学生“整班整建制地参加顶岗实习”。

尽管如此，招工依然存在较大缺口。工人的大量紧缺，致使富士康招工的条件不断放宽，从最初的16至35周岁，不断放宽到40周岁、45周岁。对于辞职和自动离职的员工若想二次进厂，间隔期限也从最早规定的半年缩短至一个月。

10月17日至19日，河南还为富士康组织了一场面向残疾人的招聘，近200名求职者获得就业岗位。

2011年，河南省农村劳动力省内转移1268万人，省外输出1190万人，省内务工人数首次超过了省外。其中约24万人是从省外转移到省内的。而在2010年以前，河南省农村近70%的劳动力是到珠江三角洲、长江三角洲和环渤海地区务工。

富士康的内迁为中原带来了人力资源的大转移——其中最突出的案例，就是河南省上蔡县闻名全国的“农民工司令”张全收，他在深圳成立的深圳全顺人力资源开发有限公司也随之内迁郑州。用他的话说就是要服务富士康，为河南劳动力返乡做贡献。

很快，围绕着富士康，一座座高楼大厦拔地而起。一座新城，渐渐地露出端倪，而且会变得越来越“俊俏”。

25

转眼之间，富士康落户郑州已经 7 年。

原本盛产红枣的这片古老的沙土地，开始盛产“苹果”了。

富士康，一个代工“苹果”的世界巨鳄，就像知时节的春雨，悄无声息地润育着一座新城的诞生。

从大枣到“苹果”，这不仅仅是产业结构的调整，而是不同行业、不同领域的大跨越，航空港区完成了从“舌尖”到“指尖”的转变，真正实现了从土生土长的“土老帽”到颇具国际范儿的华丽蝶变。

富士康成为河南新时期发展航空经济的新引擎——在河南决策人的眼里，富士康不仅仅是支点，还是撬杠。

郑州建设航空港经济综合实验区，从动议到获批的整个过程，富士康无疑都在起着催化剂和助推器的作用。

富士康给河南带来了超过 30 万人就业机会，这不仅给郑州注入了新的血液，让郑州充满了活力与蓬勃向上的朝气，还使河南的出口外贸额翻番再翻番。其实，这只是对河南的初始改变，只是郑州迈进航空大都市这一目标的起点。

2012 年河南全省智能手机出货量达 6800 万部，占国内智能手机的 26%，相当于国内每 4 部智能手机就有 1 部出自河南；而全球智能手机全年产量约为 7 亿部多一点，河南的产量已接近全球产量的十分之一。

河南一跃成为全球重要的智能手机制造中心——而这正是富士康带来的。

苹果手机的大量出口，使河南省一改往日笨重的、初级的出口产品的现象，开始以时尚尖端的形象示人。

2012 年 12 月，河南通过与苹果公司高层对接，成功实现了 iPhone 5 手机大陆内销分拨中心从上海向郑州的转移。从项目启动之日起，不到两个月，内销手机就超过 600 万台。在郑州成立内销分拨中心，极大地降低了苹果手机的物流成本，并带动了富士康物流配套产业的发展，为争取苹果内销结算中心取得了又一进展，也为郑州航空港区智能手机向产业全链条发展夯实了基础。

富士康在郑州，就像一座坐落在机场上引领飞机航向的塔台，吸引着配套企业如领先全球的设计企业、研发机构、维修中心、电子部件的全球采购及国际分拨中心等的纷纷入驻。富士康就像一个集聚能量的核反应堆，除了自身的能量和价值外，最重要的是，不可估量的一系列连锁反应所带来的“蝴蝶”效应。

在很短的时间内，富士康已不再孤单，它的周围不再荒凉。一些国内、国际上的尖端企业，开始以富士康为中心向外蔓延。河南省更不敢懈怠，在完成全球重要的智能手机生产基地后，便开始拥抱接下来更大的目标，开始整合全球电子产品供应链，重点发展智能终端、新型显示、计算机及网络设备、云计算、物联网高端软件等新一代信息技术产业，打造国际电子信息产业基地。而电子信息产业正是航空港区规划中努力实现和打造的三大支柱产业（电子信息、生物医药、航空服务）之一。

运走“河南造”，联通全世界，可以说富士康厥功至伟。

自 2012 年到 2013 年，经郑州机场海关查验的国际货运量，有超过三分之一都是富士康的业务。富士康郑州园区除了生产苹果公司的 iPhone 系列，还在其他业务上加大在郑州的投资，其产品大多要求方便、快捷到达全球各地。

富士康入驻郑州不到两年，新郑国际机场开通国际航线的速度明显开始加快，已开通了直达洛杉矶、芝加哥等多个国际城市的 11 条国际货运航线，覆盖亚太、欧美多地，占了中部地区国际货运航线的九成左右。

密集的货运航线、便捷的通关服务，软硬件均已日趋完善，新郑国际机场枢纽正进一步加强与国外枢纽机场口岸的合作，空空联运体系和国际中转货物监管设施基本完成。

从郑州出发满载“苹果”和其他“河南制造”起飞的货机，返航时，也会从全世界带回满舱的各国商品，这一步的完成，是郑州航空经济发展的又一跨越。

在富士康的带动下，联邦快递、联合包裹、中外运敦豪、俄罗斯空桥、南方航空、深圳航空等 160 多家国内外知名企业早已牵手郑州；超过 70 家富士康配套企业已在航空港区办理注册登记手续，上百家富士康协理厂商落户周边地区。

2013 年，郑州航空港经济综合实验区获批，这可谓郑州航空港区起飞的节点。此时，航空大都市的格局已见雏形。

在航空港区的一家 shopping mall（大型购物中心），服装百货、电影院、快捷酒店、电子游戏城等应有尽有，其商品、产业消费模式与其他大型百货购物中心并无大的不同，尤其是服装，大多以中低档品牌为主。打眼一看就明白，这儿就是冲着富士康的员工来的。

在郑州航空港区，几家商业地产公司，其设计规划，也全是以富士康数十万产业工人为主要消费人群的。这些地产项目大多围绕富士康产业工人宿舍园而建，开发早一些的楼盘已成规模。这些建筑群与多处富士康员工宿舍楼建筑群交相辉映，已经初具现代化都市的模样。

随着富士康其他项目在航空港区的陆续铺展，航空港区的生产方式、交通方式的发展及演变，更多的电子信息企业、航空物流业、金融业、服务业等都扎堆儿集聚于此；就职于这些产业的普通工人、高级工程师、服务业人员也集聚于此。他们的生活质量和品味也将进一步提升着航空港区的城市化水平。

位于航空港区郑港九路的富士康生活小镇，是富士康专门为中高层员工打造的生活社区，商铺早已鳞次栉比，家家的生意都很兴隆——他们都有一个共同的消费群体，那就是富士康产业流水线上的30多万年轻人。其中，世界名品折扣店Outlets（奥特莱斯）生意更是异常红火。

此时的航空港区正一步一步向着绿色生态的人居环境，蓝领、白领和谐共处的生存就业环境迈进。

26

进入2014年8月，富士康的员工几乎天天加班。富士康的加班费是很可观的，像“十一”等国家法定假期间，每天加班费350元，周六周日每天加班费235元，周一到周五加班每小时待遇是正常工资的1.5倍，一个月下来工资就能拿到六七千元。

这一阶段的加班，都是为iPhone 6赶工。

为了配合苹果公司9月10日的苹果发布会，9月6日和9月10日，郑州富士康将93吨iPhone 6分两批发往了芝加哥。

这也给中国南方航空公司河南分公司带来了利好：这批iPhone 6分两次运输，不但增加了南航腹舱收益，而且第二次还创造了单日货运的销售纪录，运输收入突破200万元，创了历史新高。

按产量说，“全球最大的智能手机生产基地”之称的名誉，非郑州富士康莫属。

随着iPhone 6生产线的逐步开工，郑州富士康科技园源源不断地吸引更多的年轻员工，他们除了满足富士康的生产需求，也充盈了富士康工厂的生活区，使这座“新城”不仅人气大增，也充满了青春的活力。

到2013年底，富士康在郑州运行手机生产线116条，员工总数最高超过30万人，整个产业发展规划正在有序推进。

2014年前3季度，河南省进出口总值2557.3亿元，居中部地区第一位，而富士康的贡献在半数以上；9月份，河南省进出口同比增长31.1%，增长主要原因就是“苹果”新产品的发布。

富士康不仅成为拉动航空港区进出口总值的“中流砥柱”，而且其集聚效应也日渐凸显。

如研发服务集聚区、手机后端模组、航空物流产业园等项目建设方案已经完成，为苹果手机上下游配套的诸多企业也陆续入驻；实验区智能终端（手机）产业园已有中兴、致远、品胜、百豪等数十家手机企业意向性入驻；实验区新开工的有朝虹电子、中外运中部区域物流网络枢纽、中原国际医药物流创业园等产业项目 11 个，总投资 171 亿元；新签约落地菜鸟骨干网、友嘉精密机械产业园、普洛斯三菱商事物流产业园等项目 48 个，总投资 1516 亿元。一个以富士康厂区为中心，极具稳定和潜力的消费商圈迅速形成。

在郑州老城区，大大小小的商圈有 16 个，其中包括二七商圈、碧沙岗商圈、紫荆山商圈等这些历史传承的商圈，而航空港商圈将成为郑州新的商圈。

航空港区，因区域发展的特殊性和开发性，以航空经济为引领必将成为航空港区独树一帜、活力盎然的第一商圈，并即将成为郑州新兴的商业中心。

众所周知，商业的发展离不开客流量。新郑国际机场上千万人次的超强客运能力，加上富士康数十万员工，为航空港区商业消费提供了庞大而稳定的人口消费基础。周边全球 500 强企业将带来近百万流动人口，预示着航空港区未来会有近百万的消费人群，他们所创造的财富和能量不可估量。

正因如此，航空港区的商业项目开发格外抢眼，这也成为区域建设中的一大亮点。尤其在富士康周边，涉及商业物业的项目如雨后春笋，争先恐后意欲抢占第一商圈的商业先机。

随着这些商业项目的陆续入市，航空港区商业格局也随之改变。至 2014 年 9 月底，北部物流商贸区商业格局雏形已现，以 2 号线延长线附近（郑港六路与郑港四街交叉口）的锦荣悦汇城、丹尼斯、沃金商业广场等为代表的又一商圈，也已初露端倪。

富士康还带来了航空港区居民结构的变化，在航空港区，年轻人远远多于老年人，知识和技能型人才远远多于普通人。这种无形中的变化，渐渐促使着航空港区的商业业态更趋于新型化和国际化，商业品类也渐趋于时尚化和新潮化，商场则更趋向高端化和品牌化。

“河南模式”与“郑州速度”成就了富士康，富士康改变了郑州，改变了一个不沿边、不靠海，有着1亿人的内陆大省份。自富士康入驻郑州航空港区后，不仅在郑州东区、中牟建起了工厂，而且还以郑州为中心，在其周围的洛阳、南阳、济源、尉氏、周口、商丘、新乡等地进行布局，使之成为配套加工厂。

富士康的工厂开办到哪里，就为哪里提供成千上万个就业岗位。

27 2015年11月7日，在中国的老皇历上，次日立冬。

河南又收获了一份沉甸甸的“大礼”——富士康投资280亿人民币，在郑州建设第六代低温多晶硅薄膜晶体管液晶显示器件（LTPS TFT-LCD）生产基地。

第六代低温多晶硅具有分辨率高、反应快、亮度高、功耗低等优势，代表了世界LTPS的最新水平，是目前全球高端应用市场最具发展前景的主流显示技术之一，也是未来液晶面板发展的主流方向。长期以来，因技术问题，我国智能手机厂商使用的这种显示器件主要由日本、韩国厂商供应。

这天是周六，虽是秋末冬初，但郑州没有一点初冬的感觉。天高云淡，气温十分宜人。下午，在一派祥和的氛围中，在时任副省长李克的主持下，郑州市经济技术开发区管委会和富士康旗下的英慧有限公司举行了签约仪式。

时任省长谢伏瞻与富士康科技集团总裁郭台铭都发表了热情洋溢的致辞。

这个项目的签约，标志着富士康与河南的合作进入了一个新阶段。该项目对河南建设先进制造业大省、加快郑州航空港经济综合实验区建设、调整产业结构、转方式、促升级等将发挥积极作用。

“虽然国际形势波幅荡漾，但在河南有关方面的鼎力支持下，我们将不畏波涛、奋勇前进，终会突破难关、解决问题，取得一波接一波的新高。”郭台铭在致辞中充满信心地说，在当前“互联网+”的趋势下，他们要在创新上用加法，推动“互联网+制造”，使富士康科技集团从纯粹的硬件制造走向技术服务的领域。

该生产基地建成投产后，每月可生产2万件液晶面板，成为目前全球最大的第六代低温多晶硅生产线。其中包括阵列、彩色滤光片、成盒、模组、玻璃薄化等多种繁杂工序，代表国内最高代次和工艺技术。这不仅可以满足市场对高端中小尺寸显示面板快速增长的需求，还能改变当下高端屏高度依赖进口的形势，并带动产业链上下游项目的集聚，形成全国最具活力的光电产业基地。

对河南来说，这是建设先进制造业大省、打造全球智能终端基地的战略性项目，也是富士康加快“世界代工厂”企业转型的关键举措。

正如郭台铭在签约仪式上说的，这种“高精尖”产品，过去一直被日本、韩国垄断，今后就要实现“郑州造”了。

签约的第二天，就举行第六代低温多晶硅工程建设奠基仪式，河南与富士康的合作再次刷新了“郑州速度”的新纪录。

2016年，河南省进出口4714.7亿元，外贸进出口规模创历史新高，全国排名第10位，比2015年上升一个位次，首次跨入全国前10位。这其中，富士康所属企业进出口3171.9亿元，占全省进出口的67.3%。由此可知，以手机为代表的新兴产业依然是河南外贸的支柱产业。

截至2017年5月，富士康郑州航空港科技园已完成厂房建设76栋200万平方米，累计生产手机5.2亿部，成为全球重要的智能手机生产基地和富士康在大陆单体规模最大的生产基地。富士康郑州项目也已从单一的手机制造拓展到后端模组、研发、苹果手机翻新和维修、谷歌智能穿戴产品制造等十几个项目。

目前，富士康科技集团已在航空港区启动建设中州技术研发中心，该中心将建设精密定位与堆叠、智能工厂、光机电整合与检测三个技术研究所，重点开发精密组装设备研发、精密检测设备研发、运动控制模拟仿真研发、设备通信技术研发、机器人整合应用技术研发等。该研发中心建成后，将完善楼层自动化、数字工厂相关技术产出与导入等多项功能。该中心已吸引20家国内外厂商入驻；会聚国内外研发人员62人、关键研究领军人才6位，博士、硕士以上人员占比超过七成。

2017年5月9日，国务院总理李克强再次来航空港区考察。当他来到富士康科技园时，李克强总理十分关心富士康的用工情况，询问了许多细节问题，并希望富士康把更多高端研发和全产业链放在这里。[1]郭台铭表示，富士康会扎根河南，未来还将布局电动车项目等。

郭台铭还透露，富士康目前已经提出了一个5万人的大学生及中专技校生的招募计划，将通过对口培训、校企合作等方式招收更多有技术、文化水平高的毕业生进入富士康工作。

“在企业内部，在加快推进智能制造的同时，我们也会加强对一线有能力工人的培训培养，通过提升技能帮助他们晋升到工程师、软件开发师、检测技师等更高层级的岗位。”郭台铭说。

富士康入豫以来，在富士康郑州航空港科技园的带动下，航空港区相继引进中兴、酷派、天宇、创维、正威、华世基等手机整机与配套企业116家。郑州航空港区2015年全年手机总产量达2亿部，约占全球手机供货量的七分之一。2016年，郑州航空港区全年生产手机2.58亿部，苹果手机1.26亿部，下降9.7%；其他手机1.32亿部，增长1.1倍，“非苹果”手机产量首次超越苹果手机，智能终端产业一企独大的态势正在快速转变。

---

[1]《李克强在河南考察5月9日图集》，中国政府网，2017年5月9日。

经过几年的发展，郑州航空港区智能终端（手机）产业“抱团发展、集群引进”效应日趋明显，规模不断壮大，出货量迅速增加。累计入区企业达171家，其中已投产运营34家。

当然，富士康带动的不仅是郑州航空港区智能终端（手机）产业的发展，如今，在河南信阳、洛阳、南阳、鹤壁、新乡、漯河等地，也已初步形成一批手机及零部件生产基地，河南正发展成为全球最大的智能终端产业基地。

郭台铭对富士康在河南的发展充满信心。他说，这几年的合作证明，河南人有能力把世界一流的东西做好，这次李总理来考察，更坚定了富士康在河南加快布局项目的信心。除了研发中心，我们还要在这里布局电动车项目、LED面板项目、物流项目等等，我们就是要把最新、最好、最具前瞻性的科技引进到郑州，把世界最先进的产品线放在这里，我们有信心通过富士康的努力，把郑州乃至河南打造成为一个世界科技的前沿城市。

郭台铭还特别强调：“富士康在河南的发展不是三年五年，而是三十年五十年的事情，我们会扎根河南，共同发展。”

第六章

『筑梦』基石

28 2012年11月8日—14日，中国共产党第十八次全国代表大会在北京召开。大会期间，选举了新一届的中共中央领导层，习近平当选为中共中央总书记。

换届之年，世界瞩目东方。十八大前夕，美国专栏作家托马斯·弗里德曼以《中国需要自己的梦想》为题专门撰文解读“中国梦”，寄望中国“将人民的致富憧憬与更可持续发展结合起来”。一时间，“中国梦”成为海内外舆论关注的热点话题。

12月6日，新华网在以《“中国梦”凝聚奋进力量——学习贯彻习近平总书记参观〈复兴之路〉展览讲话述评》为题的文章中这样写道——

总有一些时刻不同寻常。2012年11月29日上午，就是这样一个特殊时刻。

“中华民族伟大复兴的梦想一定能实现！”在参观完国家博物馆《复兴之路》展览后，中共中央总书记习近平发表重要讲话，用“雄关漫道真如铁”“人间正道是沧桑”“长风破浪会有时”三句话，概括了中华民族的昨天、今天和明天，又阐述了“中国梦”的深刻内涵，表达了走中国特色社会主义道路的坚强决心和实现中华民族伟大复兴的坚定信心。

而在10天前的11月19日上午，几乎是同样的时刻，为实现“中国梦”“中原梦”，河南省委、省政府隆重举行了新郑国际机场二期扩建工程开工奠基仪式。

由此，新郑机场二期工程建设“大会战”已进入备战状态。

时间推移到2015年9月24日上午，郑州细雨丝丝，秋意正浓。

中共中央政治局常委、国务院总理李克强来郑州调研。

李克强总理调研的第一站，是一派繁忙的新郑机场二期扩建工程T2航站楼建设工地。

此时，新郑机场二期整个建设接近尾声。

长达1100多米的T2航站楼气势如虹，高达93米的空管塔台直冲云霄，总面积27.4万平方米的综合交通换乘中心展露着芳容……

新郑机场二期工程是河南省1949年以来单体投资最大的工程，工程批复总概算达191亿人民币，规划占地8587亩，其中跑道飞行区用地6310亩。

2011年11月，国家发改委就批准了新郑机场二期工程。2012年5月，河南省委、省政府开始为机场二期扩建工程组织人马，从河南机场集团、郑州航空港区等多家单位抽调经验丰富的土建、安装、设备、智能化、安全、造价等专业优秀人才，筹建机场二期工程建设指挥部，由河南省机场集团董事长担任指挥部指挥长，河南省交通运输厅党委书记任指挥部常务副指挥长。

2013年3月，新郑机场二期工程的征迁开始启动；5月，征迁工作全面铺开；6月，成立了以时任河南省委常委、常务副省长李克任组长的航空港区建设领导小组；7月，时任河南省委书记郭庚茂、时任省长谢伏瞻带领省四大班子领导陪同全国人大常委会时任副委员长严隽琪、张平赴二期工程现场进行专题调研；9月，新郑机场二期工程正式开工建设；12月，8587亩工程用地全部交付项目单位……

李克强总理面带微笑环视着宏大的工程场面，边听汇报边点头，对这个呼之欲出的国际航空枢纽满怀期待。

来到T2航站楼施工现场，李克强总理首先询问工程监理是哪一家单位，是不是招标进来的。得到肯定的回答后，又叮嘱监理单位一定要确保工程质量，把项目建成标志性工程和百年工程。

考察中，李克强总理说，郑州新郑国际机场这个航空枢纽，不仅要建成河南最大的，也希望它能够成为全国最大的立体式现代综合交通枢纽之一。目前，我国物流成本比较高，要通过建设高标准交通枢纽，降低成本，让物畅其流、人畅其行，造福百姓[1]。

T2航站楼对面是综合交通换乘中心（GTC），看到几十名工人正在作业，李克强总理向大家挥手致意，工人们兴奋地大声齐呼："总理好！总理好！"

李克强总理热情回应："你们好！你们辛苦了！"

随后，李克强总理径直走向路侧高架桥的施工现场，询问正在忙碌的工人白建华来自哪里，待遇如何，吃住条件怎么样。白建华一一回答后，李克强总理又关心工人的工资有没有被拖欠。

这亲切朴实的问候，让白建华和工友们特别感动，没想到总理那么忙，心中还一直装着我们农民工。

---

[1]《未来的河南会更加让世人刮目相看——李克强总理河南考察纪行》，《河南日报》2015年9月28日第3版。

10时许，在T2航站楼5号门前，李克强总理与项目建设者亲切握手。

在中建三局总承包公司的工地上，李克强总理走到T2航站楼项目组党支部副书记王淑芹面前，王淑芹握着总理的手激动地说：“总理您好，我们是中建三局的员工，总理能不能和我们合个影？”

“好，来，合个影。”李克强总理愉快地和建设者一起合影，大家欢呼雀跃，留下了珍贵的瞬间。

“真没想到，总理会主动走过来和我们握手，我和同事们都感到总理非常亲切。”每每说起那一天见到总理的那一刻，王淑芹都充满自豪，充满温暖。

这种温暖的情愫在初秋的郑州航空港迅速弥漫，在建设者心中汇聚成巨大的回响。

承建机场二期空管塔台的平煤神马建工集团，郑州分公司职工孟程回忆说，“总理上车前叮嘱大家，要把郑州机场建成最大最好、世界一流的国际机场。而我们最想告诉总理的是，请总理放心，大家一定牢记嘱托，竭尽全力把机场二期工程质量抓好”。

郭庚茂曾多次说过，几公里的跑道可以连接世界。不言而喻，机场二期无疑是加快郑州航空港区建设的基础工程、核心工程，更是中原航空梦的起点。

2015年10月30日，郑州新郑机场二期工程T2航站楼工程通过竣工验收，11月底通过行业验收。

2015年12月22日，河南省委、省政府在郑州新郑机场T2航站楼召开新郑国际机场二期扩建工程转场投入运营动员大会。9点25分，时任省委书记郭庚茂庄严宣布：“郑州新郑国际机场二期扩建工程正式投入运营。”

时任河南省省长谢伏瞻在致辞中说，新郑机场二期工程的正式投入运营是河南人民期盼已久的一件喜事，也是河南经济社会发展进程中的一座里程碑。河南地处内陆腹地，打造国际国内航空枢纽是巩固提升交通区位优势、构建全方位对外开放格局的必然选择和重大举措。2013年以来，在中国民航局的大力支持下，河南省委、省政府抓住郑州航空港经济综合实验区上升为国家战略的重大机遇，举全省之力推进新郑机场二期工程建设，着力打造现代综合交通枢纽和国际物流中心。三年来，各级各有关部门通力合作、共同努力，各参建单位、保障单位克服工期紧、难度大、组织复杂等多种困难，争分夺秒、协同攻坚，付出了艰辛努力，做出了大量工作，交出了“进度超计划、质量零缺陷、安全零事故”的优秀答卷，确保了机场二期工程的顺利推进和如期完工。新郑机场二期工程的投入运营，标志着新郑机场迈入“双跑道、双航站楼”的新时代，为中原崛起、河南振兴、富民强省插上了新的翅膀。

回顾两年工期建设，用“一天一个样”“日新月异”来形容施工现场绝不为过：从工程启动到正式开工，仅仅用了10个月；而从开工到正式投入使用，只用了24个月。

建设速度如此之快，令人惊叹。短短两年时间，从地上到地下，这个纵横交错、繁芜复杂、有形无形的浩大工程，如一只鲲鹏，稳稳地落在了这片古老的原野上。

这就是被人们所称道的“机场速度”，这就是所有参建人员夜以继日连续作战所创造的“河南速度”。

河南创造了神话般的奇迹。从河南省委、省政府，郑州市委、市政府，到机场二期指挥部，再到分包的各个建设单位，还有每个默默无闻的建筑工人，缔造了新的历史辉煌。

这其中，他们付出了怎样的艰辛与心血，非亲历者难以想象。

29 面对如今已投入使用的机场二期工程，无论是谁都会发出慨叹：每一个建筑，从设计到施工，都是那么精湛，那么完美。

新建的第二跑道，长3600米，宽60米，规格为4F级，是目前中西部机场最长的跑道，可满足当前世界上最大客机“A380”的全重起降。与其平行的滑行道两条。在两条远距离跑道间，新建南北垂直联络滑行道两条。左右机坪新建有 79 个机位，其中 71 个是近机位，8 个远机位。货机坪上有 4 个货机位。

4F 级是个什么概念？“4”表示跑道长度，代表 1800 米以上；字母“F”表示能起飞和降落的飞机的翼展和轮距，从小到大依次分为 A、B、C、D、E、F 六个等级，“F”是最大等级。“A380”是法国制造、全球载客量最多的客机，一次可承载 853 名乘客，飞机全重达到 560 吨，被称为“空中巨无霸”，也是机场“国际范儿”的标志。

机场二期工程的核心工程，就是 T2 航站楼，设计高度 107 米，比 T1 航站楼大 3 倍，分别由主楼、东南、东北、西南、西北四个指廊以及内连廊几部分组成，建筑面积 48.6 万平方米。主楼高 40.75 米，东西长约 407 米，南北长约 1128 米；地上四层、局部地下两层。地上一层为行李处理层；二层为到达层；三层为候机层，四层为出发大厅。地下两层为穿越 T2 航站楼的城际铁路、地铁站；地下一层为部分设备机房和通往城铁及地铁站的交通走道。T2 航站楼通过内外连廊与 T1 航站楼相连接。

鸟瞰整个 T2 航站楼就像一个手写体的小写字母“x”，不仅有着中华传统的对称美，还兼具流线的柔和之美。两组弧形指廊犹如张开的双臂，寓意欢迎来自远方的朋友，象征着“拥抱世界，迎接未来”；它的四个指廊与主楼前面的综合交通换乘中心及两边的客机坪、货机坪相互依偎，气势恢宏，筋骨相连，浑然一体；大波浪式的楼顶，仿佛在流动，优美的屋面曲线，舒展流畅。

另一重要工程是综合交通换乘中心，这是继上海虹桥机场后，全国第二个将城际铁路、地铁、客车、私家车等多种交通方式有效衔接的综合换乘中心，总建筑面积 27.4 万平方米，主体地上二层，地下四层。GTC 位于 T1 航站楼北侧偏东，T2 航站楼的西侧，1 层、M 层、B1 层为大型地下停车库，其中 1 层为出租车停车场与社会车辆及预留租赁车辆停车场合用，其他层均为社会车辆停车场。车辆自迎宾大道进入航站区后经地面道路分流，分别在本建筑西侧和南侧进入停车库；离场车辆经由建筑西侧和北侧的停车库出口及连接道路并入陆侧地面交通系统。

在 GTC 下方，设有城际铁路和地铁站，城铁、地铁向东延伸到高铁南站；地面向西通过迎宾高架桥直达机场高速；旅客可通过城铁、地铁和公路在此与机场实现零换乘；这里还集合了为旅客服务的商业零售、餐饮、展览等多种功能。这也是实现年客运 2900 万人次保障目标的重要工程。

机场二期还新建陆侧高架桥 1882 米，行李通道 701 米，旅客捷运隧道 649 米，直接连通远期卫星厅；并新建双向六车道下穿航站楼及联络东西的贯通路，全长 4256 米，地下段长度为 1706 米，地上段长度为 2550 米，连接东西工作区。

除此之外，还要新建供油站、机坪加油管线系统；新建 4.5 万平方米的新货运站，1.4 万平方米的航空配餐中心；还有 4.8 万平方米的其他辅助生产、生活、办公和公共配套设施等。

T2 航站楼与 GTC 的设计，无论是单体还是组合在一起，都高度展现着建筑与艺术的完美统一，“国际范儿”十足。

俗话说，人靠衣裳马靠鞍。对于 T2 航站楼来说也是如此。当我们去打量或审视它时，首先映入眼帘的是它的外衣，这个外衣在建筑行业内叫幕墙，也称“帷幕墙”。

目前流行的幕墙，大都利用各种强劲、轻盈、美观的建筑材料，取代了传统的砖石或窗墙结合材料。将其包裹在主体结构的外围，使整座建筑达到艺术美观、使用功能健全而又安全的目的。

T2 航站楼引用了 GD-GRG 的产品进行造型设计、装饰，颇为时尚、前卫、新颖。GD-GRG 是一种具有透光艺术的背景墙材料，由特殊的纤维石膏改良而成，可随意造型，并具有抵御外部环境造成的破损、变形和开裂的性能。这次在 T2 航站楼的应用面积在国内亦属第一。造型各异的商业岛，体现了建造师的非凡想象力，让旅客在购物的同时，还能领略到艺术带来的视觉享受。

整个航站楼大厅，除了周围的玻璃幕墙，其内部结构几乎没有一道大墙，整个空间是用四根钢叉柱支撑起来的，显得纵深空阔，宽敞明亮。

大厅地面由大理石铺成，看上去厚重踏实。天花板则采用斜吊，一块块白色的方板像鱼鳞片一样，既有角度，又错落有致，给人以灵动之感，似乎一触碰就能翻转。吊板的排列呈螺旋式，从外圈到里圈，角度越来越大，给人一种波澜壮阔、简洁素淡的立体感。

大厅里，自然光透过鱼鳞片般的吊板，均匀柔和，让人觉得特别舒适。

在 T2 航站楼的高层，透过玻璃幕墙可以看到整个机坪，一架架等待起航的飞机停靠在指廊下的登机桥旁。远眺，一条射线般的跑道伸向远方，那就是“高大上”的 4F 级跑道了。

近看 GTC，宛若一架硕大无比的飞机，被 T2 航站楼的西北指廊和东北指廊拥抱着，机头指向郑州市区的方向，给一种蓄势待发的动感，正如庄子在《逍遥游》里所言：“其名为鹏。鹏之背，不知其几千里也；怒而飞，其翼若垂天之云……”

空管指挥塔也是机场二期建设中的重要组成部分，它是飞机起降指令的传递者。

在新郑机场二期工程的建筑群里，有一座耸入云端、高 93 米多的建筑。远远看去，它杨柳细腰，娉婷玉立，一身几乎银灰的素衣，无不展露着她那高洁与修颀，无不彰显着她那古朴典雅艺术之美，它就是对飞机起降发号施令的空管塔台。

从露出真容的那一刻起，人们就亲切地称她——笛塔，因为她的外形设计源自于远古的一支骨笛。

1987 年，在河南省舞阳县一处新石器时代遗址——贾湖村遗址，出土了两件通体土黄、晶莹剔透的文物——这就是后来令世界瞩目的贾湖骨笛。

贾湖骨笛距今 8000 多年，比古埃及出现的笛子早 2000 年，被称为世界笛子的鼻祖。不只是中国最早的吹奏乐器实物，更被专家认定为世界上最早的可吹奏乐器。经吹奏实验，贾湖骨笛不仅能够演奏传统的五声或七声调式的乐曲，而且能够演奏富含变化音的少数民族或外国乐曲。它的出土，把中国音乐历史提前到 8000 年前，不仅改写了整部中国音乐史，而且具有无可比拟的重要地位和价值，被称为“中华第一笛”。英国权威杂志《自然》载文介绍了这个重大发现，从此，河南省漯河市舞阳县贾湖乘着8000年前的悠扬笛声，走向了全国，走向了世界。

贾湖骨笛也由此成为中原文明的象征和河南人的骄傲。

“笛塔”的设计创意出自河南籍建筑设计大师王振军。王振军是安阳市人，现任中国电子工程院设计院总建筑师，曾获得国家级建筑设计奖多项，他设计的北京新世界中心、首都机场塔台、上海浦东软件园等，在业界负有盛名。

王振军深知自己责任重大，建筑是文化的容器，承载着文化传承和推广的使命。因此，接到新郑机场二期工程塔台设计任务时，浓厚的乡土情结，使他首先想到了中原文明的象征——贾湖骨笛。

对这个作品，王振军表达了他的三种理念：其一，“骨笛”系河南本地出土，历史悠久，意义重大，塔台以骨笛造型，不仅代表着中原文化的传承，而且塔台建成后，也将会成为中原大地上一个永远凝固的音乐符号；其二，骨笛形状修长优美，造型流畅，外形和他心目中的塔台有着异曲同工的神韵；其三，塔台外形外侧刚直，内侧弧形，能够代表中原人性格外刚内柔的秉性。

跨过8000年的时光岁月，贾湖骨笛如今化身为新郑国际机场的空管塔台，成为整个建筑群中最具文化意义、最精美的建筑。

30

对于新郑机场，任炳文有着特殊的感情。此前的2004~2007年，郑州机场的改扩建工程就是由他主持设计的，该工程荣获了2008年国家建设部优秀勘察设计铜奖和2008年中国勘察设计协会工程勘察设计行业一等奖。

任炳文是中国建筑东北设计研究院副总设计师、国家一级注册建筑师，享受国务院特殊津贴专家，同时还是辽宁省设计大师、广东省优秀工程勘察设计奖评审专家库专家、香港建筑师学会会员、深圳市勘察设计行业协会建筑专家委员会副主任委员。在1996~2010年的十几年间，他先后主持设计了深圳机场改扩建工程（A号候机楼）、机场1号候机楼改扩建工程、信息指挥大厦及深圳机场总部大厦，还有沈阳桃仙机场T3航站楼。

当再次与新郑机场二期工程设计工作结缘时，任炳文异常兴奋。

2005年起，郑州机场客货吞吐量都在逐年攀升，到了2009年，旅客的年吞吐量已接800万人次。此时，河南省人民政府早已提交的关于《郑州新郑国际机场总体规划》（2009年版）得到了国家民航局的批复。当年11月，中国建筑东北设计研究院有限公司（简称东北设计院）就开始参与新郑机场二期工程航站区规划及T2航站楼和GTC概念设计方案招投标。

始建于1952年的东北设计院，隶属于中国建筑工程总公司，具有甲级设计资质，专业设置十分齐全，设计工程涉及各行业，遍及国内的27个省、市、自治区及欧、亚、非洲的十几个国家和地区，在国内外建筑界享有较高的声誉。

任炳文成为新郑机场二期工程总设计师和项目组总负责人。在很多人看来，一期扩建工程就是由他主持设计的，让他继续担负二期工程设计任务，应该是轻车熟路了，工作起来一定要比任何人都轻松。

作为设计人，能续前缘，这也是一件很难得、很幸福的事。但任炳文却不敢有半点的放松，更没有轻松的感觉。

任炳文迅疾投入到筹备工作之中，开始挑选精兵强将。组织一支强有力的设计团队，是完成这项任务的必备硬件。

任炳文开始物色、选拔设计人员——

T2航站楼总体设计可由杨海荣挂帅主创，换乘中心可由郝鹏挂帅主创。他们两人不光有国家一级注册建筑师、高级建筑师这样的头衔，还年轻力盛，勇于创造、创新，还具有丰富的机场建筑设计经验与先进的国际建筑理念，且均参与了新郑机场一期扩建工程的设计、建设。

结构设计师可选吴一红、隋庆海。此二人都是国家一级注册结构工程师、教授级高工，他们作风硬朗，能打硬仗。结构设计是建筑的基础，基础不牢，地动山摇，有他俩把好基础关，任炳文就可以放心了。

项目助理可让殷梦负责，她的协调能力和沟通能力极强；现场工作可由龙晓涛负责，他有对现场可能出现的问题的预判能力和及时协调解决能力，等等。任炳文根据每个人的特长，很快列出了一个团队名单：电气工程师姚远，电气电讯审定、设备工程师王晓光，结构工程师赵雪，结构现场负责人张建中，还有金丽娜、何延治、邓可、曲杰、支宇等。

对建筑设计团队，任炳文有一个便捷的管理模式，那就是微信群。从设计理念的沟通，设计工作的指令，到现场工作的部署，实际工作进度的反馈等，都是通过这个微信群实时掌控。

最终进入工程设计团队的人员确定为 34 人，他立即组建专项微信群。他们，就是新郑机场与 T2 航站楼及 GTC 工程设计工作团队的核心力量。

2010 年 4 月，东北设计院中标后，任炳文带领他的团队，按照国家对新郑机场的“中国大型机场、区域枢纽机场、客货中转集散枢纽和全国性飞机维修基地”的战略定位，开始做新郑机场二期工程的概念设计方案。

2011 年 2 月，东北设计院中标新郑机场二期工程航站区方案深化及施工图总包。此时国务院《关于支持河南省加快建设中原经济区的指导意见》发布，对新郑机场明确提出新的定位：“巩固提升郑州综合交通枢纽地位，增开连接国际大型枢纽的客货运航线，大力发展航空物流，把郑州（新郑）机场建成重要的国内航线中转换乘和货运集散区域性中心。”

到了 8 月，根据新郑机场（业主）的建议，将 T2 航站楼功能由“区域枢纽机场、客货中转集散枢纽”的定位，调整为国内航线使用航站楼的定位。

然而，随着国家民航发展战略定位的升级，郑州机场 T2 航站楼及 GTC 设计思路和方案也必然随之升级。

2012 年 6 月，东北设计院又一次提交了 T2 航站楼和 GTC 的初步设计方案。此方案设计思路也由“着重国内”转变为“国际为先”。

4 个月之后的 10 月 15 日，河南召开被业界称作新郑机场二期工程“遵义会议”的省长办公会。会议上，河南省委、省政府根据省内经济建设实际，结合正在规划的郑州航空港综合实验区的发展远景，给郑州机场提出了“国际为先，以外带内”的前瞻性航向。

为了贯彻落实这一重大战略，2012 年 11 月 12 日，机场二期工程建设指挥部专门召开了设计工作会议，要求中标设计单位——东北设计院再次调整原有设计方案：“关于 T2 航站楼国际流程方案”，要“进一步研究 T2 航站楼西北指廊运作国际航班的平面布局和工艺流程”，“利用 T2 航站楼主楼与北侧港湾指廊之间、北侧贵宾区休息室及到港通道上方的空间布置国际出发和到达联检设施”等具体内部结构的调整。

正是河南省委、省政府对新郑机场二期工程建设战略理念的日渐成熟和调整，对当前大形势现状的正确把握和未来发展远景的科学决策，才促成了新郑机场在全国民航总体规划定位上的渐次升级，才有了机场二期工程“联通世界，航向中原”的创造性设计方案的诞生。

2012 年 12 月，国家发改委批复了新郑机场二期工程项目的可行性研究报告，标志着建设更大、更强的机场朝着实质性的方向踏上了一个新台阶。

2013 年 6 月，初步设计方案获国家民航局和河南省人民政府批复。这与国内同类机场相比，新郑机场二期工程的报批时间缩短一半还多。

因为机场建设理念的不断攀升，原有的设计思路不得不一次又一次地调整和修改。

当任炳文每一次把这些精神传达给他的团队时，大家显得异常平静。他们知道，建设理念变了，设计方案肯定也要随之更改，三番五次地修改方案，成为他们的家常便饭。

但令人意想不到的是，机场二期工程的工期提前了，最迟 2013 年年底要开工。原来准备 3 至 4 年完成的工程，如今要缩短到 2 年，到 2015 年底务必全部竣工，并且 T2 航站楼和 GTC 都要投入使用。

有人说，大的拆迁才刚刚启动，整个建设工地还没腾挪干净，如此短的时间完成如此庞大的工程，这不是开玩笑吧？！这该是怎样的建设速度？

包括总设计师、项目总负责人任炳文在内的所有设计人员，都承受着前所未有的压力。但箭已在弦，只能向前，没有退路。

任炳文在说服自己的时候，也在鼓舞着大家的士气。一切从大局出发，一切为大局建设赢取时间。他相信，他的团队一定会不辱使命。就这样，团队在他的带领下，开始了夜以继日的艰苦奋战。

项目组感觉压力最大的要数郝鹏与杨海荣。郝鹏负责GTC的建筑设计，杨海荣负责主持T2航站楼的建筑设计。这在设计上虽是两部分，但在实际建设中，二者则是相通相融、不可分割的整体。

郝鹏所面对的新设计方案，就是要重新调整为服务于旅客的“零换乘”，使其变得更能体现“以人为本”的设计理念。这一要求说着容易，当真正做起来又谈何容易。这是触一点而动全局的“大盘”，郝鹏在原有的设计图纸上勾勒着，思索着，却始终找不到下手的“点”。一天过去了，两天过去了，郝鹏在原来设计的“局”中徘徊，却打破不了。

零换乘，零换乘……郝鹏连做梦都在念叨这个名词，而脑海里的T2航站楼与GTC画面，却如海市蜃楼，若隐若现地难以明晰。

时间不知不觉从拿笔的指缝间流失，感觉清晨的朝阳刚刚朗照，转眼间已是夕阳西下。郝鹏办公室的灯光随着夜幕的降临而亮起。透过窗户，映在窗帘的身影，时而在房间里踱步，时而坐在办公椅上凝思，时而伏案挥笔做图。

他这哪里是在工作，分明是在勾勒如何拉近中原与世界的距离！

终于，在一天的凌晨4点，郝鹏灵感萌动，僵局被打破，充分体现“以人为本的零换乘”更改方案出笼——

公交车这个大运量的交通方式应占优先。如长途公交、城市公交、机场快捷车等应集中布置在GTC的一层，使其换乘设施与航站楼的连接距离达到最短。这样，既快捷便利，又能在最短时间内实现对集聚人群的快速疏散。

T2航站楼的到达层设在二层，与GTC换乘大厅平层连接处，设计成双向的平行自动电梯。搭乘地铁、城际铁路的旅客无需穿越道路，即可直接通过GTC室内二层连廊乘平行自动电梯，一步不走地直达交通中心垂直电梯；同时，乘客也可有另一种选择，即在GTC室内二层连廊两侧的商业区享受商品购置、餐饮、休闲、娱乐等特色商业服务，然后可步行到交通中心垂直电梯。

充分利用更多竖向垂直换乘方式，将多种交通方式上下叠合，垂直布局，充分利用地下空间。这样一来，打破了原来换乘所采用的平面布局形式，极大地缩短了因各种交通方式造成的换乘距离，极大地改善了旅客换乘的方便度。再者，旅客通过航站楼到换乘中心后，可乘直达垂直电梯到达轨道交通候车层和轨道交通站台层，由此实现机场与城际铁路、高铁的无缝对接。

如此，不仅减少旅客的步行距离，还能使土地高效利用，提高旅客的换乘率。此外，还能提升机场周边道路的通畅能力，为乘客创造安全、舒适的全封闭步行系统，避免了传统机场到达道路边上人车混乱、人车争道的现象，真正实现乘客全天候的零换层、零换乘新格局。

当新调整的设计方案提交之后，河南省交通厅、郑州市政府立即做出决策和布署，调整了郑州市地铁和城际铁路的规划，并对已经开工建设的郑州地铁 2 号线进行延长，使其直通机场 GTC，从而形成了连通郑州市东、南、西、北四个方向的城市地铁网。

杨海荣清楚，绿色环保、节能减排、提高资源利用率、人性化等，是机场二期工程设计必须遵循的理念。

古希腊有句谚语：一切在流动，一切又都碰撞在一起。

设计亦如此，需要碰撞——只有在碰撞中才能找到灵感。譬如，现代与传统的碰撞，创新与继承的碰撞，建筑与艺术的碰撞，等等。而对于新郑机场二期工程，尤其是 T2 航站楼与 GTC 布局设计，那就是中原与世界的碰撞与交融。

杨海荣一直在寻找现代崇尚的“绿色环保”与世界文化传统的碰撞。

在新的设计流程方案中，对原来的人工照明、灯具布置形式及控制措施，虽然选用的都是高效能照明光源、高效能灯具，并且都是节能附件，既绿色环保又节能降耗，但通过调整，她似乎受到了阿波罗的神助。这一天，突然灵光闪现，一个更绿色环保、更节能降耗的设计方案在杨海荣大脑中迸发——那就是 T2 航站楼 4 楼出发大厅室内可翻转天花板的设计。她利用世界最先进的英国采光模拟软件，通过精确计算，整个屋顶用 3220 块 3.2 米 ×3.2 米正方形的板块拼成。可翻转天花板，能随着季节的不同、光照不同进行翻转，达到采光的最佳效果。仅出发大厅室内照明这一项，在原来设计节能 20% 的基础上，每年就能再节约用电 72.7 万度（千瓦·时）。

而在如此大的空间里使用可翻转天花板，堪称是中外设计史上的奇迹。

T2 航站楼及 GTC 地下空间均设有采光通风道，将自然光引入地下空间，大幅降低照明、通风等能耗。这又是杨海荣新方案里的一大调整。

为了充分利用自然光，杨海荣还分区域、分功能进行分别设计。在保障旅客舒适度的前提下，尽可能减排。根据郑州地区春、秋季节的主导风向，在 T2 航站楼到港通道和出发大厅，结合建筑物屋面和各立面的设计，利用世界先进的英国风模拟软件 Phoenics，对室外环境和室内自然通风进行模拟，合理地选择开窗的形式、位置和面积，利用自然通风，满足人们舒适性的要求。

采用新技术、新设备，努力实现中水、污水的无害处理和二次利用——这也是杨海荣设计方案中的一大亮点。

而最令人称道的，是 T2 航站楼绿色景观的设计——这是建筑艺术与自然的有机统一，也是杨海荣设计中最人性化的具体表现。她采用了一体化、仿生化等类似大自然的花园式空间设计，让已经经历或准备经历长时间飞行的旅客，感觉仿佛走进了大自然，放松身心，缓解疲惫。譬如，在 T2 航站楼三楼候机厅内，悬挂用网兜种植的蔓生绿色植物和附生绿色植物，这些植物可定期进行更换，让其形成巨大的立体式“绿色挂毯”；还可利用同种花卉集中装饰固定空间，营造花园式的观感；在餐饮中心、购物中心的商业岛等固定空间，则采用各类不规则曲线，进行形状各异的造型设计，让旅客处处都能感受文化艺术氛围，这也会让旅客享受到精神愉悦与美感。

曲线之美，是 T2 航站楼建筑外观设计最突出的艺术特色。杨海荣用一个形似手写的小写字母“x”，勾勒出了 T2 航站楼的主楼和四个指廊。为什么是手写的小写“x”，而不是大写的“X”？杨海荣认为，大写“X”看起来有些呆板，而小写“x”活顺，更能彰显它的曲线之美。

在杨海荣的建筑设计生涯里，对曲线的使用和追寻是她永远不变的主题。为了让T2航站楼达到建筑的艺术之美，成为中原建筑史上一座永远的丰碑，在建构设计上，她充分考虑，既要充分体现现代感、时代感，又要与中原文化元素完美结合。只有这样，才能彰显中原特色，才能充分呈现建筑艺术的魅力。

曲线，曲线，在所有的中原文化里杨海荣曾努力地搜寻过，她想到了轩辕黄帝，她想到了古商城遗址，她还想到了很多很多。她几乎寻遍了中原上下五千年的历史文明，真是到了“山重水复疑无路”的境地。苦苦寻觅，如在沙漠中行走，不知道何方才是出口。但杨海荣一直相信，总有一个最恰当的方案在那里等着她。冥冥之中，黄河走进了杨海荣的脑海——黄河，奔腾不息的黄河，汹涌澎湃的黄河！这一刻，她的满腔的热血亦如汹涌澎湃的黄河一样沸腾起来，疯狂而兴奋。正可谓“众里寻她千百度，蓦然回首”，黄河就在她身边。

杨海荣奋笔疾书，在T2航站楼的构图上，用写意的手法，将中原黄河文化的深层内涵注入笔端，然后镶入了一条条流动曲线。这些曲线象征黄河波浪，舒展、流畅且自然生动。“黄河波浪”将主楼与指廊有机地结合为一个整体。然后，又将流线从屋面向下翻转，延续出一个立面，既有雕塑之美，又给人一种气势恢宏之感。

杨海荣又将画笔伸向建筑内部的空间，继续延展黄河波浪的立意。天窗下，她用现代的创作手法，勾勒着一块块天花板的曲线。画图上，出现了波纹般层层叠叠的曲线，但又是那么错落有致。似有晨光映照在波光粼粼的水面，又宛若光与影的梦幻。

在T2航站楼贵宾厅和商业区，她大胆地勾勒着自然曲线，那曲线就像安详流淌的黄河波澜，隐约回旋在绿洲造型间的水湾。

夜深了，杨海荣画完最后一笔，情不自禁地把草案发到了设计团队的微信群里。而此时，在东北设计院的设计室里，那个头发微白、腰背微驼而又风度翩翩的长者——任炳文，还在微信上指导工作，解答疑难，查问进度，督查落实。当他收到杨海荣发来的方案时，不禁眼睛一亮，一幅“联通世界，航向中原”的画卷终于横空出世。

任炳文回复杨海荣：很好。辛苦了！

杨海荣长长地缓了一口气，心里热乎乎的。她笑了，却又莫名地鼻子一酸，泪水充满了眼眶。

其实，辛苦的又何止她一人。上至总工程师，下至各项目的负责人，整个团队 30 多人都在不懈地战斗。在分工中合作，在合作中分工，他们用热血与勤奋，战胜了一个又一个的困难；用自己的聪明才智，创造着一个又一个的奇迹。三个月内，他们完成了多达 1 万余张的 T2 航站楼所有土建图纸。项目组有人风趣地称这次攻坚战的效率为“任炳文时间”。

当他们的设计方案与河南方面达成共识时，时序由初夏已进入了隆冬。

2013 年 11 月，任炳文率领他的团队进驻机场二期建设工地。他们不仅仅是整个工程项目的设计者，还是亲临一线的技术指导者、监督者、答疑解惑者。

从 2009 年立项开始，到 2015 年 12 月工程建成，7 年的马拉松长跑，他们付出了多少辛苦和劳累，每个人脸上的沧桑与疲惫，就是最有力的佐证。

有人心疼地对任炳文说，任总，您的头发都白了，背也驼了。

任炳文一点都不沮丧，自嘲道：“终于有些艺术家的范儿了。”

当任炳文带着他的团队和设计图纸再次来到新郑机场二期工地时，这里已是“场光地净”，如同一张“白纸”了。

站在凛冽的北风中，任炳文颇具成就感。眼前这块 8000 亩的空旷之地，将承载他手中的画卷。

第七章

奉献之歌

31 任何重大项目的建设，总有一个绕不开的沉重话题——征迁。而历来，征迁都是建设中的第一道关隘，也是最难啃的骨头。

郑州航空港区包括郑州航空港、综合保税区和周边产业园区，规划范围涉及中牟、新郑、尉氏三个县(市)部分区域。在如此广阔的范围内，新郑机场二期工程是整个航空港区建设中的重中之重，可以说是“天字一号”工程。航空港区管委会负责人说，仅T2航站楼这一个项目工程工区内就需新征土地8587亩。涉及6个村庄，1座市场．共3255户、13044人，需要拆迁房屋面积达 170 万平方米，投入征迁安置资金达 7.14 亿元。同时，还需要完成 8.87 万株树木的采伐移植、6158 座坟头迁移、2.15 万平方米文物挖掘、11 万平方米土地拆迁、32 公里高低压线路拆除、33 公里通信光缆迁移以及 140 万立方米建筑垃圾的清运等工作。

这是郑州航空港区近年来规模最大、耗资最多、涉及面最广的征迁任务，也是郑州航空港经济综合实验区获批后时间最急迫的一次征迁行动。

其实，在郑州航空港区获批前，机场二期工程已经启动，郑州航空港区便开始着手征迁工作，并初步预定：2013 年 5 月底前，要交付飞行区及配套项目 6310 亩建设土地；10 月底前完成项目建设用地涉及所有的征迁安置任务。

很快，在综合保税区（航空港区）党工委和管委会的统一领导下，航空港区成立了由港区管委会副主任张俊峰为指挥长，有关局委、办事处负责人为成员的机场二期扩建工程征地拆迁安置工作指挥部，指挥部下设办公室，负责组织计划和协调推进工作，办公室内设组织协调、征迁安置、规划调控、资金管理、政法稳定 5 个工作组。然后调集各路人马，快速投入实施。

紧接着，指挥部在办事处掌握的各村拆迁人口、拆迁户数、房屋面积等基本情况详细普查统计的基础上，按照“宣传发动——摸清底数——登记造册——张榜公示——核查复议——集体研究——资金兑付——组织征迁”的步骤，分五个阶段进行落实。

第一阶段，2 月底前相关单位完成四项基础工作：一是启动征地范围内 6 个村、2995 户、12411 名群众拆迁安置前期各项准备工作；二是完成飞行区 6310 亩建设用地勘界、划线工作；三是制定平庄小学、山石王小学以及征地范围内宗教设施迁移方案；四是制定水、电、气、通信等专业项目迁移方案。

第二阶段，3 月底前要做好如下三项工作：一是完成平庄村、河北张自然村共 867 户、3229 名群众的拆迁安置工作；二是完成平庄学校的拆迁安置工作；三是完成征地范围内的林木采伐证办理工作。

第三阶段，4 月底前做好如下四项工作：一是完成胡岗村、后宋村、山石王村、苏村、郑村（包括韩庄、杨庄自然村）共 1603 户、6898 名群众的拆迁安置工作；二是完成山石王学校的拆迁安置工作；三是完成飞行区工程征地范围内宗教设施拆除工作；四是完成征地范围内水、电、气、通信等专业项目迁移和配套建设工作。

第四阶段，5 月底前做好如下两项工作：一是完成 6310 亩建设用地林木采伐及移植工作；二是完成 6310 亩建设用地征收，并向机场公司移交建设用地工作。

第五阶段，10 月底前做好一项工作：完成凌庄（除河北张自然村外）525 户、2284 名村民的拆迁安置工作。

拆迁指挥部要求：各办事处“一把手”要亲自挂帅，走在拆迁的最前沿，要充分发挥和调动驻村工作队、村党支部第一书记的作用，为开展征迁工作提供强有力的支持；要对群众进行深入宣传，扎实做好群众思想工作。对出现的新情况、新问题要及时上报，加大“进村入户、面对面、点对点”的宣传发动力度。征迁安置中，要切实把公开、公平、公正，依规、阳光操作贯穿工作全过程。要严格执行国家和省、市征地拆迁有关法律、法规和航空港区合村并城相关政策规定，做到征迁政策公开、标准公开、到户补偿明细公开，征迁补偿安置资金要全程接受纪检、监察、审计部门监督，严禁私自改变征地补偿安置标准，严禁延期支付和截留、挪用、克扣、侵占征地拆迁补偿费用。

针对这次征迁，为推进工作力度，又对工作机制作了进一步完善。特别是对重大疑难问题，建立了联合研判机制。这是一个由指挥部、国土规划局、财政局、合村并城办、房屋征收安置办、监察审计局、综合审判庭、检察处、公安分局组成的疑难问题处置工作组。一旦遇到重大疑难问题，工作组就联合解决。

其实，征迁对于航空港区的人来说已不是第一次了，他们一点都不陌生。

早在 2007 年，郑州航空港区（那时候还不是实验区）一开始规划，周边的一些村庄就开始征迁，之后就一直没间断过。

原本在沙窝子土地上靠种些枣树换取微薄收入，勉强温饱的村庄，随着改革开放，多数人家通过外出打工增加了收入，乡村虽然也发生了天翻地覆的变化，但与城市相比，依然显得落后。眷恋故乡是一种情结。这里是他们的家乡，是生养他们的地方，他们的根扎在这片土地。金窝银窝，都不如自己的狗窝。

突然，这些村庄被规划为郑州航空港区的消息如一声炸雷，打破了往日的宁静与祥和。先被征用土地的人家一下子拥有那么多钱，好久都回不过神来，有些不相信。

一开始，征迁的人们犹如活在梦里，闲下来没事总爱聚在一起，聊一些忧国忧民忧子孙的话题。其实这是很正常的事，他们的人生经验早已绑架了他们固有的思维方式。

眼下，真的时来运转了。就连不谙世事的孩子都知道，他们要有新家了，他们快要住上高楼了。

当年富士康入驻时，河南省委、省政府就制定了关于拆迁的赔偿政策，专门下发了红头文件，并公布在网上、报纸上。

赔偿条例上规定：每家按 501 平方米面积赔偿损失，每平方米为 600 元，附属物另算。另算的附属物有树木、水泥地坪、鱼塘、花坛、背景墙、猪圈、羊圈、鸡窝和沼气池等，都是按价赔偿的。所属辖区里除了民房，还有小企业、蔬菜大棚温室等等，这些统计起来则更加复杂。

征地中也有很多细节，地价是死的，青苗补偿却有很大的“变数”，比如枣树补偿，可分三个阶段：未果（每棵 60 元）、初果（每棵 150 元）、盛果（每棵 350 元）。

在统计、上报附属物、青苗的过程中，个别村干部贪欲膨胀，便动起了歪心思，做起了手脚。在有的村，村干部自己家或亲戚家，光凭附属物、青苗就能多拿一笔数目不小的补偿。一些喜欢投机的人，也找村干部，多报几棵树或多报上一个鸡窝、猪圈什么的，得到一些额外的补偿。本分老实的人，只能拿到应得的补偿。

其间，一些无德、无能、私欲强、无公平、无职责底线的村干部，经过村民举报，被依法查办，或被免职，或成为阶下囚。

当现实发展与各种利害关系纵横交错时，在不可避免地产生新矛盾和问题时，一些老的遗留社会问题便凸现出来。大部分新矛盾好解决，而一些老问题却很难缠。不仅影响了社会的和谐与稳定，而且还严重地阻碍了航空港区工作的推进。

征迁户与基层干部的矛盾，成为这个时期尤为突出的问题，严重影响到航空港区的发展和建设推进。

坚决不能再这样下去了。于是，河南省委、省政府决定改变策略，由郑州市委、市政府牵头组织，在市区内选调工作能力过硬、有真功夫，特别是对农村工作和拆迁工作有一定经验的中青年干部 100 名。再通过二次考试选拔有一定工作阅历和农村经历的大学生村官 100 名，组成了 200 人的临时“强基富民”办公室，专门应对征迁中出现的各类问题，化解群众矛盾。

一个刚刚诞生的行政区域，一个刚刚进入人们视野的特殊区域，一个充满希望又正在迎接狂风暴雨洗礼的区域，一个从沙岗、枣林、庄稼地里生长起来的新兴城市，在转轨转型的节点上，无论对高层还是基层，甚至对每一个参与者，都是一次极大的挑战与考验。

32

2008 年初，郑州航空港区管理委员会下设两个办事处：一个是郑港办事处，另一个是新港办事处。规划中的所有行政村分属两个办事处管辖。每个办事处下辖 60 多个村民组。

这一年，国家民航总局将郑州机场确定为全国八大区域枢纽机场之一。

两个办事处的中心工作，就是征地。这时候还没触及拆迁。征地也只是建设项目中所涉土地，用多少征多少，都是零零星星的，分期、分阶段的。

2010 年 7 月，富士康入驻郑州航空港区。

富士康落户后，将陆续有近 30 万人入驻。还有加工厂区和附属及连带企业等。这也标志着航空港区大面积征迁开始了。

拆迁的第一个点是郑港办事处管辖内的两个村庄：一个是大老营，一个是大寨村。大老营村是部分土地被征迁，而大寨村是连土地和住宅一并全部被征用。

2009 年隆冬季节，刚进入二九，大寨村的安置房还没有交付使用。说是只剩下最后的扫尾工作了，看似活不多，却十分零碎，如水、电、气的排查、地面硬化、公共设施的安装等等，这些都非常耗时。

大寨村包括 3 个自然村，4 个村民组，2000 余人。这里将建设富士康郑州科技园。富士康将在这里按照规划和设计，建造属于自己的职工公寓楼区域、新的规划道路和商业街等。这就意味着，大寨村今后就不复存在了，而这些村民，都要搬迁到远离他们祖祖辈辈生活的栖息之所，移居到政府规划好的安置居住区里。

航空港区建设项目与引进的发展项目也在紧锣密鼓的谈判中，并且很快就达成协议。要建设、要发展，当地的村民肯定要做出牺牲。

一场新变革的降临，犹如化蛹成蝶的蜕变，浴火重生的凤凰涅槃，这将预示着几千年延续下的农耕文明走向工业文明，简单的乡村生活被城市的繁华所替代。无疑，历史与现实、革新与保守、传统与现代、眼前与长远、守旧与跨越的冲撞，会带来纵横交织的矛盾冲突。

而这一次，根据以往经验，航空港区对征地拆迁做了非常详细的安排部署，按照“和谐拆迁，依法拆迁”的宗旨，以“市、县（市）区、乡三级辐射，市、县（市）区、乡（镇）办、村（社区）、村组五级联动”的基层工作格局为原则，建立了以“三级与基层农村（社区）长期、对口、分片联系帮扶机制”的工作模式，以保证顺利完成这次征地拆迁任务。

征迁中的第一个环节就是搬迁。

在这个关键时候，大寨村恰逢村委会换届，肖建华被推举为村委会主任。肖建华早年在中牟县城经商，有自己的公司。率先富裕起来后，肖建华经常帮扶左邻右舍，在村里人缘极好，威信颇高。村民们认为他为人正派、公道，不会与大家争利。

平日里就很忙的肖建华，兼任村委会主任之后更加繁忙，又赶上搬迁，他天天在村子与县城之间奔波。

在肖建华看来，建设航空港区是大事，能把生他养他的大寨村划入港区，把农村变成城市，把村民变成市民，从此再也不用面朝黄土背朝天在地里刨食了，这是天大的好事，是千载难逢的机遇。能参与到这个大建设中来，是自己一生的幸运，也是所有村民的幸运。

作为新上任的村委会主任，肖建华积极配合时任村党支部书记孟连君，团结村两委干部，按照办事处的安排，积极推进拆迁工作。村干部们一致认为，要想顺利完成拆迁，自己必须以身作则，为村民做出表率。

这天，肖建华忙完村里的事，晚上在父母家里吃晚饭。儿子难得在家吃饭，母亲专门为儿子做了几个菜。吃饭间，气氛却有点沉闷，母亲抹着泪给儿子夹菜，父亲抽着烟不说话。他理解父母的心情，故意装出对拆迁满不在乎的样子。

“爸，妈，明天咱就开始收拾东西准备搬吧，大势所趋，也就是早一天晚一天的事。”肖建华说。

“一说搬迁，妈心里就难受。”肖母边擦眼泪边说。

“这家都住了大半辈子，说搬就搬，真是舍不得啊。”肖父说。

“这家以后就再也没有了……”肖母四下看看，更是伤感。

“妈，其实我心里也不好受，你记不记得，我刚搬到县城住的时候，为啥隔几天就来家里住一住，就是因为总觉得那不是家。别人打电话，问我在哪，我都是说在县城，不说在家，就这会儿，心里感觉大寨村才是咱的家。不光你一个人舍不得，很多人都舍不得。为啥？就是因为时间久了，有感情了。其实，住到哪哪就是家，你说是不是，妈？”

“说是那样说，这心里还是放不下。”肖母的语气缓和下来。

“别放不下了，妈，我现在是村主任，咱不带头谁带头，我又咋去做别人的工作？大家都眼睁睁地看着呢。咱姿态高点，不能让人家说咱啥。我爸老爱面子，他也不想让人背后戳咱的脊梁骨。妈，就算为了我，咱也得早点搬，好不好？”

“那好吧，你说搬，咱就搬吧。”母亲在肖建华的说服下终于松了口，老人家的伤感渐渐地也没那么强烈了。

晚上，父母屋里的灯一夜都没有熄灭。肖建华也失眠了，整个村子几乎都失眠了。

第二天，吃过早饭，肖建华提前来到村委会。这天，拆迁工作组要正式驻村，还有专派的搬迁队也要来了，这里将成为拆迁工作组的办公场所。

肖建华、孟连君等村两委干部配合拆迁工作组，在全村挨家挨户地走访。当人们闻听工作组到来时，不少人家锁上大门不知去向。有的家里有人，对工作组也很热情，无论怎么说他们都爽快地答应。但殊不知，他们在工作组面前是一种态度，背后却是另一种态度，面上答应，但就是不行动。他不行动，也不硬抗，就是软磨，拿他们一点办法都没有。

临近中午，肖建华回家一看，父母根本就没收拾。父亲坐在堂屋沙发上吸着闷烟，母亲坐在父亲对面一脸委屈地择菜，老两口好像刚吵过架，谁都不吱声。

肖建华一看这阵势，心里明白了几分，肯定又是不想搬了。

“爸，怎么了啊？不是说得好好的吗？”他小心翼翼地问道。

“问你妈，还没说收拾，她就先哭了起来。你说这是弄啥哩？太折磨人了。”父亲说。

“妈，你咋就想不通呢？”肖建华有点着急，“你们这个样，我也没法工作了，要不干脆下午我就把这村主任辞了，回来陪你们一块难受。”

父母看看他，都没说话。

“唉，”肖建华叹了口气，“还等到下午干啥，这会儿趁工作组有人，我这就去找他们辞职。”

肖建华说着转身就走，母亲说话了：“建华，妈没说不搬啊，就是心里不好受。”

肖建华转过身说："妈，这么下去会闹出病的，咱得想开点，搬了以后，生活会比这更好，你不知道人家城里过的啥生活，冬天有暖气，夏天有空调，你看咱这，冬天进屋就像冰窟，安个空调也不舍得开。"

"你别说了，俺这就收拾，不再磨蹭了。"肖母下决心似的说，"你不能辞职啊。"

"那就看你们支持不支持我工作了。"

"支持，我们都支持你。你去忙你的吧，我跟你妈快点收拾。"父亲说着就开始动手收拾了。

"这就对了嘛，长痛不如短痛，反正都得搬，早搬早心静。"肖建华笑了，"你们别收拾了，我一会儿找人来收拾。"

肖建华父母如期搬到过渡房内，成为富士康项目建设第一批征地拆迁户中的第一户。

父母搬出老宅子后，肖建华把老房子作价2800元卖给了拆房子的商贩。为了让父母高兴，他自己又拿出3000元一起给了母亲，谎称另外的3000元是因为搬得早街道办事处给的奖金。

有了肖建华的带头，其他村干部、党员，包括各村民组长，也都陆续完成搬迁。但还有不少村民依然不见动静。为了解决问题，村两委与工作组反复研究，针对大部分村民时间上"磨蹭一天是一天"、补偿上"多争一点是一点"的心态，制订了奖励、选房方案：划定一个日期，按搬迁时间给予不同的奖金；取消最初采用的、大家认为最公平的抓阄分房法，按搬迁、签合同的顺序安排过渡房、在安置小区选新房。此方案的目的就是谁先搬谁沾光，谁拖后腿谁吃亏。

安置小区均是18层的高楼，谁都希望住在好的楼层。这是未来的家，要居住一辈子的房子，谁不想选个称心如意的房子呢。

这个办法还真奏效。搬迁的合同上都按时间注明了序号，白纸黑字，谁也做不了假。剩下的村民也争先恐后地开始搬迁了，他们唯恐到时候选不上好楼层、好位置。这样一来，村民们都积极行动了，来工作组签合同的村民排起了长队。

搬迁眼看就要完成了。然而，总会有个别人拖后腿，其中一户是肖建华的堂哥，另一户是方俊玲家。这两家在村里都算“冒尖户”，老房子都是两层小楼，因为不满拆迁补偿，一开始就有怨言。如今全村只剩下他们两家了，曾经的“冒尖户”现在却成了拆迁“钉子户”。肖建华多次去做他堂哥的工作，堂哥死活就是不搬。方俊玲已经六十多岁，老太太认死理，喜欢较真，更是说不通。

搬迁的村民们在过渡房居住区基本安置妥当，大家又开始了和往常一样的生活。

老村子就要停水停电了，工作组下了最后一次通知。这时候，方俊玲才主动找到肖建华，说她要搬迁，并马上签合同。村干部们认为最难的“钉子户”就这么解决了，有点出人意料。

肖建华堂哥成了全村最后一个“钉子户”，他不得不再次登门找堂哥劝说。

肖建华连安慰带讲道理：“哥，搬吧。这水电一停，你待在这咋生活？政府为咱补偿，为咱安排好了过渡房，给咱盖了楼房，咱一下子从村民变成了市民，到六十岁一个月还能拿到小六百块的失地补贴，这不比啥好？政府对得起咱，咱也不能不知足，你看，因为咱自己一个人，影响了全村大局，不好看啊。再说了，你也给我点面子嘛。”

“啥都别说了兄弟，我搬。”堂哥沉默了一会儿，有点不好意思地说，“其实我知道早晚都得搬，不就是想拖几天，也想多拿点赔偿。”

肖建华笑道：“咱也不能狮子大开口吧，政府面对的是千家万户，也不是咱一家，咱不能没足没够啊。”

由于搬迁户多，过渡房十分紧张，轮到方俊玲和堂哥，分配给大寨村的过渡房一套也没有了。而再申请进行调配，需要时间，远水解不了近渴。

肖建华就想，自己老婆孩子平时住在中牟县城，他自己虽然因为拆迁工作天天在村里，但完全可以和父母住在一起，这样既能腾出一套过渡房，也能多陪陪父母。于是，肖建华就主动向工作组提出，把自己分配的过渡房让给方俊玲。这是为工作组解决难题，工作组当然乐意，还对肖建华提出了表扬。

当方俊玲知道肖建华把自己的过渡房让给她住，感动得跪到他面前，眼含泪水说：“你把房让给我，是真心为公，真心对我好，谢谢你……”

肖建华马上把方俊玲搀扶起来，说：“我们也得谢谢你，咱村的搬迁任务提前完成，也有你的功劳。”

村两委通过与工作组协调，肖建华堂哥的过渡房也得到解决——大寨村用 48 天时间，圆满完成搬迁工作，成为航空港区搬迁的先进典型。

后来，安置小区竣工，选新房时候，肖建华的堂哥找他说情，想挑个好点的楼层，肖建华笑着说：“哥，这事我没法开口，按签合同顺序选房，这是早就说好的规定，哪个村干部都不敢坏规矩。”

肖建华的堂哥无话可说，只能最后选房，两套全是顶层十八楼。

搬迁，意味着原有生活的结束，新生活的开始。搬迁后，住在过渡房的很多老人无事可做，他们就聚在一起闲聊、打牌、下棋，打发时光。

肖建华的父亲刚搬到过渡房那时候，每天都会骑上车去老宅子看看。屋子拆过，院子已经成了一片空地。肖父在院子里转转，蹲在院子里抽上一支烟。老人的眼神充满了眷恋与伤感，他觉得自己就像被“移栽”到他处的一株树木，彻底离开祖祖辈辈居住的家，在一个完全陌生的地方居住，内心一下子真的适应不了。

肖父脚下的这座老宅院，是他祖辈留下来的。他在这个院子出生、成长、结婚、生子。对于年逾古稀的他来说，几乎是一辈子的苦辣酸甜，都浓缩在了这个庭院，往事一幕幕地在脑海闪现，如今，与他生命紧密相连的家，将永远消失，成为历史，成为记忆……肖父完全沉浸在回忆之中，直到指缝间的烟灼疼了手指，他才恍然回过神来。一阵风吹来，吹落了他眼眶里打转的泪水。

其实，经常回老村子转悠、蹲在老宅子发呆的，不止肖父一人。对于很多常年住在乡村的中老年人来说，这种无法回去的搬迁，无疑是“连根拔起”的“移栽”，需要时间来平复“水土不服”造成的伤痛。可以说，这是所有移民、搬迁户生命中遭遇的一场“大手术”，对每个人的深刻影响，旁观者无法猜想。但在历史的长河中，这是发展规律，社会要发展，国家要建设，拆迁、移民不可避免。为了全局，局部牺牲也是无奈的选择。

如今，肖建华的父母已经住进新的小区，真正过上了舒适的城市生活。但肖父总会时不时地在富士康新建的产业园区外遥望，回忆着哪一块是他曾经的家园。

33 2011年，郑州市启动“合村并城”项目，计划用5年时间分批完成航空港区42个行政村的合村并城工作。这意味着更大的征迁任务来临了。

2012年3月17日，郑州航空港区管委会下发《关于郑州新郑综合保税区（郑州航空港区）合村并城土地房屋征收补偿和村民安全社会保障执行办法》。这一年，郑州航空港区“合村并城”大提速。4月25日，郑州航空港区举办了“合村并城”工作启动以来首次大规模的招商引资及土地推介活动，一次对外发布了21个行政村的“合村并城”项目，70多家房地产商参加了推介会。

这一阶段，“合村并城”工作采取先建后拆或拆建同时的安置方式，以减少农民在外过渡的时间。

转眼到了2013年，机场二期项目建设迫在眉睫。按照机场二期建设及“合村并城”工作整体安排和部署，征迁工作全面铺开。

征迁之初，政策宣传成为工作的重中之重，召开村两委、村民组干部会、党员会等，对拆迁原因、政策依据、具体补偿办法、补偿标准等内容进行学习，对于特殊问题，依据“4+2”工作法（即：“四议”——党支部会提议、“两委”会商议、党员大会审议、村民代表会议或村民会议决议；“两公开”——决议公开、实施结果公开）处理。办事处工作人员在入户登记、房屋测量过程中，反复对拆迁依据、政策、程序等向拆迁户做详细和耐心解释。

为进一步增强群众对拆迁安置政策的理解，指挥部专门制作了宣传光碟，利用宣传车在村内街道进行宣传；制作了意见箱，虚心接受群众的意见、建议；每天安排人员24小时值班，接受群众咨询政策。

可以说，所有的办事处和工作组，都把工作重心转移到了征迁工作之中。

在新一轮的征地拆迁展开之前，航空港区召开了专项工作大会，主抓领导总结经验，吸取教训，周密部署，提出以做好群众思想工作为根本，打好这次攻坚战。各有关单位、部门“一把手”亲自挂帅，各负其责，各尽其职。

2013年7月1日，机场二期建设项目中郑港办事处所辖的最后一个自然村——凌庄河北张村（简称河北张村），同时被征迁的后宋村、山石王村和胡岗村三个行政村，共计1117户居民的征迁安置工作完美收官，为加快机场二期工程建设赢得了宝贵的时间。

这几个村分布在富士康厂区附近，主要经济来源是房租，每家一年的租房收入均在10万到20万元之间。拆迁前，很多人认为这几个村的拆迁难度最大，是“最难啃的骨头”。但实际情况却不是这样，郑港办事处仅用了19天就完成了全部征迁。村民们虽然有点情绪，但都通情达理地去按政策行动了。

郑港办事处是如何做到又快又稳的？说起来也很简单：拆迁办制订、落实了“三不拆”政策——不签订房屋放弃协议的不拆，不腾空房屋的不拆，不同意拆除的不拆。

为了避免冲突，本着和谐拆迁的目标，拆迁指挥部联合行政执法局、派出所，一方面对村内在建房屋下达停建通知书并拍照取证，一方面在入村口设立执法点，24小时坚守，严禁建筑材料入村。对建筑材料堵截这一招，基本遏制了抢搭抢建的行为。

进入实施拆迁阶段，紧张得犹如“焦麦炸豆”季节，工作组人员把早饭控制在十分钟、午饭控制在一小时，夜间入户做调查也是常有的事。还实行了现场算账、签订协议、支票兑付一条龙作业，尽最大力量为村民提供便利。

在安置中，为平稳过渡安置期，办事处向群众征求意见，做好过渡安置区的选址工作，确保过渡期间群众的生产生活正常运转，加速修建排水沟、厕所、变压器、饮水井等基础设施。所有工作人员，起早贪黑，加班加点，放弃周末和节假日。

2013 年 11 月底，机场二期工程建设所用土地施工范围内障碍物及一切需拆迁的附着物全部清理干净。

一个月后，机场二期工程建设用地全部交付使用。这背后，有着 1.3 万多名搬迁群众和 600 多名征迁干部共同的奉献与牺牲。

仅机场 T2 航站楼，就使银河路办事处的平庄村、苏村两个行政村整体搬迁，1000 多户 4100 多口人在两个月时间里，腾出了 3100 多亩土地。再也看不见熟悉的村庄了，曾经的家园，只能封存在记忆里。

离开村庄时，多少人都泪流满面，泣不成声。搬迁队伍的大车小车，行驶在去临时过渡居住区的道路上，浩浩荡荡，人们一步一回头，眼睛里满是不舍与感伤。

由于搬迁速度快，安置房还没有盖好，村里大多数人都投亲靠友，还有一部分到附近的薛店、龙湖等乡镇租房子去了。但绝大部分村民，不投亲不靠友、不租房子，而是暂住在政府为他们搭建的棚户区的板房里。这些板房都是用铁皮搭建，又矮又小，夏天热，冬天冷，住在这里的拆迁户，不得不忍受这艰苦的环境。此期间，搬迁户每人每月有 400—600 元的过渡费。

平庄村、苏村的安置房在薛店镇，2014 年就已竣工。安置房与城市的小区一样，有花园、卫生站、幼儿园。

政府考虑到大多数村民搬迁前的经济来源靠房租，村民挑选安置房时可以选自住一套，出租一套。另外，门面商铺由集体统一出租，租金作为村民福利分红。据计算，村民住房和商铺的租金每人每年可达到 1.7 万至 2.2 万元。

搬迁后，很多人都爱说的一句话是“为了明天”。

郑州航空港区搬迁农民的明天会怎样？他们未来的就业、社会保障能和市民一样吗？政府部门是如何考虑的呢?

按照政府的规划，安置房、商铺只是搬迁农民的基本收入来源。政府部门还要引导、帮助他们变成产业工人、老板、工程经理等。愿意当工人的青年人，政府会出钱，送他们去培训两到三年，由政府人力资源部门推荐就业。2012 年，航空港区就曾经培训 3400 多名年轻人就业。

2013 年以来，不只是富士康需要人，航空港区新开工的产业项目都需要人。新项目有 11 个，总投资 171 亿元。还将有包括菜鸟骨干网、天语手机、友嘉精密机械产业园等多个重大项目的动工建设。政府都会提前和企业联系，为他们“定制培训”产业工人。

不愿意当工人的村民，可以参加航空港区的自主创业培训班，根据个人意愿个性化培训，将来在工厂旁边开小吃店、服装店，为航空港区第三产业服务。

其中的 40 岁、50 岁乃至 60 岁的人，也不会闲着。未来航空港区安置房和商品房小区会提供绿化、保洁、保安、调解、交通维护等多种公益性岗位。

同时，郑州航空港区还鼓励“能人”组建专业建筑、装修、运输队伍，外出闯市场。

自征迁开始，航空港区就启动了全域城镇化建设计划，随着征迁的加速，城镇建设也加速了进程。只有城镇化，才能从根本上解决城乡之间的差距，改变农村、农民的命运。

2013 年底，郑州航空港区累计完成了 82 个项目的征地定位测量，土地总面积达 34688 亩，拆迁总面积 1063 万平方米。至 2013 年底，完成第一批 32 个行政村全部拆迁，合计拆迁户数 7751 户，合计拆迁面积 620 万平方米。

2014 年 1 月 28 日，郑州市印发了《郑州航空港经济综合实验区棚户区（城中村）改造二期工程实施方案》。

2015 年 1 月，航空港区首次实行货币化安置棚户区居民。货币化安置，即指在拆迁住宅房屋后，拆迁人将应安置的住宅房屋折算成货币款补偿给被拆迁人，由被拆迁人自行购买住宅房屋安置的一种方式。

郑港办事处下辖的寺东高村，从 2012 年 4 月，就开始了棚户区改造，安置时，村民又率先享受货币化安置这一政策。如有 9 口人的高丰岗家，按照相关政策，他家就可以拿到拆迁补偿款 40 多万元。在村民高丰岗家可以看到，柜式空调、壁挂电视等家用电器一应俱全。房间装修讲究，并且铺上了木地板，一个现代化之家与留在记忆里的老旧砖木房截然不同。

村民们也喜不自禁，这些都是受益于当时的货币化安置。

这中间，办事处担心部分群众拿到钱后随意挥霍，当时并没有直接把钱全部发给群众，而是在异地建设了一批商品房，政府补贴一部分费用后，按照较低的价格定向销售给拆迁村民，经村民授权委托办事处扣除购房款后把剩余的款再转发给村民。

高丰岗说，安置房以每平方米 600 元折换，按照协议，他家共可置换 8 套房，540 多平方米。对货币化安置带来的好处以及政府为他们考虑所采取的办法，村民们还是很满意的。

现在，高丰岗家除两人在外打工，高丰岗也在新建的小区内负责打扫卫生，并且开有一个超市，加上将剩余的 6 套房子对外出租所得的租金，月入超万元，与之前以耕种土地、打工为主的生活相比，真是天壤之别。

除此之外，寺东高村村民每人还获得了 10 平方米商铺（包括临街门面房），商铺由集体管理，整体招商，年终分红。作为固定收入，每月每平方米保本收益近百元。

2016 年 3 月，河南省当时规模最大，总建筑面积近 1100 万平方米的棚户区改造项目在郑州航空港区全面开工。

郑州航空港区计划在 2015 年至 2017 年对 42 个行政村进行改造，建成 16 个城市社区，异地安置 29092 户，安置居民 147495 人。目前开工建设的河东区第四至第九棚户区改造工程，总投资约 300 亿元，项目建成后，可提供住房 23460 多套，安置居民超过 10 万人。

2016 年，航空港区进一步加快合村并城建设，其中，2014 年开工的 1.7 万余套棚户区改造安置住房项目计划 2016 年底前基本建成，2015 年建成的 4734 套公租房项目 2016 年将全部实现分配使用。另外，原中牟境内万三公路以西区域合村并城方案已经正式确定，共规划 13 个居民安置区；南水北调干渠以西4个居民安置区共35个项目607万平方米安置房已全部开工建设。

2016年11月5日上午11时整，郑州航空港区河东第七棚户区2号地7号楼顺利封顶，这也是全线十二个标段中首栋封顶的项目。

当前，在航空港北部起步区，一批高端住宅及世航之窗商务中心等项目已建成投用。

34

2013年5月，高级工程师郭强被任命为机场二期工程建设指挥部指挥长助理、总工程师。

河南高速房地产开发有限公司总经理、高级工程师孙民刚，被抽调到指挥部任副总工程师，具体负责工程管理部的全面工作。

万事开头难，一切都要从零做起。

开工之前要做的准备工作实在太多了，除了工程计划、招标、合同、造价、统计、工程组织管理协调等一系列的琐事外，还要处理大量的综合事务。如，施工前对施工图的审查，仅这一项，手续烦琐，过程漫长。为了节约时间，尽快拿到施工图的合格证，必须对设计进行强审和专项审查。于是，孙民刚与指挥部有关人员就一齐督促三家审图单位同时来完成合同的洽商与签订，两个月就拿到了二期工程共54项施工图的合格证。接着，很快建立机场二期工程图纸台账、设计变更台账、设计函件台账、施工图审查台账、专项审查台账等，并对各种技术文件进行规范管理，使整个工程的基础管理从无到有、从少到多、从粗到细，一项项，一点点都记录在案。

面对千头万绪的工作，孙民刚必须将工作进行排列与组合：凡能齐头并进的工作，一定要同时展开；凡能提前做的事情，一定不能往后拖一天。

时间，时间，每项工作都在赶时间。时钟不停地转动，孙民刚不停地忙碌。高强度的工作，几乎没有节假日，连白天夜晚的概念都被淡化。可是，人毕竟不是机器，即使机器也会有损耗，也会出问题，更何况他是有血有肉的人。

时间一长，肯定会吃不消。有一次，孙民刚出现了胸闷，他没怎么在意。接下来的很多天，胸闷总会时有发生，并且还伴有胸部间歇性疼痛的症状。百忙之中，孙民刚抽空去了医院，医生告诫他，这是过度劳累造成的，并再三叮嘱他一定要注意休息。孙民刚答应着，可一旦工作起来，医生的话早就忘得没有踪影了。

工程计划、招标、合同、造价、统计、工程组织、管理协调，他处理完一件又一件工作，紧接着又是一个接一个不同方面的会议。电话总是一个连一个，不是别人打过来，就是他打出去。他要掌握工程的全局情况，如某项工作的完成情况、进展情况以及需要解决的问题，等等。再苦再累再疲惫，甚至出现体力透支，他从来都没想过要停下脚步歇一歇。正是他这种忘我的工作精神，带动着且感染着身边的每一个人。

指挥部所有人都在为机场二期工程的开建做着充分的准备和努力。

指挥部总工办副主任刘俊是位女同志，她曾经在河南省机场集团有限公司做工程投资计划管理，2014 年 7 月被抽调过来，负责技术管理。这对非工科专业的她来说，压力实在太大了。但她踏实勤恳，任劳任怨，每次召开的设计协调会，她都能协助总工办主任出色地完成任务。此外，她还对设计建设规模进行了梳理，如全场总图对接、全场地势对接、全场管线对接、空管工程管线对接、热力管线对接、编制发布第五版总图等工作，并初步完成了给水、污水、中水、雨水、强电等不胜枚举的专业系统图编制工作，为后续工作的开展提供了保障。不难想象，为完成这些工作她该付出怎样的勤奋和努力。

工程部副部长刘长庆，先后曾参与过郑州机场一期工程、T1 航站楼改扩建工程、河南省综合保税区建设项目、机场二期工程等一大批河南省重点工程建设。将近二十年过去了，他将人生中最好的青春年华都奉献给了郑州机场。

早在 2011 年 9 月，通过组织公开选拔，刘长庆就被机场集团任命为郑州机场二期工程建设指挥部总工程师办公室副主任。这期间，他先后数十次去北京相关部委，催办前期手续报批。随后，还和其他同志一起完成了机场二期工程初步设计消防报审报批、施工图消防报审报批。如果和国内同类机场相比，其批复时间缩短了一半，为机场二期工程建设顺利开工奠定了基础。

随后，刘长庆又对前期不尽完善的技术方案深入研究，他不想在施工图出图前留下任何遗憾。创新、改造、完美、极致，这是一位科技人员信奉的理念。在深入研究审图过程中，刘长庆经常会发现需要改进的地方。如二期工程雨水排放系统，原方案需要在外围建设一座雨水提升泵站，提升泵站的建造不仅投资巨大，而且以后每年光运行维护就是一笔不菲的费用。于是，他就大胆提出了把“雨水提升泵站”改为“重力自流站”的设想，并把方案提交给了总指挥部，经过与其他技术专家多次探讨，又对整个工程地势标高认真研究，最终论证此方案可行。经过粗略估算，此项方案一下就减少了数亿元的投资，而且今后还能节约高额的运行维护费用。

工程招投标是一项系统工作。如合同、技术、招标的谋划等等，看似都是单独的个体，其实不然。每一份工程招投标书所涵盖的内容都十分丰富，必须进行系统整合才能完成。高级工程师、工程管理部副部长梅思才说，想干好这个工作，知识面窄不行，思路不清不行，既要有以建设进度与质量为中心的前瞻性，还须具备较高的业务素养。如场道工程、航站楼弱电信息系统、助航系统、民航设备等多领域的知识，都必须系统地掌握。

项目建设离不开完善的管理流程和规范的管理制度。指挥部的骨干人员来自省机场集团、省建设厅、省发改委、省交通厅等多个部门，建设管理的思路理念不尽相同。要完成一件宏大事业，必须统一思想认识。

在制定新的管理办法中，梅思才带领同事们学习了郑州机场 T1 航站楼的建设规范，认真学习了沈阳机场、天津机场、昆明机场等数十个机场的先进管理制度与流程经验，以及最新的清单计价规范、合同范本、招标文件范本等。其间，他与同事们一起审阅的招标文件多达数百万字，审阅合同 100 余件。为了避免漏洞，梅思才和同事们查阅借鉴了大量相关资料，查阅过的资料能堆满一间屋子，每份文件都仔细阅读，核对文件中的数字及内容方面的偏差，及时消除了合同谈判阶段的风险隐患。他经常夜以继日地连续工作，晚上 9 点前几乎没有下过班。

“不看看不入心啊。”这是梅思才挂嘴边的话。长期的伏案工作，让梅思才的视力下降很多，正值壮年眼睛就“花”了。

经过奋战，工程管理部拿出了《郑州机场二期工程建设指挥部合同管理办法》《郑州机场二期工程建设指挥部招标管理办法》《郑州机场二期工程建设指挥部计量支付管理办法》的修订意见。随后，又把工作思路体现在编写的一本又一本的招标文件中，从而实现了思想、流程等的高度统一，极大提高了工作效率。

机场二期的招标工作进展十分顺利，一年间就完成了工期建筑 170 个招标标段。

35

2013 年 12 月，朔风飕飕。中国建筑东北设计研究院有限公司、中建三局集团有限公司、中国建筑第五工程局有限公司、中国建筑第八工程局有限公司、中建钢构有限公司、中咨工程建设监理公司、中国中铁航空港建设集团有限公司等全国著名的勘察、检测、监理、咨询、设备供应、设计、建筑等 281 家中标参建单位（其中施工单位 88 家）同时开进工地，10 万余名施工人员从四面八方赶来，会聚工地，开始鏖战。

一座座塔吊竖起来了，一台台机器转起来了，推土机、挖掘机等机械设备，挥舞着钢铁巨臂，开始没日没夜地作业；脚手架如竹节般在建设者们的手中不停地拔高。

工程之浩大，规模之恢弘，场景之热烈，不仅在河南省建筑上史无前例，即便在中国机场建设中也是绝无仅有。特别是交叉施工，远比事先想象得要复杂很多，难度非常大。这种交叉，不同于普通工程的工序交叉，或各参建单位一般作业上的交叉，而是建设主体上的不同交叉，比如地铁、城铁与 T2 航站楼和 GTC 的交叉，大量配套工程与主体工程的交叉，等等。此外施工期间不停航，也就是还要保证T1航站楼的畅通，还有空管院的改造、防汛雨水管网突击改造等等，所有这些都与主体工程有交叉，因此，施工时必须做到准确无误。

根据建设要求：两年的工期，“鲁班奖”的质量标准，“零安全事故”的要求，这一切，让每一位建设者都心怀责任感、使命感，也充满了紧迫感和压力感。

虽然这样，但整个工程自始至终都在有条不紊中进行。特别是04标段的T2航站楼的建设，此工程项目由中建三局集团有限公司总承包，其中就有30多家单位分包，项目总负责人由中建三局郑州分公司副总经理马学辉担任。

马学辉是位“70后”，1998年大学毕业后进入了中建三局集团旗下的中建三局工程总承包公司。正在海南休假的马学辉接到命令，立即拎着行李箱踏上了北上的征途。

实际上，机场二期T2航站楼的施工，从2013年8月就已经开始了。最基础的工程就是打桩基。此项目也由中建三局中标承接。

这个看似体量不大的基础工程，在施工过程中却遇到了技术问题，工程无法向前推进。按照施工队的专业水平，技术绝对没有问题。但原因出在哪里？正当众人一筹莫展时，中建三局郑州分公司副总工程师贺红星来到了项目基地。

此时，总公司委派的项目常务副经理吴闯、项目安装部经理陈长剑，还有公司领导、同事公认的“女汉子”、项目组党支部副书记王淑芹等200余人的管理队伍都提前到来了。

贺红星听了技术人员的汇报后，凭着他的学识和经验，立马断定这不是技术问题。那么，是地质问题？贺红星思考着，满怀疑惑察看了原有的地质勘测报告，然后又带领大家重新进行地质勘测。把新勘测的数据与原报告进行对比——不出所料，问题果真出现在原来的地质报告上。

分析研究新的地质报告后，贺红星才发现，看似一片单调的黄沙土地，其地质结构实际上也相当复杂，稍有疏忽就出现偏差，致使桩基无法打进。

为了制定新的技术方案和应对措施，贺红星在静压桩车内一待就是几个小时。选点、计算，设备选型、新方法的运用、配桩等，都要经过严格测算，才能准确无误地施工。

当贺红星把这些工作全部做完的时候，距规定工期仅剩下 30 天。按照当时的施工速度，估计至少要 60 天。怎么办？贺红星大胆提出了采用新型设备螺丝钉桩引孔技术。

但事情完全没有那么简单。偌大的机场二期工程，可不是说哪个施工单位想怎么施工就怎么施工，每个工程项目都有严格的施工方案和技术规定。倘若要变动，必须通过指挥部组织专家进行论证，统一意见后才能实施。

贺红星提出的新技术方案很快得到了论证并通过，为完工争取了宝贵时间。

在寒风凛冽、黄沙漫天的工地上，贺红星带领勘测队员们，靠步行完成了对航站楼的整体定位。

11 月 25 日，贺红星团队终于打完了 1457 根预制管桩中的最后一根，率先完成了 T2 航站楼的桩基施工任务。同时，贺红星依据现场实情和建设规划图纸，还完成了 58 项专项可行的施工总体方案的编制，为日后的现场施工提供了良好的技术指导。

在机场二期 T2 航站楼工程中，中建三局从湖南、湖北、四川等各地抽调了 5000 余名的建筑工人。

12 月 16 日，马学辉带领 80 余名精兵强将，操作 18 台机场设备，在西指廊区域的开工典礼上立下誓言："精心组织、日夜奋战，确保高质量、高速度、高标准地完成机场建设任务。"

仅 30 天，中建三局就完成了 49 栋、757 间板房的修建并投入使用，为春节不间断施工提供了保障。

为鼓舞全体员工斗志，中建三局项目组还专门成立了攻克"急、难、险、重"四项特殊任务的 8 支突击队。

这里虽然不是征战的沙场，却弥漫着与沙场一样的豪情壮志；这里虽然没有生死时速的搏杀，却时时都在争分夺秒地攻难克艰。

每天早会上，马学辉都会带领大家一起高呼“困难面前有我在，我的面前无困难”的口号。这虽然不是生死誓言，却无形之中激励着大家时刻牢记使命、勇克难关的豪气。

春节来临，项目部全体管理人员主动放弃和家人团聚的机会，坚守在施工一线。

当人们放着鞭炮、吃着年夜饭、看着春晚，沉浸在节日的欢乐气氛时，郑州机场二期工程的建设者们，却正在大雾、大雪、大风之中，搅拌着沙子、石子、水泥，浇筑着一个个柱基，焊接、捆绑着一根根、一簇簇钢筋……

中建三局按照工程指挥部提出的施工目标——“9·30”节点，即2014年9月30日完成整个T2航站楼钢结构框架的各个连接点。这个连接点的完成，就好比二万五千里长征第一次胜利会师，虽然只是阶段性的，其意义却十分重大。

中建三局项目组在工程记录簿上，记载着这样的工程计划与完成进度：

2014年3月10日，提前20天完成了全国最大的转换梁施工；4月16日，提前4天完成了指廊主体结构施工；5月10日，提前20天完成了信息中心主体楼结构施工；7月31日，如期完成了主楼主体结构施工；8月16日，提前4天完成了指廊与东西贯穿交叉部位主体结构施工；8月20日，项目组召开了“9·30”节点动员大会，会上全体管理人员、劳务队伍、劳务班组及工友代表统一作战思想，并制定了细致的“周、日、时”进度督导机制；8月25日，项目组成立“9·30节点党员突击队”“9·30节点青年突击队”……

9月初，项目组以马学辉为首的班子成员严格执行24小时值班制，通宵达旦服务现场，及时协调解决施工中各类难题。

9月6日—18日，60年不遇的连续大雨乃至暴雨笼罩河南，机场二期工程建设受阻。

“困难面前有我在，我的面前无困难！”在一片响亮的口号声中，工友们穿上雨衣，采取“流动搭棚”的方式，开启了前所未有的赶工作业模式。

王淑芹，中建三局T2航站楼项目组党支部副书记，性格火辣，做事雷厉风行，在马学辉率领的这个团队里，她是有名的“拼命三娘”，庞杂的工作硬是让她料理得井井有条。

在那些阴雨连绵的日子里，她带领后勤部和保卫人员，也加入了搭遮雨棚的行列，给大家发防寒衣，还冒雨把一碗碗热乎乎的姜汤送给工人师傅。那些天，她身上的衣服几乎没有干透过。

T2航站楼是机场二期工程里的头号工程，社会各界的视察、考察、调研几乎都不间断，仅2014年就超过80多次。接待工作都由王淑芹负责。

平时，工地上随处可以听到王淑芹和工人们打招呼的声音。她和工人们很亲，大家都觉得她是一位贴心大姐，但凡遇到什么事，开心的还是不开心的都会找她说说。

一对来自四川的新婚夫妻，丈夫做架子工，妻子做杂工。项目上工人多，宿舍紧张，夫妻俩就只能各自住集体宿舍。王淑芹得知后，立即为他们安排了一间夫妻房。

王淑芹的这些事有很多，都不是啥大事，却在感动着项目组上上下下每一个人。马学辉说，中建三局就像一个大家庭，一个家庭总离不开“妈妈”一样的人，而王淑芹正是这样的人。

当9月的最后一抹晚霞照在T2航站楼的钢筋铁骨上时，最后一个节点宣告完成。

大家在兴奋中欢呼，每个人都笑得像花儿一样。

36

2014年5月2日，刚好是浙江东南网架股份有限公司在机场二期工程基地安营扎寨70天。

在T2航站楼西北指廊的北侧，气氛显得异常热烈。大红色的履带吊，巨人般伸着长长的钢骨手臂，老练而沉着，稳稳地架起了第一根重达6吨的乳白色钢梁。

现场，安全帽的不同颜色代表着不同的工作和职责：白色的是施工管理人员，红色的是施工安全人员，蓝色的是施工质量监理人员，黄色的则是建筑工人。

东南网架公司承建的是机场二期钢结构及金属屋面 T2SG-06 标段，总计 32 万平方米，用钢量约 3 万吨。因为交叉施工需要避让停过，按预计的 2015 年 12 月 31 日通航，东南网架公司的实际施工工期不足 100 天。

工期紧，难度大，标准高，这意味着此工程注定要在高规格、高效率、高质量的理念下完成。

东南网架公司工程部经理张桂法不敢有片刻松懈，连夜通知各有关部门，立即进入战斗状态。

东南网架公司各部门中层以及数百名工人，顶着料峭的早春寒风，陆续进驻到建设工地。3 月初，张桂法收拾好行囊，辞别年迈的父母，与妻子一起驱车赶往千余公里之外的郑州。

张桂法的妻子跟着来，可不是来享福的，更不是来观光游玩，而是来帮着下厨做饭的。南方人吃不惯中原的饭菜，张妻有一套拿手的厨艺，可以为工人们做可口的家乡饭菜，让大家吃得满意。

曙光初现，时针刚刚指向 5 点时，所有的工棚里就忙碌起来，伴随着人声沸扬，整个工地进入了工作状态。每天，他们都是这个时候起床，洗漱，吃饭，走向工地，一直忙到晚霞满天，才疲惫而归。

进入 7 月，西北指廊 1 区和东北指廊 1 区的钢结构和幕墙梁柱工程已按原计划完成，这对承建指廊区的单位来说，也是施工的首个高潮期。

7 月 14 日，下午 5 时许，一天里最闷热的暑气在一点点消散。西北指廊工地上，气氛明显与往常不同，乳白色的钢架丛林中，一个硕大的红色横幅尤为醒目——“热烈祝贺郑州新郑国际机场 T2 航站楼 T2SG-06 标段 TS2-1 区网架顺利提升”。现场，在 1000 多双眼睛庄严又激动的注视下，在 15 个高达 28 米的三肢钢构提升支架的支撑下，液压提升机正缓缓地一次性提升 7000 平方米、重约 700 吨的网架。

为了这一天，这一刻，东南网架公司上上下下，不知熬过了多少不眠之夜。

这次提升，是根据工程结构特点和实际施工条件决定的。在主楼部分，采用了计算机控制液压累积提升施工工艺，通过计算机模拟仿真分析、计算机控制液压千斤顶提升，从而实现了一次性提升 3 个单元、128 个提升点、累计近 7.9 万平方米网架，提升高度近 25 米，并使之到位后无缝对接。

这既是一次大胆、科学的尝试，又是一次对新材料、新技术、新设备的应用，尤其对如此大面积的网架提升，在国内外均属罕见。

从资金保障到材料采购，从加工制作到现场安装，从公司管理决策到现场全面执行，从质量安全把控到施工进度保证，每一个环节都不能马虎。

为了保工期，东南网架公司所有工人没有节假日，不分晴雨，不分昼夜，全天候作业。进入关键时段，从工地到食堂来回一个小时的时间都舍不得浪费，让炊事员把饭菜送到工地上；吃饭也变得马马虎虎，很多时候仅仅是榨菜、馒头和矿泉水。

东南网架公司有位工人叫孙建，是位“70 后”，皮肤黝黑，双手粗糙，看起来比实际年龄要苍老很多——这是风餐露宿、风吹日晒加上劳心费神的结果。他是安全生产监督员，常年戴着警示安全的红色安全帽。在他看来，自己身上系着无数人的身家性命。

孙建敦厚稳重，做安全生产工作近 20 年，经历的大小事故不计其数，养成了老成持重、踏实沉稳的做事风格。

东南网架公司承接的工程，大多是高空作业，最高的达 40 多米。最多时候，高空作业的工人有 1600 多名。大伙都很年轻，每个人背后都有一个家庭，每个人都是父母的心头肉，每个人都是妻儿老小的顶梁柱。倘若不小心，或者因为无知，造成安全事故，轻者经受皮肉之苦，重者留下终身残疾，更有甚者失去生命，都会造成无法补救的损失。

正是因为如此，孙建时时刻刻都绷紧安全这根弦，对安全隐患绝不大意。

因为东南网架公司对安全生产教育与防范抓得好，因为有孙建这样负责任的安全监督员的尽心尽力，工程最终实现安全“零事故”，工人们可以高高兴兴如愿回家——这不仅是每个外出务工者的心愿，也是安全监督员的心愿。

在施工期间，孙建回过两次家，一次是女儿考上了大学，一次是为母亲奔丧。得知母亲突然病危，正赶上提升1区进入关键的提升期，孙建无法立刻抽身离开。等到他安排好工作，踏上返程的路，母亲最终没有等到她日夜思念的儿子，永远地闭上了双眼。

在机场二期建设中，高峰期就达到10余万人次。像孙建这样的故事，又何止他一人。

中国建筑第五工程局有限公司有一位四川工人刘斌，30多岁。2015年11月，父亲不幸去世。为了不影响工程，他都未请假为父亲送行，只是抹了一把眼泪，朝西南方向拱手作揖喊道：“老爷子哟，原谅娃儿不孝，为了工地施工，就不回家给您老人家送终喽，竣工后回去再给您多烧些纸钱……”

郑州机场二期工程，似乎成为年轻人推迟婚期、“爽约”、免去蜜月的借口和理由。

如空军空防第六工程处第二施工大队的张宇航，在飞行区工程项目中，主要负责工程预算、现场施工。因为工程大、工期紧，婚期一拖再拖，直到2015年5月，才匆匆回家举行了婚礼。新婚燕尔，他在家只待了一个星期就返回了工地。

在中国建筑第五工程局有限公司也有这样一位小伙，他叫王恒，结婚3天就返回了工地。

天若有情天亦老，月如无爱月长缺。战斗在机场二期工程工地的建设者们，是流汗不流泪的铮铮汉子、巾帼女杰，是志在四方的好儿女。他们为了国家建设，为了梦想与信念，抛家离乡，别离亲人，在平凡的岗位上默默地奉献着自己的一腔热血。

37 在众多同行的激烈竞标中，深圳市三鑫幕墙工程有限公司脱颖而出，于 2014 年 5 月底，中标郑州机场二期工程 T2 航站楼幕墙施工 T2SG–08 标段。

三鑫幕墙的施工地域不仅覆盖全国，还远涉东南亚、西亚、中东、欧美等国家及地区。

36 岁的一级建造工程师刘洪志，是三鑫幕墙此次中标工程的项目经理。

领命后，刘洪志即对本次工程合同做了详细研究。工程计划工期为 240 天：开工日期为 2014 年 5 月 1 日，竣工日期：2014 年 12 月 31 日。

工程规模、体量如此之大，时间又如此紧迫，绝对是一场硬仗。

于是，刘洪志结合工程施工的特点和时间要求，针对幕墙的装饰，在劳动力的配置上进行严格把控和规定：身体健康、45 周岁以下，无心脏病、高血压、恐高症；通过安全教育培训考试；经过专门技术培训、经考核合格，技术过硬，施工熟练。

这要求可谓十分苛刻。但没有办法，幕墙施工全是高空作业，而这次加上任务重、时间紧，过硬的技术工人是按期交工的保障。

仅加工制作的劳动力就分好多种，电工、起重工、机修工、喷涂工、焊工、下料工、组框工、打胶工、运输工、包装工、普工等。三鑫幕墙仅在机场二期工程的加工厂，就投入各类技工 160 多人。

现场施工技术人员工种也很多，电工、测量工、吊装工、运输工、安装工、幕墙工、注胶工、电焊工、架子工等，施工高峰期作业人员 530 人。

幕墙施工不同于其他工程，所需工具大到汽车吊、运输车，小到电焊、钻头，算下来接近 60 种之多，不同设备工具总数量多达 350 台。

刘洪志清楚，现代幕墙装修中，所面对的都是新型材料，设备工具尤为重要，缺任何一样都会无法施工。对此，刘洪志均作了周密安排。不仅必须配备到位，还得做好备用。

T2 航站楼的建筑造型非常新颖，结构体系比较复杂。尤其是主楼，从来自两侧指廊的曲面向中央汇聚，整体立面呈内倾趋势，平面为弧面，这就给测量放线施工定位增加了难度。工程大面框架式玻璃幕墙的分格尺寸是一个变化值，这也是一个不小的难度。而在与屋面相交处使用的又是异型玻璃，玻璃分格的种类增多，又给加工带来了很大难度。

在幕墙施工过程中，最怕的是天气的突变。如大风、雷电天气。公司原本规定，通常情况下，风力超过4级时不进行测量放线作业，风力超过5级时不进行吊装作业，风力超过7级时不进行幕墙外业工作；如遇高温、雷电、暴雨、大风等恶劣天气时，幕墙将停止室外所有施工。因为风力会影响测量放线的精准度，高温、雷电、暴雨、大风等天气，有安全隐患，甚至威胁工人生命。但这次却打破常规，无论遇到何种天气，都不得停工。但无论任何时候，工人的人身安全都是第一位的。如此，加强、加大投入避高温、避雷电、避暴雨、避大风的防护措施就成了大事。

在刘洪志看来，外部环境的困难相对好解决，最难解决也是最费时间的是施工中一些技术难点。

我们今天看到的T2航站楼，幕墙的外观造型效果，堪称世界机场建筑艺术中的杰作。刘洪志说，这都是利用高科技手段模拟出来的。如主楼、港湾及指廊的弧面造型，其中部分立面的内倾角只有6°—7°。即使无风的正常天气，测量放线施工定位的难度都很大。再就是幕墙种类多、标高不同，这就使幕墙测量控点位大量增加，不仅增加了工作量，还增加了测量放线的定位难度，这也成了施工的最大障碍。

为了达到设计方案的外观艺术效果，三鑫幕墙根据郑州机场提供的起始点，建立了首级平面控制网，在首级控制网上进行控制点的二、三级加密，高程采用四等水准布控。将实测钢结构与幕墙结点的三维坐标，提供给设计，从中提取结构特征点的三维坐标，利用各级测量控制点用全站仪将三维坐标放到设计位置，以供施工使用。

对于首级平面控制网，控制点的二、三级加密，高程，四等水准布控，还有三维坐标等这些概念术语，让我们这些外行人听起来是那么陌生，但这是现代设计中高科技的应用。正是这些高科技手段的应用，从而使三鑫幕墙保证测量和施工的精度，达到了要求的目标。

刘洪志说，高科技的应用，也极大地提高了施工效率。

在质量管理上，刘洪志和项目部的管理人员一起对现场质量问题严格把关。即便这样，难免偶尔会出现一些瑕疵。有一次，专家及河南省领导对二期工程进行督查巡视。巡视中，有人提到一句："有一条铝板胶缝宽窄不齐。"刘洪志对此深感羞愧。事后，刘洪志立即组织熟练技工连夜进行整改，将已安装完成的铝板全部拆除，重新放线测量、安装铝板、打胶清理。

自此，三鑫幕墙再没有出现过纰漏。

2014 年 12 月 31 日，T2 航站楼幕墙装修项目工程完美收官。

38

2014 年 12 月 26 日上午 10 时，郑州机场二期工程副指挥长刘光明郑重宣布，上海宝冶集团公司郑州机场二期 GTC 钢结构工程项目正式开工。

一开工，上海宝冶就面临着不少困难：根据 GTC 的建筑设计，其网架结构必须为双曲面造型，这就给施工增加了难度；再就是球节点的安装精度要求也十分高。面对困难，项目总经理王轶和他的团队专门制定了一套具有针对性的施工方案，即《网架结构安装专项方案》，经专家论证可以实施。这样首先保证了工程的顺利进展。

在网架施工过程中，因需构件数量多，上海宝冶就提前安排了 3 个加工基地来保证现场构件的供应，其中网架结构加工投入 6 条生产线，次结构加工投入 4 条生产线，金属屋面型材构件加工投入 2 条生产线。在施工高峰期，项目组投入 12 台吊机、3 台叉车、1 套直立锁边板成型机来保证现场的有序施工。

因为前期充分的准备，项目施工非常顺利，但随后机场二期指挥部给他们定了前两个节点：一个是 2015 年 2 月 18 日"Ⅰ、Ⅱ区网架结构封顶"；另一个是 3 月 10 日"Ⅰ、Ⅱ区金属屋面闭水"。对这两个节点，指挥部并不是看他们施工速度快才这样要求的，而是事关 GTC 整体施工大局。

面对新的要求，王轶感到了巨大的压力。这时的整个建筑工地，来自全国的近 100 家的建筑单位在中建三局的倡导下都打出了“为荣誉而战，为尊严而战”的口号，几乎都是 24 小时施工、节假日不停工的状态。王轶想，要想顺利完成这两个节点，一要增加人手，二要增加施工时间。

2015 年 2 月 18 日，正是农历大年三十，施工人员谁都不愿意赶在除夕这天干活，想提前完成。于是，大家齐心协力，日夜奋战，“Ⅰ、Ⅱ区网架结构封顶”的工期节点，提前 3 天完成。随后，另一个“Ⅰ、Ⅱ区金属屋面闭水”节点，也于 3 月 5 日提前 5 天完成。为整个工程赢取了宝贵时间。

上海宝冶的员工们刚松了一口气，大家都想，这下终于可以按部就班向前推进工期了，谁承想，新的命令却又下达了。

2015 年 6 月 9 日晚，指挥部领导把王轶叫过去谈话。指挥部根据整个机场二期的施工大局做出各标段工期调整的决定，要求上海宝冶项目部在 6 月 30 日前完成Ⅲ区网架结构封顶。

王轶回到项目部，连夜召开会议，对抢工措施进行具体部署——

6 月 11 日中午，新增的 90 名作业工人，5 台 12 吨汽车吊、4 台 16 吨汽车吊，90 余吨施工材料全部到位。同时，从当天下午开始，恢复 24 小时不间断施工。同时，上海宝冶还成立了“党员突击队”“青年突击队”，并制定了风雨无阻的日计划。

2015 年 6 月 28 日，随着一声哨响，最后一钩网架安装到位。Ⅲ区网架与土建结构同时封顶，用时 18 天。

5 个月时间，王轶磨坏了 3 双鞋子。每天晚上加班回到现场宿舍，疲劳的他总是一沾着枕头就入睡。高强度高负荷的工作和工期压力使他变得又黑又瘦。

随着 2015 年 6 月 30 日这个钢结构全部封顶节点日的到来，中国建筑第五工程局有限公司承建的 GTCSG—02 标段（GTC 工程）项目工程也相继完成。

提起中建五局的施工过程，项目总经理余海十分感慨。他说，他们公司是在2013年12月份进驻机场二期GTC工地的。从一开始，指挥部就给他们制定了2014年的“5·31”“9·30”“12·31”三个重要节点。

他还说，在他的建筑生涯里，第一次遇到如此复杂的施工环境，复杂得就像处在“十面埋伏”之中。

GTC工程外部牵涉与城铁、地铁、陆侧高架桥、T2航站楼、室外管网等工程的交叉施工，内部牵涉钢结构、幕墙、暖通、消防等专业的交叉施工。施工过程中的场地管理、交通管理、施工设备管理、安全防护管理、交叉部位的施工流程和工序穿插管理，都面临极大的困难。特别是GTC换乘东区、地铁城铁附属结构工程，从开始就处在交叉施工的“十面埋伏”之下，场地狭小，道路不畅，塔吊设备不易安装，困难重重。

很多时候，公司项目部不得不与其他单位错开施工时间，等别人下班了他们再“加班”；再就是充分借用晚上，其他单位塔吊等设备空闲的时候再作业，集中工人抢工。就这样，他们在“十面埋伏”之中完成了一个个施工节点。

科技就是生产力。中建五局项目部就是以创新技术、创新工艺来提高劳动效率的。如在GTC换乘西区，需要10根大截面大跨度预应力转换梁，截面为1.2米×4.5米，跨度达42米。如果沿用传统的“钢筋绑扎”“模板加固”“混凝土浇筑”法就很难如期完成。于是，他们研究出了新型的转换梁施工法：利用工字钢支撑及内循环DN25的波铁皮波纹降温技术。这种技术就克服了钢筋绑扎难度大、模板加固难度大、大体积混凝土降温难度大等一系列技术难题，还破解了将转换梁一次性浇筑成型的难题，而且30天就将转换梁全部完成，工期比传统工艺缩短了20天。

尽管当时城铁、地铁施工工期滞后，给GTC工程整个工期造成了巨大压力，但为保证GTC结构6月30日前全面封顶，中建五局项目部与劳务单位签订了责任状，制定了节点计划，并建立了节点奖惩机制。6月下旬，尽管天公不作美，但也没有阻止加班加点施工，而且还创造了3天完成了1.5万平方米钢结构的奇迹。

39 在飞行区，北京中航空港工程公司中标的工程项目是 FXQSG-05 标段，2014 年 7 月 11 日正式启动。

时间紧，任务重，是整个机场二期工程面临的形势，中航空港也不例外。

项目总经理刘胜想：如果光靠现有设备、技术及人工，是很难如期竣工的。他有一个大胆的设想：采用水泥混凝土滑膜摊铺新技术。即使用滑膜摊铺机，通过一个软件程序完成，可以节约大量作业时间和施工成本，而且滑膜摊铺行走平稳，摊铺速度快，平整度好，混凝土内部粗细骨料镶嵌均匀密实、表面浮浆较薄，能大大提高混凝土的强度、耐久性等性能，还能够解决施工过程中因人为造成的质量问题，增强工程实体的观感。

这项技术来源于德国，和传统的水泥结构不同，多用于机场。理论上讲，这是一项很完美的技术，但国内一家企业在引进时由于对技术的掌握程度不够，成为业内失败的典型案例。也就是说，国内尚无成功的先例。

刘胜对滑膜摊铺技术做过认真研究，总结过那家公司失败的经验。他相信，只要把控好工程施工中的每个环节，做成功并不难。可万一失败了呢？非但延误工期，对机场方面无法交代，还会给中航空港带来很大的经济损失。

当刘胜把这个想法反映到公司后，领导笑着说："你怕了？中航空港有怕的事情吗？"

领导拍拍他的肩膀说："你敢提出这个方案，就说明你相信自己。创新和尝试都会有风险，但比风险更可怕的是缺少勇气。我们不怕失败，我们要敢于成为第一个吃螃蟹的人。"

领导的信任与表态，是对刘胜最大的支持。

采用新技术，机场二期工程指挥部的领导有些担心，但态度很明确：我们只要结果，工期到，就要完工，不问过程。

指挥部还明确表示，你们可以在工程上创新，可以推出新技术，但出了问题你们自己承担，我们不会再增加成本，你们也不能拖延工期，不管你们采用什么技术，我们都希望你们成功，按期交工。

这也算是指挥部对新技术的承认和认可。说到底，指挥部不反对他们采用新技术，就是一份难得的信任。

在机器设备进入机场的那个时候，刘胜和主要工地负责人时刻守候在这个庞然大物周围，检测、调试，每一组数据刘胜和他的团队都记录在案，比妇女绣花都认真，真是细致入微、一丝不苟。

当机器顺利地运转起来时，看着那些质量过硬、实体观感效果特别好的地面在一步步迅速伸向远处时，刘胜笑了，大家都笑了。

中航空港有一项工程是机场附近的机坪建设，处在机场跑道与停机坪的连接处，因施工单位多，处处要搞好衔接，许多时候只能等别人做完了活，才能见缝插针地进去“抢活”。

河南省交通厅主要领导到工地视察工作时，向刘胜提出了新的要求：将原定的 50 天工期，缩短到 30 天。刘胜知道，这没有讨价还价的余地。

工程部的所有员工都傻了眼，有人质问：50 天就很艰难了，变成 30 天根本不可能，除非刘胜有神灵相助。

刘胜知道自己有“神灵”，这个“神灵”就是自己带领的团队。他清楚这个团队的爆发力有多强。刘胜把工程部的所有员工集合在一起，员工们给了他毫不含糊的回答，齐声呐喊：“保证完成任务！”

刘胜很清醒，在这个非常时期，只能通过增加作业面、增加施工机具、增加人力来弥补。在工程最紧急的那几天，员工每天平均休息时间不到 4 个小时，施工区域分了 3 个班组，每个班组每天工作 20 小时以上，往往只能休息两三个小时便又要接着干。有时候疲惫得眼睛都睁不开了，大家都坚守着，没有一个人退缩，没有一个人抱怨。

就这样，刘胜带着他的团队，29 天就完成了工程。当最后一车混凝土倒下的时候，参与工程建设的所有员工都兴奋得流下了热泪，他们疯狂地大叫着，把刘胜抛在空中，落下，再次抛起……

工期结束时候，河南省交通厅领导亲自到现场为中航空港项目部道贺，由衷地表扬大家：真是难以相信，中航空港创造了一个奇迹。

40

2015年1月10日，上午刚上班，中国有色金属工业第六冶金建设有限公司总经理吴志刚就接到郑州机场二期工程建设指挥部的电话，通知他“六冶”中标了，并明确要求“1月12日必须保证准时开工”。

吴志刚还没来得及说话，电话里又传来严肃的声音：综合管廊前端1634米主体工程必须在3月25日之前准时完成，地下雨水箱涵981米必须在5月31日前按时竣工。

态度之坚决，语气之强硬，没有丝毫商量的余地。吴志刚很清楚，这肯定是一场与时间赛跑的“硬仗”，更没有一点退路。他果断地答复：保证按时完成任务。

50多岁的吴志刚是宁波人，但他身上没有一点江浙沪男人的秀弱，反而充满中原汉子的豪气与硬朗。

吴志刚稍作思考，就打电话给樊孟曾，这个任务非他莫属。樊孟曾是公司的一位老将，能打能拼，再繁重再紧迫的任务，只要交给他，就没有攻不下的。

1月12日，隆重激昂的“开工典礼”一结束，6台挖掘机，20辆运土车，300余名员工投入大会战，地下综合管廊工程YGK0+032至K0+992段准时破土动工。

六冶所承建的这段管廊，高4米、宽4米、长1634米，相当于连接心脏和大脑的动脉血管。供水管道、电力缆线、通讯网络光缆都要容纳在这条大动脉里。主体工程必须在3月25日前完成。

如果这段管廊不能按时完成，必将会影响各种管线的铺设，制约后续工程的施工，还会影响到T2航站楼的调试，甚至会影响到机场二期能否按期投入运营。

因此，六冶从动工那一刻起，就像百米赛跑一样，没有缓冲，直接进入冲刺状态。

地下综合管廊，又称共同沟，纳入的管线有很多，像给水管、供热管、电力管线（含 110 千伏高压）、通信管线以及考虑预留的其他管位。综合管廊可以使管线不接触土壤和地下水，因此就避免了土壤对管线的腐蚀，从而能延长管线的使用寿命。同时给城市今后发展预留了宝贵的地下空间。新的管线铺设再不用开挖地面，既节约了资金又不阻碍地上交通通行，一举多得。

管廊施工分部经理梁兴锋接到任务后，迅速组织专业技术人员制订了开挖方案。

由于管廊分布在老生活区和老配套区，地下各类管网资料不是很完善，必须先采取人工开挖探沟，清理出管线的准确位置，再进行机械挖掘。

梁兴锋很清楚，线缆一根都不敢损坏，一旦挖断，老机场就瘫痪了，飞机就不能起飞降落了。

管廊基坑由于土质疏松，容易塌方，给施工带来不小的困难，一旦支护做不到位，就会给施工埋下安全隐患。

梁兴锋遇见了第一个技术难题：边坡支护。

项目经理部立即组织专业技术人员，制订详细的支护方案，邀请有关专家，对基坑支护方案的编制进行指导。通过对地质勘测报告、施工图设计以及当地的气候、水文、地质、土壤状况等因素进行综合分析研究，最终确定了边坡支护施工方案，并在最短的时间内通过了专家评审。

梁兴锋制定了“流水作业法”，将 1634 米的管廊工程分为 4 个工段，把各个工段、各个工序、各个专业班组编成程序，实行分段施工，流水作业。

随着工程的进展，作业区内的五条道路需要挖断。这会直接影响机场二期建设工地上大量物资运输和人员来往。

为了确保道路畅通，保证机场的材料运输，必须在沟槽开挖处建设保通桥。在最后的 45 天时间里，在 1634 米长的管廊沟槽上，六冶项目部还需要架设 5 座长 30 米、宽 5 米、承重 55 吨的钢桥。而且，在钢桥两端，还需设有专职疏导员，昼夜值班，指挥交通，使作业区内的道路保持通畅。

除夕之夜，工地上，食堂外，雪花飘飞；食堂内，热气腾腾。餐桌上，有大碗的酒，有大块的肉，虽显得粗笨、简陋，但大家开怀畅饮，不失豪放，添了一股梁山好汉的粗犷。

吴志刚专程从郑州赶过来，慰问在疆场上冲锋陷阵的这一帮将士，看望在工地上坚守的这一群好兄弟。

机场二期指挥部副指挥长刘光明也来看望大家，他看到餐桌上有酒，有肉，有饺子，会心地笑了。中原人过年，有这三样，就算齐全了。

姚文举和杨军伟的家就在郑州，但他们没有回去跟爱人、孩子一起过年。梁兴锋的家就在港区，可他坚守在工地上过年，没有回去跟父母团聚。六冶300多名参战人员都没有回家过年，他也不能搞特殊。大家的心里拥有一个共同的信念——使命在身。

除夕之夜，整个二期机场如往常一样，工地上如火如荼。建设者们没有看到精彩的春晚，没有和亲人们团聚，陪伴他们的，只有工地上彻夜不息的灯光和机器的轰鸣声。

大年初一，六冶的300多名施工人员和管理人员打破了“新年不干活”这一传统，按时出现在工地上。

机场二期建设指挥部常务副指挥长李和平来到工地上，给所有坚守在一线的施工人员拜年，还给大家发了红包。

正月初六，是2月24日，距3月25日正好30天。

时间，真像是一道紧箍咒，紧紧箍在每个项目部经理的头上。

3月24日夜晚，工地上灯火明亮，1634米的管廊主体工程，只剩下最后6米了。

当最后一罐混凝土泥浆运来，浇筑班长赵治文亲自操作振动机械，随着一阵轰响，最后6米管廊主体浇筑成功。

梁兴锋看一下时间，正是3月24日深夜的11时40分。管廊主体工程提前了一天。这一刻，大家没有欢呼雀跃，而是东倒西歪地坐在地上，疲惫得进入了睡梦……

41

2014年10月，凭借专业技术优势，平煤神马建工集团郑州分公司（简称“平煤神马”）战胜众多竞争对手，成功中标新郑国际机场二期扩建塔台建设工程。

塔台是河南安阳籍、内心盛满故乡情怀的建筑设计大师王振军的设计方案。如何把这一承载中原文化的设想构筑在航空港这片热土上，最终这把“钥匙”落到了平煤神马建设者的手中。

塔台是新郑国际机场的重要标志性建筑，被誉为“机场的眼睛”，位于场地南侧，地下1层，地上21层，建筑高度93.5米，由塔台明室、检修环、设备层、气象观测室等组成。用于为新郑国际机场提供空中交通管制、航行情报、导航、气象信息等服务。

塔台外立面为空间异形双曲面结构，结构形式为钢筋混凝土核心筒—钢架结构，平面为不规则类椭圆形状，并随高度不断变化，且外墙采用清水混凝土饰面，工艺要求非常苛刻。

因为设计造型独特，工艺处理技术难度高，结构形式错综复杂，且为高耸异形结构，所以高空作业面积极其狭小，人力设备发挥作用十分困难，利用效率极低，重叠交叉作业多，存在严重的安全风险。正因如此，塔台被业内专家称作“百年一遇”的工程。

尽管困难重重，但机场二期指挥部的要求丝毫没有放松，明确提出该工程要确保“中州杯”，争创“鲁班奖”，而且工期最多为11个月。参照国内其他机场塔台建设，类似工程建设工期至少要一年半。

要确保塔台项目如期按要求竣工，需要一个具有大局意识、全盘掌控、协调能力强的人，需要一个具有创新意识、敢于突破的人，需要一个具有成熟经验、遇事不急不躁的人。平煤神马领导经过深思熟虑之后，把目光一同聚焦到一个人——魏中洲身上。

2014年10月，魏中洲带领他的团队，义无反顾地踏上了艰难而又荣耀的征程。

“笛塔”造型为全国首例，无成熟经验可以借鉴，这也是平煤神马成立以来中标的难度最高的工程。面对这块难啃的硬骨头，魏中洲和项目部一班人集思广益，明确提出了“向科学要管理、向标准要质量、向创新要技术、向规范要安全”的工作思路。

平煤神马率先开发应用了在当下国内行业属领先水平的 BIM 技术。这项技术，极大地提升了工作效率和放样精度，既保证了施工质量，又提高了作业效率，而且还可节约人工成本 30%。

饰面清水混凝土技术是建筑行业的一大难题，在业界被称为“混凝土材料中最高级的表达方式”，属于一次浇筑成型，不做任何外装饰，直接采用现浇混凝土的自然肌理作为饰面，要求表面平整光滑，色泽均匀，棱角分明，无碰损和污染，拆模后只在表面涂一层透明的保护剂即可。外观不仅显得天然、庄重，呈现的是一种本质的美感，体现的是“素面朝天”的朴实，而且十分环保节材。

魏中洲带领攻关小组，大胆创新，勇于攻关，反复地实验，经过数百次的试配及样板浇筑，最终研制成了符合设计标准的配合比方案，在该项目上创造了一大亮点。

平煤神马勤于总结，善于提炼，他们提出的“一种泵送清水混凝土”“一种异形空间曲线清水混凝土施工办法”“一种塔台核心筒提塔设备”等五项技术，全部通过查新，向国家专利局递交了发明专利和实用新型专利申请，并获批准。

平煤神马摸索出来的“空间曲面薄壳饰面清水混凝土在复杂结构中的施工方法”、“超百米轮盘式脚手架体系在塔台结构施工中的施工方法”和“滑框提模技术在核心筒施工中的施工方法”三项施工方法，已成功申报河南省建筑协会三级工法。

此外，魏中洲团队结合工程特点对使用的新技术、新工艺开展科技立项申报，其中有 8 项技术获得了平煤神马集团和建工集团的科技立项。

2015 年 7 月 16 日，历经 9 个月的拼搏和努力，塔台胜利封顶，而且工程实现了“质量零缺陷、安全零事故、施工快速度、廉政零违纪、环境零阻工”

的完美目标。

梦想的“笛塔”——一座回荡着8000年美妙音乐的宏伟“骨笛”，在蓝天白云映衬下，成为新郑国际机场二期工程的一大“靓”点，凝固成中原大地上独具地域、历史、文化特色的新地标。

“卢森堡航空730，郑州塔台，早上好，地面静风，修正海压1025，跑道12右，可以落地。”这是2016年1月7日凌晨4时45分，民航河南空管分局塔台管制员张宇按下话筒按钮，在郑州机场新塔台“笛塔”上发出的第一个管制指令。

这标志着河南空管分局新塔台正式启用，郑州新郑国际机场从此步入双跑道运行的新时代，河南空管发展进入新纪元。

上午8时35分，一架空客A319——首都航空JD5565次航班从杭州飞抵郑州，幸运地成为首个在新郑国际机场第二跑道降落的航班。

这天起，新郑国际机场的离港航班均在南跑道起飞，而到港航班均在北跑道落地。

2016年，平煤神马承建的空管塔台小区工程获得中国建筑行业工程质量最高奖——“鲁班奖”。这是全国众多塔台项目中第一个获得此奖的项目。

第八章

洲际通道

42 2000多年前，西汉的张骞出使西域。从此，筚路蓝缕的商人和使者，以骆驼为运输工具，在串串驼铃声中，开辟了一条连接亚欧的古丝绸之路。其时，东南沿海海上交通也日渐繁盛，从而开辟了连接东南亚的古代海上丝绸之路。

河南与古代海上丝绸之路沿途国家的贸易往来，至少可追溯到公元826年的唐朝时期。1998年，在印度尼西亚勿里洞岛的爪哇海域附近发现了一艘沉船，因沉船地点附近有一块黑色大礁岩，故被称为“黑石号”，也是迄今为止发现的最著名的海上丝绸之路沉船之一。

“黑石号”沉船装载着经由东南亚运往西亚、北非的中国货物，仅中国瓷器就达到67000多件。其中一件瓷碗上有“宝历二年七月十六日”的刻文，“宝历”为唐敬宗年号，所以此船被认定为是一艘前来中国进行贸易的阿拉伯帆船。这次打捞出水的文物，有金器、银器和铜镜，还有长沙窑、越窑、邢窑、巩县窑等瓷器。巩县窑的白色瓷器格外耀眼。巩县即现在的郑州巩义市。“黑石号”沉船的发现，不仅生动地展示了唐代海上丝绸之路的盛况，而且佐证了郑州在唐代海上丝绸之路上充当着不可或缺的角色，对海外贸易发挥着重要作用。

千年沧桑，历史轮回。

2013年7月18日，为了打开阻扼河南开放的“咽喉”，由河南省最早的国家级经济开发区——郑州经济技术开发区和河南省最大的现代物流企业——河南物资集团公司“强强联手”，联合组建郑州国际陆港开发建设有限公司（简称“郑州国际陆港公司”），作为郑欧班列的承运主体，正式开通“新丝绸之路”的洲际物流通道——郑欧班列。

火车的轰鸣声，替代了千年的驼铃。这在河南省铁路交通运输史上具有划时代的意义，标志着作为中国铁路心脏的郑州一跃成为新亚欧大陆桥经济走廊的重要枢纽。

郑欧班列是中欧班列中铁路货运的重要干线，是继重庆至德国杜伊斯堡站、成都至波兰罗兹站之后开启的又一条通往欧洲的快捷铁路，其全称是：郑欧国际铁路货运班列，车次编号为80601。

这列货车已经不是以前闷罐子货车了，不仅驾驶室有空调，就连集装箱内都能按要求进行冷藏。

当日零时，一辆内燃机火车头从郑州机务北段缓缓开出，沿着铁轨来到郑州莆田铁路集装箱中心站（简称“郑州铁路集散中心站”）。中心站内，一列载满了巨大蓝色集装箱的列车，像长龙一样早已静静地伫立在发车区等待牵引它的车头。悉数盘点，共有41节车厢，每一个集装箱的箱门上，都有郑州海关贴的白色封条，还有一个黑色的海关封锁，这是郑州海关工作人员几小时前刚刚做好的。

郑州铁路集散中心站位于郑州经济技术开发区内，北临陇海铁路线，南接经北四路，东临京港澳高速，西连107国道和石武高铁，周边有郑州航空港区、河南省综合保税中心、公路物流港等机构。站内配备有智能大门、集装箱自动识别系统、集装箱大型安检仪等国际一流的设备和管理系统，初期能力就可将现有郑州地区铁路集装箱办理能力提高3倍。

火车头悄悄地“吻”上车体，并很快就完成了挂靠衔接。上午10时56分，这列国际铁路货运专列，将承载着河南人的期望开往欧洲那片经济繁荣之地。

作为中部地区首条直达欧洲的铁路货运班列，郑欧班列从郑州铁路集散中心站始发，在新疆阿拉山口岸出境，这比传统铁路货运缩短20小时以上。出境后，沿途经过哈萨克斯坦、俄罗斯、白俄罗斯和波兰，最终到达德国汉堡，郑欧班列将6个国家串联在一起。此间，列车要历经2次转关、2次换轨；全程10214公里，运行时间在16—18天，这比海运节约运时20天左右，比空运节约资金近80%，每集装箱比公路运输可减少费用2000—3000元。

这天的上午9时左右，天空飘起了洋洋洒洒的雨丝。集散中心站内开始热闹起来，前来参加仪式的中外嘉宾纷纷进场。

10时15分，时任河南省省长谢伏瞻走进会场，与站在第一排的德国铁路辛可公司中国华中华北地区董事长卡尔·汉兹·安伯格，德国大陆玻璃公司总裁Ucrich Steffes夫妇热情握手，并用英语问好：“Nice to meet you！”

10时45分，谢伏瞻下达发车号令：“我宣布，郑州国际铁路货运班列开通！”

这一刻，犹如将士出征，列车在嘹亮的汽笛声中缓缓驶出中心站。

河南在机场货运蒸蒸日上的同时，国际货运专列的意义尤为深远：我们没有海运，依然可以跃进国际贸易的前沿。飞驰列车的轰鸣，宛如2000多年前丝绸之路上清脆的驼铃声，中原再一次成为西行经贸往来的源头——郑欧国际铁路物流大通道、中原经济区与沿线各国的“新亚欧大陆桥”正式贯通。

“参与其中，无比荣幸。”这是卡尔·汉兹·安伯格在仪式致辞时所表达的感受。这家有着丰富的国际货运物流操作经验，接盘境外段列车运行，以及到达欧洲以后的分拨与配送的公司，植根中国已经有30年的光景。

郑州经济开发区已经和5家货代公司签订委托协议，原来需要中转到天津、大连等地出港，眼下从郑州出港更加便捷。

首列班列到达欧洲后，河南有关部门会在当地进行宣传和推介，让沿途客商知道，有了这条亚欧物流通道，德国的先进制造企业产品要到中国内地来，便可搭乘这次专列，既能满载而去，也能满载而归。

对于河南来说，这条线路就是贯通了亚欧两个市场，打造了“集配运”（集结、配送、运输）一条线，为新亚欧大陆桥沿桥各国与中原经济区之间的区域合作建立了新桥梁，将形成对外开放竞争的新优势，还可能引起产业格局的变化。2013年上半年，河南省进出口总额243.7亿美元，比上年同期增长12.4%。进出口总额位居中西部的第一位。而欧盟是河南进出口的重要市场。2013年，河南对欧盟出口的总额仅次于美国。

在中国的经济区域版图上，郑州作为东、中、西三大经济带的接合区域，素有“中国铁路心脏”和“中国米字路口”之美誉。

郑州的东、南要承接长三角经济圈、珠三角经济圈产业转移；东、北将连接黄河三角洲经济圈、环渤海经济圈；西侧与西部省市接壤；周边有武汉及长株潭城市圈、合肥经济圈等。

今后，郑州在拥有铁路枢纽优势、公路枢纽优势的同时，努力打造航空货运枢纽优势，铁路、公路、航空共同发展，分工协作，1+1+1将形成一个综合立体的“3”。

2013年11月30日8时30分，郑欧班列第9趟开行。这次列车首次承接整柜拼箱、零散快件拼箱、零散大件拼箱等高附加值新业务，拓宽了更大的业务空间。从首次到第9次，郑欧班列运货总值达1.8亿元，货源分布半径达到1500公里以上，涵盖了珠三角、长三角、环渤海、东北老工业基地等经济圈。国内集货辐射河南、河北、天津、山东、山西、安徽、湖南、湖北、上海、江苏、江西、四川、浙江、广东、福建、北京等全国半数省、直辖市。短短4个月时间，就实现了从每月一班到每周一班常态化开行的历史性跨越。

12月3日17时开行的第10次班列，一改原先的出关口岸，另行经内蒙古二连浩特口岸出境。途经蒙古、俄罗斯等国，全程10399公里，这是一条中部、北部地区直达欧洲的陆上铁路货运大通道。班列将在白俄罗斯并轨，继续走波兰再抵达德国汉堡站。此次从二连浩特口岸过境，对促进两地外向型经济、实现跨越式发展起到积极作用，也标志着郑欧班列出境口岸多元化的目标已经实现。

12月11日，郑州市政府主办了"丝绸之路经济带"中欧物流通道建设国际交流会，齐聚亚欧大陆桥沿线八国（德国、俄罗斯、哈萨克斯坦、白俄罗斯、波兰、荷兰、比利时、蒙古）新"驼队"掌门、海关、铁路部门、客商、货代等，畅谈快通关、大物流，热炒大枢纽、大产业。

"中欧物流通道"也成为本次交流会上的最热词。之前，中欧班列只是这个通道上开往欧洲的货车，如今这个通道和货车已非同一般，其概念内涵已经悄然深入人心。

"按照'丝绸之路经济带'的构想，组织不同区域货源分三个方向，着力构建西、中、东三条中欧国际大通道。"中国铁路总公司总调度长余卓民如是诠释：一是西部通道，即我国中西部经阿拉山口口岸出境，经哈萨克斯坦、俄罗斯、白俄罗斯到达中欧地区的新丝绸之路国际集装箱大通道。二是中部通道，即我国华北地区经二连浩特出境，经蒙古、俄罗斯的西伯利亚通道、白俄罗斯到达中欧地区的国际集装箱大通道。三是东部通道，即我国东南部沿海地区经满洲里或绥芬河出境，经俄罗斯的西伯利亚通道、白俄罗斯到达中欧地区的国际集装箱大通道。

河南与丝绸之路有着两千多年的渊源，东端起点在河南，拥有郑州巩义石窟寺、汉魏洛阳故城等多处丝路古迹，郑欧国际铁路货运班列无疑会成为河南与各省及其他部门为"丝绸之路经济带"加强合作、携手发展的便捷桥梁。

郑州海关党组书记、关长郑汉龙说："丝绸之路经济带"的倡议决策已写入党的十八届三中全会决议，为加快我国内陆地区开放型经济发展提供了历史性机遇。推进内陆地区国际大通道建设，打造一条中原地区通往中亚、欧洲的快捷、安全、低成本的物流通道，对建设“丝绸之路经济带”至关重要。

中欧物流通道建设国际交流会通过的《“丝绸之路经济带”中欧物流通道建设国际交流会郑州倡议书》，相关各方就通关便利化、铁路通行便利化、业务多元化发展及区域间交流合作的开展等方面达成了共识。其间，来自亚欧八国的 108 家企业还向郑州国际陆港公司表达了委托运输的合作意向。

这次会议犹如一场“春风”，吹开了“丝绸之路经济带”沿途各国人们的心扉，而郑欧班列，也像雨露一样，滋润着沿线各国，并给他们带来福祉。

12 月 14 日 8 时 50 分，80601 次郑欧班列第十一班又出发了。这是它第一次运载来自中国机器人之乡安徽的高附加值工业机器人，“他们”将搭乘班列前往波兰马拉舍维奇，用于汽车组装、冲压、喷漆等作业。

12 月 15 日，从“丝绸之路经济带”中欧铁运物流有限公司传来喜讯，郑欧国际铁路货运班列在中国铁路总公司最新排定的班列班次号中，由原先的“80601 次”调整为“80001 次”，是全国各地发往欧洲货运班列中的“第一号”。班次号调整后，可享受中国境内行驶全程“绿灯”待遇，即班列从郑州铁路集散中心站发车后，不停靠、不让车，一站直达新疆阿拉山口口岸，运行时间由原先的 89 小时缩短至 63 小时，给客户节省了 26 小时的物流时间，全程运行时间缩短了 1 天还多。

缩短 1 天意味着什么？有人说，缩短 1 天意味着省时、提速。在经济全球化的 21 世纪，缩短 1 天，其意义何止这些？

12 月 22 日，第 12 班列，创下了运行以来承载集装箱数的最高纪录——49 箱。

12 月 31 日，随着第 13 班的开行，郑欧班列 2013 年完美收官。

43 2014年7月18日，清晨6时30分，“东风号”车头的大灯刺破雾霭，郑欧班列郑州—汉堡第43班列缓缓开动。郑州铁路集散中心站的外勤员王君，像往常一样，对列车上的工友挥手致意：“回头见。”

王君猛然想起，今天，是郑欧班列的一周岁生日。一年了，也许早已习惯看着它一次次开出的背影。

没有仪式、没有送别，只有龙门架来回滑动的抓货声和铿锵前行的列车声。老牌的东风车头，拉着来自各地的货箱，像一条长龙朝着远方驰骋。

这次郑欧班列，承载着46节集中箱货物，不仅有当季的高档棉纺品、服装、鞋帽等时尚品，还有机电仪表、工业模具、液晶显示屏、LED灯、工业智能机器人等在异域走俏的“高精尖”商品。这些“高精尖”商品已成为郑欧班列的稳定货源；再次搭载了两辆整车——北京制造的华泰汽车，它们还准备在8月份举行的2014莫斯科国际汽车沙龙上一展芳容。

持续运载整车，是在流程和运载方式上“练手”，是在为郑欧班列成为汽车整车进口口岸运载工具积累经验。这方面，已经吸引了汽车品牌商开始咨询运载业务。

郑欧班列的货源早已告别了单一、零散的特点，除了稳定、高附加值的货物，国内保税区、日本、韩国等国家过境货物渐渐成为新的货源。特别是韩国的货物，通过韩国的大韩航空货运公司从仁川枢纽机场可直飞郑州新郑国际机场，然后通过郑欧班列抵达德国汉堡及沿途国家。郑欧班列已实现与航空港之间的无缝对接。国务院副总理马凯曾在《郑州航空港经济综合实验区规划（2013—2025）》报告里添的那个“港”字，至此，已真正体现出内陆港的意义。因为，无论是过境还是保税中转货物在航空港实验区都有了很大的提升。

在郑欧班列开通运营一周年之际，郑州海关发布了郑欧班列开行一年来的成绩单：运营37个班列，共运输3304个标准集装箱，贸易额2.16亿美元，货运量达2.42万吨，商品种类1000多个。至此，仅2014年，郑欧班列已开行24个班次，运载量位居国内开行的中欧班列之首。

2011年10月，重庆开出第一列国际货运班列“渝新欧”（重庆—新疆—德国杜伊斯堡），随后“汉新欧”（武汉—新疆—德国杜伊斯堡）、“蓉新欧”（成都—新疆—波兰罗兹）陆续开行。时隔近两年，郑欧班列才“姗姗来迟”。然而，这个“姗姗来迟”者，却后来居上，其综合实力已渐渐显露出队列中首位的态势。

2014年上半年，从过货量最大的阿拉山口口岸开往欧洲的班列有郑欧班列、渝新欧、蓉新欧和汉新欧等，共计开行的66列中欧班列中，21列为郑欧班列，占比达31.8%；在货物的重量上，郑欧班列运输的货物超过了过关班列总重量的40%。而且，郑欧班列的货物中，高附加值的货物比重越来越大。2014年通过阿拉山口口岸出境的中欧班列中，郑欧班列的货值占三成以上。

渝新欧在开通班列两年多后才实现回程货的零突破，蓉新欧班列目前仍在筹备开通回程班列的事项，而郑欧班列仅用半年就做到了。

2014年2月，首趟回程班列从德国汉堡经二连浩特返回郑州，实现了往返双向贯通。

郑欧班列开行之初，省内货物占70%左右；不到一年，省外货物已超过70%。

2014年5月份和6月份，郑欧班列两次单列货值超千万美元，最高的一列货值达1341万美元，而首班班列的货值仅相当于其1/9。开行一年，郑欧班列运送的像汽车配件、液晶显示屏、卫星接收器等这样的高附加值货物比例已达到60%以上。换句话说，班列集装箱内的货物越来越值钱了。

2014年5月21日，郑欧班列首次承运世界500强公司美国微软的电子产品。

6月24日，从郑州传出喜讯，2014年以来，郑欧班列班数、货重、货值均位列全国第一，综合影响力位居国内亚欧班列首位。

班列的“名声”越来越大。一些跨国公司如联合包裹、德国敦豪航空货运公司（DHL）、德国辛克、韩国三星等，在每班班列上均有包舱。

2013年7月19日郑欧班列开通仪式

王铮／摄

繁忙的货运

排队等待入关的货运车辆 | 马国梁 / 摄

下一步，郑欧班列还将逐步开拓韩国、日本以及东南亚各国的经贸业务，致力于打造国际货运区域集装箱过境中转中心，通过多式联运，实现沿海港口服务功能内移，实现线路、货源、出境口岸的多元化目标。

7月2日，郑州市申请的全国首家依托陆港设立的整车进口口岸获批——这是郑欧班列的辐射影响力带来的结果。郑州汽车整车进口口岸开通之后，消费者能够买到更加优惠的宝马、大众等进口车，不少世界名车可以从欧洲直接进入郑州市场，这必然会从根本上触动郑州整个汽车行业的发展。

7月11日，郑欧班列迎来一个新乘客——由郑州海马制造的M3款汽车，它将乘坐郑欧班列直接到达欧亚大陆桥另一头的比利时。这也是郑欧班列首次承运整车。

郑欧班列在成为郑州经济联通世界的重要桥梁的同时，也为沿途国家和地区带来了难得的历史发展机遇。

在德国汉堡货运口岸，每周来自郑州的换装货箱增至近百个。德国辛克公司中国华中华北地区董事长卡尔·汉兹·安伯格为郑欧班列一年稳定运营点赞，郑欧班列以创新集货模式以及集货高效为核心竞争力，使河南成为中国与欧洲贸易的火车头。

郑欧班列，像“丝绸之路经济带”上的一个跷跷板，两头“撬”起的是巨大的辐射圈。

东方这一头，揽货能力覆盖以郑州为中心，方圆1000公里核心区、7.9亿人口，方圆2000公里辐射区、12.3亿人口的货源地域，日、韩等亚太国家的带动区；国内集疏网络覆盖河南、河北、天津、山东、安徽、湖南、湖北、山西、四川、上海、江苏、江西、浙江、广东、福建、北京等20多个省、直辖市，已形成稳定的珠三角、长三角、环渤海经济圈基础货源地。

西方那一头，以目的站汉堡为中心，可以覆盖到除德国汉堡以外，如法兰克福、杜伊斯堡、汉诺威、慕尼黑、莱比锡、纽伦堡、斯图加特，以及马拉舍维奇、罗兹、华沙、鹿特丹、莫斯科、克莱佩达、维也纳、布达佩斯、布鲁塞尔、阿姆斯特丹、布拉格、伦敦、巴黎等欧洲14个国家的36个城市。

郑州独特的区位优势，吸引了日本、韩国等境外的客户。他们的货物，如果走传统海运到汉堡，需要45天时间，而以船运至连云港等港口，再运抵郑州，搭乘郑欧班列，行程不到20天。货运周期缩短25天——这在商业运营中意义非凡，所带来的经济效益也非常明显，仅资金回收提前就收益颇大。

在2014年，郑欧班列如期实现开行100列的计划，实现了从二连浩特出境口岸的常态化往返开行，打通了中亚专线。郑州国际陆港公司已在德国法兰克福设立了第一个境外分公司，并正在筹备设立波兰分公司；在国内主要货源地也将逐渐设立分公司，目标就是要将郑州国际陆港打造成国际货物集散枢纽的核心区。

2014年5月10日，习近平总书记视察了郑州国际陆港铁路集装箱中心站。上午10时许，习近平总书记来到这里。宏阔的中心站广场，一节节集装箱整齐地排列着。站台上，已经满载窗帘、服装、设备配件、转关电脑等货物，重645吨、货值1450万美元的郑欧班列已整装待发德国汉堡。

总书记亲切地与郑欧国际货运班列机组人员和工作人员一一握手问好，并连发四问——“班列前景怎么样？在国际货运中会占到什么比例？比例会扩大到多少？本省货占多少？”详细了解郑欧班列的运行情况和物流状态。

听说从当天起，郑欧班列开始实现每周两班常态化开行，集货范围已从国内覆盖至国外，目前已成功开行28班，累计承运货物18469.11吨，货值1.1143亿美元，服务企业超过300家，承运商品种类1000多个。

总书记高兴地询问：有河南省委、省政府打造国际陆港、空港、国际货运枢纽地位的大战略、大格局，有这个美好前景以后，河南对产业的吸引力明显增强了吧？

“是啊，5月5日，全国各地268家手机企业、300多名客商前来参加郑州航空港经济综合实验区智能终端专题对接活动，他们都认为河南区位、交通、物流、人力资源等优势明显，发展潜力巨大。”时任河南省委书记郭庚茂介绍说。

河南对郑州的规划是：按照铁路港、公路港、空港、“无水”港“四港一体”、多式联运的发展理念，着力打造国家铁路一类口岸、多式联运服务中心、中欧班列货运中心、智慧物流信息中心，更多的“中国制造”源源不断地从全国各地集结郑州再向世界各地出发。

2014 年 11 月 18 日凌晨，两辆路虎揽胜越野车，搭乘郑欧班列抵达郑州。这是首趟原装进口汽车整车回程班列。从此，告别了进口整车通过海运转运进入河南市场的历史。同时，也将启动郑州汽车整车进口口岸获批后的首次运营。这不仅平衡了班列的来回运营，更重要的是它能拉低进口车的价格，让百姓受益，而且还能促进中欧之间的贸易往来。

44

《东方今报》记者梁新慧曾写过一篇《在欧企的日子总听人夸郑欧班列》的文章，写了他的一些见闻和感想——

2015 年 2 月 3 日夜晚，梁新慧在德国的直辖市汉堡，见到一位叫琳娜的德国女孩穿着一件红色的羽绒服，羽绒服上的标志是“Made in China”（中国制造）。攀谈中，琳娜说羽绒服是从德国一家商场买的，不到 200 欧元。琳娜认为中国衣服很漂亮，她穿着感觉很开心。

琳娜还告诉梁新慧，以前在德国看到的中国商品并不多，这些年随着两国贸易交流的日趋活跃，中国制造的产品开始走进德国人的家庭，中国的衣服也越来越多地出口到德国，质量不错，价格也不贵。

聊到郑欧班列，琳娜说汉堡人对它一点都不陌生。2013 年郑欧班列开通时，汉堡市多家媒体都对此进行了广泛报道，虽然不能说家喻户晓，但知道的人真不少。而她穿的那件羽绒服，恰恰就是通过郑欧班列运抵汉堡的。

汉堡和中国一样，有多家知名的物流公司，如爱马仕（Hermes）、赫尔曼（Hellmann）、敦豪（DHL），都和郑州国际陆港公司有很好的合作关系，包括衣服、日用品、汽车配件、轮胎、窗帘等中国产品运抵汉堡后，这些物流公司将其分拨至整个德国和周边其他欧盟国家。

2015 年 2 月 4 日上午，梁新慧在德国汉堡市 ZELL 公司的货场，亲眼看着 8 辆路虎汽车被整箱打包放入集装箱。这些路虎汽车，是由汽车销售人员从德国慕尼黑运到汉堡，再搭乘郑欧班列抵达中国郑州。

汉堡市 ZELL 公司总经理尤根·韦伯对梁新慧说：郑欧班列在欧洲企业界、物流界引起了普遍的关注，以其合适的价格、优秀的服务赢得了欧洲企业的合作欲望。如今，郑欧班列的货物销售额占他们公司总销售额的 15% 到 20%，这是一个了不起的成就。

德国 ZELL 公司通过郑州国际陆港设立的进出口分公司，路虎汽车就可搭乘上郑欧班列，源源不断地运达郑州。

如今，大半个中国的货品，通过郑欧班列源源不断运往欧洲；而欧洲的货品，也通过郑欧班列接连不断输送到中国。

正如梁新慧在文章中所说："一件中国羽绒服、一位德国女孩、八辆英国路虎汽车、一家波兰海运企业。这是四个国家四个完全不同的存在，此前，他们没有任何交集。而现在，由于郑欧班列的常态化运行，这四种元素的命运和生活方式，却悄悄地连在了一起。"

德国汉堡是郑欧班列的终点站，不到两年，中欧贸易已经做得风生水起。然而，在德国东边的邻国波兰，郑欧班列也刮起了一股旋风，改变了很多企业的发展战略。其中，该国知名的 LANGOWSKI 公司就是一个典型。

LANGOWSKI 公司在波兰首都华沙南郊，是一家传统的海运公司，总部设在波兰北部波罗的海边，自从郑欧班列开通后，他们就和郑州国际陆港公司开展了合作。

一家海运公司，由于郑欧班列的开行，就改变了多年的经营战略，将触角伸向了铁路运输。

此时，郑欧班列最吸引欧洲企业的有三点：一是郑欧班列运行时间比海运短；二是郑州国际陆港公司的服务是全方位的，以郑州为中心的 1500 公里范围内，郑州陆港可以免费上门收货；三是郑欧班列实现了常态化运行。

郑州国际陆港公司已在欧亚 50 多个城市建立分拨站点，让近 300 家客户享受到郑欧班列上门收货和送货上门的服务。无论是德国的 ZELL 公司还是波兰的LANGOWSKI公司，最看好的就是公司的优质服务和常态化运行。

不可否认的是，在中欧班列中，由于回程班列极少，各地政府都给予了不少补贴。但郑欧班列的回程班列已经实现了常态化运行，回程货源也在逐渐增加。

郑欧班列之所以独秀于中欧班列，源于河南政府引导下的高度市场化。

郑欧班列开行之前，河南对外开放面临一个巨大物流难题——没有“海运港”。诸如汽车、工业丝、高档鞋帽服装、磨料、纺织品等货物出口欧美时，都要先通过长途运送至华东、华南港口，再通过海运出境。随着中西部地区加快承接全球产业转移，这种“一江春水向东流”的物流格局，越来越成为紧扼河南开放的“咽喉”。

能不能向西走陆路？河南省委、省政府的思路独辟蹊径。摊开世界地图，从郑州一路向西，距欧洲的中心不过万余公里，且沿途各段多年前就有铁路相连。

但是，通过分析研究，一系列难题就摆在了面前：沿线途经五六个国家，其中中亚地区铁路轨道标准不一，换轨吊装烦琐；列车运行线路和时间难以确定；各国在海关方面也没有统一协调，货物一路上要被反复查验，耗时费力……

尽管这样，河南并没有放弃。决策者表态，用创新的思维干创新的事业。

2013年初，为尽快打通西行的物流通道，河南省通过与国家海关、铁路等部门的积极协调，一套将现有铁路网络进行优化组合的初步方案很快浮出水面：一是河南提出郑欧班列的“五定班列”方针，即定起点终点、定运行路线、定运行时间、定运输内容和定运输价格；二是郑欧班列运输货物沿途通关要监管互认，信息共享，运输全程只需在郑州一次申报、一次查验、一次放行。

这个方案中，突出的理念就是提高通关效率。

郑欧班列要穿行10214公里的漫漫长路，途经亚欧6个国家，作为承运主体的郑州国际陆港公司，与沿途各国铁路公司及相关企业经过了反复协商和谈判，半年内就形成了切实可行的运行方案。

郑州市政府曾两次组织国际交流会，邀请沿途各国海关、铁路、企业界人士，共同探讨合作机制。

班列途中不仅要穿越高寒地带和无人的荒原，还需转换车厢适应各国不同宽度的铁轨，这些都必须事先进行协商达成协议，特别是换轨吊装，稍有滞后就会延误时间，而通过协商可以让当地优先安排。

郑州海关专门派人常驻阿拉山口口岸，对专列的发运、抵达、离境实施全程监控。这个时候，中国的信息“互联网＋”已十分发达，尤其是中国移动互联网已走在了世界前沿。郑欧班列在沿线海关可实现信息互通，提前化解可能出现的问题。经过谈判和协商，郑欧国际铁路货运班列在通关业务上，可实行提前申报、联合查检、专列监管、直通放行等便捷的监管模式。

河南出入境检验检疫部门也与新疆、内蒙古等沿线检验检疫部门建立了直通放行机制，使郑欧班列中国境内行驶全程“绿灯”。

经过前期的努力与协商，郑州海关与哈萨克斯坦、俄罗斯、德国等沿途多国海关签订协议，郑欧班列最终得以享受“一票通关直达汉堡”的待遇。

就这样，河南郑州通过半年的充分准备，一个国际内陆港口即郑州国际陆港公司于 2013 年 6 月 27 日正式诞生了。

几年光景，郑欧班列便创下了辉煌的业绩。

郑欧班列是国内从筹备到首班开行时间最短、每周两班常态化开行时间最快、从首班去程班列开行到回程班列开行时间最短的一条洲际通道，其更多的优势也日益凸显出来——

运载货物为全国最多：至 2014 年底，郑欧班列累计运载货物 4.43 万吨，载货量居中欧班列首位。

运载货物种类最多：郑欧班列运载货物种类已达 1000 余种，涵盖工业生产、日常生活各种生产资料产品。

国内集货覆盖地域最广：班列货源辐射地达 1500—2000 公里半径，覆盖全国四分之三的省份。

目的地分拨地域最广：郑欧班列从最初集装箱在德国终点站下货分拨，

现在已经发展到部分集装箱可在波兰国家铁路站点自主下货，国际集疏网点已经覆盖至欧洲、中亚地区共105个城市，且具备覆盖欧洲全境的能力。

合作伙伴最多：经过一年半的运营，郑欧班列境内外合作伙伴已经达到近400家。

多元集货业态最多：具有散货拼箱、过境中转、境内转关、运邮等多元集货模式。

集装箱满载率最高：根据市场需求提升开行频次，满载率不断提高。

发展多式联运潜力最大：依托郑州航空港及综合交通枢纽发展国际多式联运，具有得天独厚的优势。

市场化运营程度最高：班列实施了"政府支持＋技术提高＋郑州努力＝成就＋市场机制＋企业化运作"运营模式。

运行成本下降最明显：2014年下半年每班成本比2013年同期下降20%。

正是这些优势和特色，使郑欧班列在中欧班列中独树一帜，吸引了一批如联邦快递、敦豪、联合包裹、德铁辛可等世界知名的国际物流运输企业加盟。美国、印度、俄罗斯等国家的一些知名品牌企业纷纷来中原寻求合作。一个围绕郑欧班列的国际集疏网络已经形成，并在不断扩大。

位于河南焦作的风神轮胎在欧洲有较大市场，之前走的都是海运，郑欧班列启动以来，风神轮胎成为忠实的"欧粉儿"，占据郑欧班列近三成的货源，几乎每趟班列都有专柜。从郑欧班列出口欧洲，要比走海运节省20天左右，这能为海外经销商节省至少50%的库存。

无疑，郑州至汉堡这条由火车连起来的"新丝绸之路"，已成为我国对外贸易的主要通道之一。

在谈到郑欧班列在"新丝路"中的亚欧物流通道地位时，哈萨克斯坦共和国驻华大使馆参赞马拉特·肯加塔耶说："以郑欧班列连接起亚欧各国的商贸、文化、能源、农业等全面合作，将成为河南融入国家'一带一路'倡议的重要支点。"

45 2015年年底，郑欧班列已有阿拉山口、二连浩特两个过境口岸。其中，经新疆阿拉山口口岸出境，是中国中西部地区直达欧洲的陆上铁路货运大通道；而经内蒙古二连浩特口岸出境，是中国中北部地区直达欧洲的陆上铁路货运大通道。郑州陆港公司总经理赵文明说，在这两条陆上铁路货运大通道上，郑欧班列已布下5个一级分拨站点、6个二级分拨站点，由此可实现对上合组织相关国家和部分观察员国的货源集散分拨。而郑欧班列的辐射范围，境内覆盖四分之三地域，境外覆盖20个国家108个城市，各项综合指标持续位居全国前列。而且，在2015年9月以来已实现了每周3班去程班列、2班回程班列的常态化开行，使之成为中欧班列中首家实现往返相对均衡对开的班列。

在此基础上，郑州国际陆港公司又制订了新的计划：2016年郑欧班列将新开辟中亚、土耳其、卢森堡线路，从而实现对上合组织观察员国和对话伙伴国的国际业务网络全覆盖。其中，“郑州—卢森堡”线路将由郑州出发，从新疆阿拉山口口岸出境，经哈萨克斯坦、阿塞拜疆、亚美尼亚、土耳其、保加利亚、塞尔维亚、匈牙利、奥地利、德国，最终抵达卢森堡。

2016年新年伊始，国务院批准在郑州设立跨境电子商务综合试验区，这又给郑州国际陆港公司带来新的发展机遇。他们依托郑欧班列运输优势，以“郑欧商城”为平台，跨境购正式上线。他们把从欧洲、中亚各国采购回来的优质特色产品，在“郑欧商城”线上展示销售，从而满足了全国消费者“一键”直购“丝路洋货”的需求。

随着跨境贸易货量的持续增加，回程班列也由每周2班逐步提升至3班，实现每周往返3班均衡对开。

郑州国际陆港公司还积极实现与“郑州—卢森堡”国际货运航线的“一体联动”。

这一联动，不仅为推进亚欧经贸合作搭建了陆空衔接的物流通道，还有助于河南加快深度融入国家“一带一路”倡议，而且也会为郑州申建中国（河南）自由贸易试验区搭建大物流平台，还为河南建设丝绸之路经济带国际物流枢纽及中欧贸易走廊提供了重要支撑。

“借”2015 年 12 月中旬上海合作组织成员国政府首脑（总理）理事会第十四次会议在郑州召开的“东风”，河南 2016 年加快了与上海合作组织成员国之间“运贸一体化”的步代。郑州国际陆港公司通过发展“互联网 + 物流”跨境电商的运作模式，实现了与哈萨克斯坦、白俄罗斯、波兰等三个国家铁路部门之间的成功对接，共同出资成立了合资公司，主要开展国际冷藏集装箱业务，建设“买卖全球”贸易合作示范园区。这也为从中亚、南亚、欧洲进口巨大的冷链食品提供了安全便捷的载体和平台。

除此之外，各自的资源优势还可带动双方其他货物的贸易往来。如河南优质的轻纺制品、装备机械、电子器件就能运往上合组织相关国家市场，而上合组织相关国家优质的农产品、保健食品、生物医药等将运回中国市场。

2016 年 6 月 8 日，国家为了打造国际知名物流品牌，将郑欧班列、渝新欧、汉新欧、蓉新欧等国际货运班列统一更名为中欧班列。统一品牌后，为了区别其他中欧班列，郑欧班列称作中欧班列（郑州）或中欧班列（郑州—汉堡）。

2016 年 12 月 24 日，伴随着平安夜的钟声，中欧班列（郑州）年度收官班列驶离郑州铁路集散中心站，一路向西驰骋而去。

这一年，中欧班列（郑州）全年实际开行 251 班，其中去程 137 班，回程 114 班；总货值 12.67 亿美元，总货重 12.86 万吨，超额完成了年度计划 200 班的任务。

国家推进“一带一路”建设工作领导小组办公室当年 10 月公布的《中欧班列建设发展规划（2016—2020）》中显示：中欧班列（郑州）是全国开行的 23 家班列中唯一一个实现双通道（阿拉山口西通道、二连浩特中通道）双向常态开行的班列。而郑州，也成为内陆主要货源地节点和铁路枢纽节点的双节点城市。在境内，以郑州为核心，其货源辐射由以前集货半径 1500 公里已延展到 2000 公里的地域；在境外，以汉堡为核心，以哈萨克斯坦阿拉木图、蒙古扎门乌德等辐射亚洲周边国家，以巴黎、米兰、布拉格、华沙及沿途换装车站点波兰的马拉舍维奇、白俄罗斯的布列斯特等欧洲国家的城市为二级集疏中心，其货源网络已遍布欧盟和俄罗斯及中亚 22 个国家 112 个城市，合作伙伴 1700 多家。

这标志着中欧班列（郑州）在贯彻“东联西进”发展战略中，已经形成东西双核心的物流集疏枢纽。

如今的中欧班列（郑州），已不再是以前计划中的“跷跷板”，而是成为肩挑东西两方的“平衡木”。

满载而去，满载而归，一列班列，一条通道，拉动着亚欧贸易的往来，繁荣着新时期“新丝绸之路”经济带上各国的贸易和生活。

2017 年 5 月 14 日，在北京举行“一带一路”国际合作高峰论坛会议期间，郑州国际陆港公司与白俄罗斯莫吉廖夫奶制品公司祖母奶罐股份公司（简称“祖母奶罐”）签订战略合作协议。这意味着，更多白俄罗斯的优质奶制品，将搭乘中欧班列（郑州），让更多中国消费者享受到“祖母奶”。

郑州国际陆港公司不仅是货物的运输者，也是经营者。从 2015 年开始，公司就积极推进“以运带贸，运贸一体”发展战略，结合国内对进口商品的巨大需求，依托中欧班列（郑州）遍布欧洲、中亚和日、韩等地区的业务网络，通过直采、直运、直营，与“一带一路”沿线国家 300 多家生产商、贸易商等建立了合作关系，以自营和招商入驻并举的措施，依托中欧班列（郑州）自有冷链运输和科技开发能力，积极开展了全程冷链溯源的一般贸易和跨境电商业务。

如今的“郑欧商城”电商平台，通过线上、线下、实体店等多种渠道，搭建了商品展示、体验、交易中心，培育了以“真、快、鲜”为特色的“欧亚班列进口商品”自有品牌，从而实现了与欧洲、中亚及亚太国家等生产厂家和贸易公司直接合作的形式，实现了“直采、直运、直销”各个环节的良性循环。

从 2016 年开始，郑欧班列就不断加密，到 2017 年 2 月 18 日，已实现了每周“去四回四”。三个月后又升级为每周“五去五回”。

在中欧班列中，郑州—汉堡率先推行完整的“一票式”门到门全链条服务模式。这种模式包括公路上门取货、代理报关报检、集拼装箱、到站清关、短倒分拨、送货上门等。也就是说，客户备齐相应资料后，把货物交给郑州国际陆港公司，就可以当甩手掌柜了。

这种能提供别人提供不了的服务，最大限度地方便了客户，已成为中欧班列（郑州）货源充足的最大保障。

效率高，服务好，省事方便——这是众多客户对中欧班列（郑州）的口碑。

为优化服务，郑州国际陆港公司自主开发了中欧班列（郑州）网络订舱服务平台、公路物流系统、仓储管理系统等 20 多个配套信息系统。同时，中欧班列（郑州）还是目前唯一具备特种集装箱自主配置和运营能力的铁运班列，能提供冷藏箱、挂衣箱、开顶箱、分层箱等服务。

2017 年 5 月，中欧班列（郑州）又迎来了非常特别的业务——运载进出境飞机。参加“2017 郑州航展”的欧洲飞行表演队急着回去参加 5 月底的表演季，铁运班列虽然价格比海运贵，但更保险、更准时、更便捷，飞机也能免受腐蚀，他们最终选择了搭乘中欧班列（郑州）。去时接单 13 架，回来时又接单 2 架。

2017 年 7 月 3 日，中欧班列（郑州）的开行再次升级。上午 9 时 30 分，总第 413 去程的中欧班列（郑州）满载 904 吨货物，从郑州铁路集散中心站出发驶向德国汉堡。这是 7 月起中欧班列（郑州）由以往每周“五去五回”升级为“六去六回”以来发出的首趟班列。

这标志着河南进出口商品交易量和中欧班列（郑州）的运载能力进一步扩大。

4 年来，中欧班列（郑州）从每月 1 班到每周 12 班，从时速 80 公里到 120 公里，从 1 条线路扩展到 2 条线路，从 500 公里集货范围到 2000 公里集货区域……

频次不断加密，速度不断加快，口岸不断增多，集货半径不断扩大。有目共睹，在“新丝绸之路”上，中欧班列（郑州）的地位与作用越来越重要、越来越不可或缺。

郑欧班列的开通运行，不仅为郑州航空港区发展公、铁、航多式联运，建设国际化现代综合交通枢纽提供了重要支撑，也已成为新时期河南主动融入国家倡议“一带一路”建设中的桥梁和纽带。

第九章

空中丝路

46 古老的“丝绸之路”曾是中西方贸易的纽带和桥梁，伴随着串串驼铃声，中国的丝绸、瓷器、茶叶到达了西方，而阿拉伯的香料也辗转来到中国。如今，更加快捷的现代交通模式，使世界各地之间的距离拉近，联系更加紧密。而航空运输的优势，越来越突出。商贾们凭机票即可实现全球来往进行商务洽谈与交易，商品则随着一架架飞机在世界各地穿梭。

地球，真的变得越来越平了。再远的距离，也将不再遥远。

“全球机遇，近在咫尺”，这不仅仅是美国联合包裹速递服务公司的一句口号，更是一种理念、一种视野。

成立于1907年的联合包裹，是世界上最大的包裹运送服务公司，也是全球领先的供应链服务提供商，业务涵盖快件、货运代理、供应链管理三大板块。总部设在美国乔治亚州的亚特兰大市，业务网点遍及世界200多个国家和地区；1988年进入中国市场，拥有5000多名员工，服务范围超过330个商业中心和主要城市。

2012年，联合包裹在中国的战略布局中又落下一枚棋子——河南郑州，并开通了一条国际货运新航线：郑州—仁川（韩国）—安克雷奇（美国），郑州成为继上海、深圳、成都、青岛之后联合包裹在中国的第5个航空口岸。

10月8日，在郑州索菲特国际饭店举行了航线开通仪式。

时任河南省省长郭庚茂，联合包裹国际总裁丹尼尔·布鲁托，时任河南省副省长张大卫，联合包裹亚太区总裁布兰登·卡纳万等合作双方的重要人士，把手紧紧地握在了一起。

丹尼尔·布鲁托说，近几年来，他多次来到中国，每次中国之行都让他感到振奋。中国的中北部正在成为全球制造业新的中心，河南正在书写新的历史篇章。

2012年上半年，河南省外贸出口总额为132.85亿美元，比去年同期增长91.6%，增长速度惊人。郑州的发展势头更引人瞩目，到当年8月底，出口额则达到176.9亿美元，与上年同期相比几乎翻了一番。至此，郑州的贸易伙伴已经遍布美国和欧洲的主要市场，如美国的联合包裹就是其中一家。联合包裹是第一家用自有货机连接郑州与世界的快递公司。航线的开通，大大缩短了郑州外贸货物的转运时间，提高了国际空运能力。河南及其周边的客户利用郑州口岸，借助联合包裹全球运输网络，极大提高了自己在美国、欧洲、亚洲主要市场的竞争力。

张大卫在航线开通仪式的致辞中说，近年来，河南民航事业持续快速健康发展，郑州国内大型航空枢纽建设取得了明显成效，新郑机场持续保持着良好的发展态势。2012 年以来，客运量累计增长 18.2%，货运量累计增长 45.7%，货运量增速位居全国主要机场第一位。随着一批全货机货运航线的开通，新郑机场网络结构进一步优化，区位和市场优势进一步凸显，新郑机场在全国机场中的枢纽地位正在逐步提升。郑州至安克雷奇航线的开通，为我省又架起一座直达美国的货运空中桥梁，为河南省航空物流业发展注入了新的动力。省政府及各有关部门，郑州等相关省辖市政府将全力做好服务，为联合包裹在河南的发展提供良好环境。

联合包裹郑州至美国安克雷奇市航线，每周 5 班（往返航班计 1 班），下午从郑州起飞，2 小时途经韩国仁川机场，最终到达美国阿拉斯加州的安克雷奇。这样一来，从郑州发出的货物，48 小时内便可配送至全美主要城市，与以往走其他航线相比郑州货物到美国市场的转运时间至少缩短一天。同时，仁川与亚洲、欧洲市场的物流网络也有助于郑州与这两个市场的链接，这不仅使郑州出口企业受惠，而且也为郑州周边城市企业提供了强有力的物流支持，从而提高河南在国际市场的竞争力。

为促成与联合包裹的战略合作，河南两年前就开始与联合包裹磋商。

2001 年 1 月 12 日，联合包裹获得了美国运输部的许可证，取得了通往中国的直航权。当年 4 月 1 日，联合包裹的第一架飞机就从美国直航抵达北京，世界上最大的包裹速递公司从此进入中国。此时的中国，改革开放已经 20 余年，正处在蒸蒸日上的阶段，处处都充满着激情，处处都充满着商机。

2001 年 11 月 10 日，中国加入世贸组织，而联合包裹在中国直航不足一年，其收入就翻了一番。

航空物流对中国来说是个新兴产业，相对一些发达国家来说起步较晚。1949 年 11 月 2 日，中国民用航空局的成立，揭开了我国民航事业发展的新篇章。从无到有，由小到大，由弱到强，中国民航经历了不平凡的发展历程。特别是十一届三中全会以来，我国民航事业无论在航空运输、通用航空、机群更新、机场建设、航线布局、航行保障、飞行安全、人才培训等方面都持续快速发展，取得了举世瞩目的成就。至 2000 年，中国航空物流量达 197 万吨，占全球航空货运量的6.8%，排名全球第9位。[1]

2001年8月1日，《中华人民共和国国家标准物流术语》正式实施，在原来的基础上，对“物流”这一概念进行了重新定义，即物品从供应地向接受地的实体流动过程中，根据实际需要，将运输、储存、装卸、搬运、包装、流通加工、配送、信息处理等基本功能实施有机结合。

随着经济的不断发展，中国的现代物流已经被赋予了具有科学化、系统化、准时化、专业化、网络化的特征，并且在不断增加其他新的特征。

而航空物流是以空中货物位移（通过航空器把货物从一地运到另一地的空中交通运输）为主的、衔接和参与陆运物流和（或）水运物流的综合性物流服务，是现代物流的五个子物流系统之一，与水路、公路、铁路和管道运输共同构成整个现代物流系统，且成为现代物流系统的重要组成部分；并且以快速、安全、准时的特点日益凸显其在现代物流系统中的重要作用。

我国民航事业也进入了快速发展的阶段。近20多年来，我国民航运输总周转量、旅客运输量和货物运输量年均增长分别达18%、16%和16%，高出世界平均水平两倍多。正是在这种情势下，联合包裹快递公司进入了中国市场。

2002年，民航行业完成运输总周转量165亿吨公里、旅客运输量8594万人、货邮运输量202万吨，国际排位进一步上升。2004年10月2日，在国际民航组织第35届大会上，中国以高票首次当选该组织一类理事国。2004年，民航行业完成运输总周转量230亿吨公里，在国际民航组织188个缔约国中名列第3位，旅客运输量1.2亿人、货邮运输量273万吨、通用航空作业7.7万小时，成为令人瞩目的民航大国。

到2004年底，中国民航拥有运输飞机754架，其中大中型飞机680架，而且均为当时世界上最先进的飞机。我国定期航班航线达到1200条，其中

---

[1] 焦海平：《中国航空物流发展研究》，大连海事大学，硕士学位论文，2006年10月。

国内航线（包括香港、澳门航线）975条，国际航线225条，境内民航定期航班通航机场133个（不含香港、澳门），从而形成了以北京、上海、广州机场为中心，以省会、旅游城市机场为枢纽，其他城市机场为支干，联结国内127个城市，联结38个国家80个城市的航空运输网络。

2005年，中国航空物流市场全部对外开放。中国航空物流企业注册方式从审批制改为备案制，大大降低了中国航空物流业的进入门槛。随之，外资航空物流企业也大举进入中国。除全球航空物流业巨头联合包裹早已入驻外，此时的Fedex（美国联邦快递）、Nippon Express（日本通运）航空公司、荷兰TNT快递公司等也纷至沓来。

之后，中国航空物流量继续保持快速、稳步增长的态势，特别是到2008年，奥运会的召开，给中国带来更大的航空物流量。

航空让世界变得越来越平，航空物流已成为区域经济和地方经济发展与繁荣的重要支点。

2010年5月12日，郭庚茂赴上海会见了联合包裹亚太区副总裁、中国区总裁黎松江，表达了加强双方合作的意愿。

当年12月13日，郭庚茂在郑州会见了来访的黎松江一行，郑州市政府与联合包裹签署了战略合作备忘录。而且联合包裹还提出在郑州设立航空物流公司、快件包裹公司和航空公司办事处。

次年5月11日，联合包裹亚太区总裁德瑞克·伍德沃德赴河南访问，郭庚茂会见了德瑞克·伍德沃德总裁一行，双方就联合包裹在河南的长期投资达成了共识。

8月23日，联合包裹公司国际总裁丹尼尔·布鲁托应邀访问河南，与河南省政府签署了战略合作备忘录：双方将共同支持打造郑州航空枢纽，联合包裹将在郑州设立从事快件包裹递送和物流业务的分公司。另外，联合包裹的呼叫中心、财务中心等也将有望在郑州设立。

2012年2月14日—18日，郭庚茂率团去美国访问了联合包裹亚特兰大总部和路易斯维尔“世界港”航空转运中心，与丹尼尔·布鲁托进行会谈，希望联合包裹加快推进郑州航线的开通，适时考察在郑州建立中国内陆航空转运中心。

3月1日，郭庚茂与丹尼尔·布鲁托在郑州会晤，双方在加强战略合作、航空经济区建设、开通货运航线等方面达成了初步一致意见。

7月18日—20日，河南省在郑州国际会展中心举办了“2012中国郑州国际航空物流对接会”。此活动以“交流、合作、发展、共赢”为主题，旨在为海内外航空公司、货代企业、货主企业搭建合作平台。

活动内容包括国际航空物流与中原经济区建设高层峰会、项目对接活动、中国国际货代物流百强排名揭榜仪式、郑州国际航空物流园区形象展示等。

活动期间，郭庚茂会见了香港物流协会会长郑会友、苹果公司全球物流高级总监麦克·谢菲特、中国东方航空集团公司副总经理顾佳丹等嘉宾。

在国际航空物流与中原经济区建设高层峰会上，联合包裹亚太区货运总裁陈颂铭、中国货运航空有限公司总经理朱益民、俄罗斯空桥货运航空公司副总裁宋成昱、中国外运长航集团有限公司副总裁陶素云、富士康科技集团物流总处协理刘文祥、中国南方航空股份有限公司副总经理陈港等作了主题发言。

中国货运代理协会副会长兼秘书长刘学德、中国邮政航空有限责任公司副总经理赵建军、美国联合包裹公司中国区货运副总裁黄毅民、河南保税物流中心总经理徐平等作为嘉宾就航空物流的热点话题进行了讨论。

对接会共邀请到国（境）内外客商617人，其中国（境）外客商56人，重要团组18个，大会支持协办单位有香港物流协会、中国货运代理协会等境内外物流机构。

参加会议的不少国际航空巨头表示，将进一步与河南加强合作，帮助河南吸引更多依赖空运进出口的高新技术产业、物流公司和航空公司落户，使郑州成为中西部非常重要的航空物流中心。

俄罗斯空桥货运航空公司副总裁、亚洲区总裁宋成昱表示，8月份，将有两架载重量138吨的波音747-8大块头货运飞机降落郑州。下一步，空桥航空还要开辟郑州到美国的新航线，搭起郑州连接欧洲、美洲，乃至世界各地的空中货运桥梁。

南航则表示，到“十二五”末期，交由南航河南分公司执管飞机将达到35架（当时为19架），包括多架宽体客机，并将不断开通郑州始发国际航线。而且，南航还将兴建新的国际货运仓库，预期建筑面积达7万平方米，其中包括国际快件监管仓库。

这次对接会，为海内外航空公司、货代企业、货主企业搭建了一个快速推进河南航空经济发展的平台，可谓层次高、规模大、专业性强，是一次加深友谊、深化合作、互利共赢的航空物流业盛会，也是国内首次召开的航空物流对接会。

对接会两个月后的9月17日，联合包裹就开始试运郑州—仁川—安克雷奇这条货运航线，通过三个星期的试运，市场反应情况良好。

9月26日，郭庚茂给丹尼尔·布鲁托写了一封信，表示欢迎在河南郑州与其会面。

丹尼尔·布鲁托也不负郭庚茂的盛情，在郑州—安克雷奇航线正式开通仪式上与郭庚茂友好握手，联合包裹开启了与河南的合作之旅。

此后，为推动郑州航空港经济综合实验区建设，河南省制定了20条优惠政策，在航线、航班补助，市场开拓奖励，机场使用费减免补助，用地保障，融资担保，通关检验，高端人才引进等方面予以支持。

到2012年底，新郑机场已开通9条国际货物航线。执飞国际航线的为6条：俄罗斯空桥航空、美国联合包裹（3条）、扬子江快运航空、国泰航空。国内航线则由国货航、邮政航空、顺丰航空领跑。这时，从郑州出发的全货机航班已达到每周53班，通航城市包括莫斯科、新西伯利亚、法兰克福、芝加哥、安克雷奇、仁川等地。

另外，新郑机场货站改扩建也已完成，还有已建成的综合保税区货站，推动实施的“区港联动”“区区联动”策略，实现了航空口岸、铁路口岸与综合保税区、出口加工区、保税物流中心等“一站式”通关服务。

高效、快捷的航空货运服务保障体系初步建成，标志着郑州正在成为中国中部地区重要的国际货运枢纽。

在郑州落户的航空货运公司中，联合包裹是唯一一家自有航班的快递业务国际承运商。

2014 年 1 月 12 日，一架机尾印着“UPS”字样的波音 767–300 型全货机降落在新郑机场停机坪，它是新郑机场少有的能够跨洲飞行的货机。这是一架从韩国飞回来的飞机，拉了整整 30 个航空箱的货物。上午 9 时左右，经检验后，从国外进口的电冰箱等货物直接送上了快递车，开始向省内转运；小件商品则运到了仓库，要进行登记、分拣。小件商品主要有衣服、化妆品、食品或日常用品。登记、分拣后，郑州市区的货物马上就分送到市区内的快递点，下午就可以直接送到用户手里；河南省内的客户也会在第二天送达。

下午，郑州富士康生产的苹果手机已经包装完毕，到 4 点左右，办完了所有的手续，就可以登机了。2 小时后途经韩国仁川机场，10 小时后将降落在美国芝加哥机场。而这些苹果手机将会以最快的速度摆上销售门店的货架。这在 2012 年 7 月以前，是不能实现的，包括美国在内。那时候，需经过上海二次转运，要多耽误一天时间。

联合包裹是苹果产品的主要运输商，从郑州出产的手机，大部分由联合包裹经仁川直接运往美国。

联合包裹把中国市场分为三类：首先是核心市场，比如北京、上海；然后是有机遇的市场，有潜力但竞争激烈；最后一类是网络市场。而郑州包括成都都属于机遇市场，特别是郑州，发展潜力和空间很大、很广阔。联合包裹要在郑州建货运总部，并联合郑州航空港区，选取 14 家国内外知名企业进行招商，对接联络工作也正在稳步推进中。

联合包裹把货运总部建在郑州，郑州作为货运中心，就可以把太原、西安，甚至北京、石家庄、武汉的快件都拉到这里来。

这也是河南由来已久的期待。当全球最大的快递公司总部“搬到”郑州航空港区，那么郑州航空港区的“大物流”梦想将实现质的飞跃，“全球飞”

时代就会降临，可以让郑州一举成为全世界的“便利店”。

著名经济学家郎咸平曾说，整个世界已经进入了“产业链战争”时代。当一个地区拥有完整的产业链、可以实现“自我造血”营运的时候，才算完成了“组装”，才可以“起航”。

航空和快递，是郑州航空港区产业链上不可或缺的两大齿轮，有了这两部分的强势加盟，郑州航空港区将会快速运转起来。

一旦成了全世界“便利店”的“店主”，郑州航空港区会爆发出怎样的能量呢？像迪拜，像阿姆斯特丹？还是像阿联酋，或孟菲斯？

河南翘首以待。中国翘首以待。世界翘首以待。

联合包裹开通的郑州—仁川—安克雷奇货运航线，已由每周5架次增加到了的每周10架次。截至2013年底，新郑机场已开通国际地区货运航线12条，占中部六省货运航线的九成。

联合包裹还与郑州合建货运航空公司，2014年完成了注册。

47 如果说联合包裹是美国本土率先开通郑州连接美洲的全货运航线的公司，那么，最先开通中国郑州与欧洲之间来往的全货运航线则是俄罗斯空桥货运航空公司（简称空桥货运航空）。

空桥货运航空是较早在郑州开辟国际货运航班的公司之一，是俄罗斯联邦境内最大、最具实力的国际货运航空公司，是伏尔加第聂伯航空集团下的全资子公司，2009年在全球货运界排名第三名，当时拥有波音747全货机11架，全年营业收入近10亿美元。

2010年9月18日，满载着110吨货物的波音747全货机在新郑机场顺利起飞，经莫斯科，到达法兰克福，郑州—莫斯科—法兰克福国际货运航线正式开通，架起了一座河南与欧洲之间的货运“空中金桥”。

2011年7月29日，空桥货运航空与河南省政府签署了郑州—莫斯科—阿姆斯特丹国际货运航线战略合作备忘录，从而进一步确立了空桥货运航空在河南郑州设立航空基地的战略定位。

2011 年 8 月 19 日，空桥货运航空在新郑机场正式开通郑州—莫斯科—阿姆斯特丹航线。

这次新航线营运初期航班密度为每周 3 班，每周一、四、六从新郑机场起飞，经停莫斯科，直飞荷兰的阿姆斯特丹机场，全程 14 小时。这意味着郑州富士康制造的苹果手机晚上装上飞机，第二天上午就可以摆上欧洲的货柜。至此“河南制造”的产品实现了“夕发朝至”“一日达”欧洲的目标。

对于未来，空桥货运航空将根据市场情况，不断增加在新郑机场的运力投放。首先在其后的半年内将已有航班加密至每天一班，并在开通郑州至欧洲航线的基础上，开通郑州至美洲的货运航线；接下来，他们还要与河南政府紧密合作，计划建造国际一流的货运站、物流仓储公司及地面运输公司。

2012 年 5 月 11 日起，空桥货运航空在新郑机场执飞航班终于达到了每周 7 班，执飞航线为重庆 / 成都—郑州—莫斯科—阿姆斯特丹 / 法兰克福 / 米兰，机型 B747-400，载重量 110 吨，至此，这座“空中金桥”基本满足了郑州至欧洲的航班运力需求。8 月 9 日又开通了成都—郑州—莫斯科—芝加哥的美线航班。而这条美线，是将原有每周四、六、日执飞阿姆斯特丹的直航目的港改为了芝加哥。在经停莫斯科后，欧洲货物可以换机中转，所以此次美线站点的增加并不影响原有欧洲航线货物的运输。

空桥货运航空美线站点的增加，填补了新郑机场全货机美线航班的空白，同时，也日益凸显了新郑机场作为中国中西部货物集散中心的优势，为加快新郑机场大型航空枢纽建设迈出了更为坚实的一步。

2012 年 9 月 24 日，中国南方航空公司与河南民航发展投资有限公司签署合资合同，共同组建了中国南方航空河南航空有限公司。公司投资目标额度为 24.78 亿元，其重点工作就包括完成南航河南分公司改组工作，以及筹建货运航空合资公司、金融租赁公司等。

“开美、稳欧、拓非、连亚”则成为新郑机场货运航线的新目标。

此时的新郑机场，无论是国内货运区还是国际货运区，每天都是一派繁忙景象。而五六年前，这里还是空空荡荡、冷冷清清，航班也少得可怜。

新郑机场客货公司“老员工”王玉生说，1978 年的时候，每天需要肩扛背驮，最多也就把 3 吨货物送上飞机；现在，每天 500 多吨的货物全是机械化运送，从来没敢想过 30 年间，机场的货运量能增长 100 多倍。

随着郑州航空物流的快速发展，培育和壮大航空货运货代企业，提升机场服务水平，提升机场货运功能已成为重要的核心工作。

2013 年 3 月 13 日，凌晨 3 时 45 分，空桥货运航空公司的一架波音 747 全货机满载从挪威进口的三文鱼降落在新郑机场。这属于冷冻食品，机场货运部门提前与海关、检验检疫等相关部门协调，在货物到港后，迅速开启绿色通道，快速卸载、入库，以保证货主尽快提取。

此举开了郑州批量进口水产品保障的先河，是新郑机场缩短客货进出港时间、提高客货运中转效率的具体体现。

机场货运的剧增，也敦促空桥货运航空抓紧时间着手基地建设。

2015 年 4 月 20 日，新郑机场飞往亚、欧、美三洲的“一带一路”国际货运航线达到 22 条，航线网络基本成型。当年第一季度这些国际货运航线完成的货运量占新郑机场总货邮吞吐量的 56%，“郑州价格”已成为中欧间国际航空货物运价的重要风向标。

从郑州到俄罗斯的航班，除了空桥货运航空外，另一家航空公司——俄罗斯航星公司也开通了郑州至俄罗斯的货机邮路航班。

2015 年 5 月 4 日上午 11 时许，一架俄制图 -204C 全货机停在新郑机场货机坪上，随后，来自江苏、北京、福建、山东、浙江、广东、天津等地的数吨邮政快件陆续装载到这架货机机舱内，完成装卸后再从郑州起飞，飞往俄罗斯。

从这天起，郑州至俄罗斯国际航空邮路正式开通。原来中国邮政出口至新西伯利亚、符拉迪沃斯托克的邮件总包，由从北京首都机场出境调整至新郑机场出境。经协商，将北京、上海、广州、福州、南京、杭州、温州、青岛、天津、长春等 14 个地区的国际邮件总运到郑州，经新郑机场出境运往俄罗斯新西伯利亚、符拉迪沃斯托克两地。暂定为每周1班，计划以后逐渐增加到每周4至7班。

为保障这条郑州至俄罗斯空中邮路的安全、快捷和畅通，河南省机场集团专门开通邮件专用安检通道，以确保航班正常执行。

该航线的开通，首次实现了全国邮件在新郑机场集疏——新郑机场已成为有能力集疏全国邮件的重要国际航空口岸。这为紧接着开通郑州至美洲航空邮路，开通郑州至欧洲航空邮路，实现全国出口邮件在新郑机场集疏和进口邮件清关、分拨的目标打下了基础，也为新郑机场建成继京、广、沪、深以外的第五大国际航空邮件转运中心创造了条件。

两年后的2017年5月25日晚9时50分，一架满载着河南游客的波音B777-200客机（293座经济舱，30座公务舱），从新郑机场腾空而起，飞往俄罗斯莫斯科。这是新郑机场首个直飞莫斯科的洲际客运航线，填补了河南直飞俄罗斯客运航点的空白。从此，中原人前往莫斯科再也不用“拐弯抹角”了。

48

这是一个速度制胜的新经济时代。

航空让世界拉近了距离。世界近了，一切都变得不同。航空运输已不仅仅是一种交通运输方式，而是区域经济融入全球经济的最佳通道，并逐渐成为经济发展的“发动机”。

2014年1月14日，河南民航发展投资有限公司（简称“河南航投”）收购卢森堡国际货运航空有限公司（简称“卢货航”）股权暨双方商业合作签约仪式在郑州举行。时任省长谢伏瞻在郑州会见卢森堡可持续发展与基础产业部部长弗朗索瓦·鲍施，并共同见证了河南航投收购卢货航股权的协议签署的那一刻。

根据《河南民航发展投资有限公司与卢森堡政府股权购买协议》，河南航投购买卢森堡政府持有的卢货航35%股权。卢货航在新郑机场建立基地公司，逐步扩大运力投放规模，开通郑州至卢森堡货运航线，建立航空货运管理系统、地面仓储及分拨系统，建设物流网络、飞机维修基地以及飞行员培训中心等。双方共同打造以卢森堡和郑州为中心的覆盖全球的货运网络。

一个地方的交通地位决定其战略地位，也决定着地方的兴衰。承东启西、连南贯北的河南，正处于经济发展战略转型攻坚期，迫切需要一个战略突破口，一个带动区域发展的强大引擎。

河南省委、省政府敏锐地认识到，郑州乃至河南的这个强大引擎，就是打造国际货运枢纽。因为处在“中国之中”的地理位置和四通八达的交通网络，更加具有发展航空物流的“先天优势”。

尤其是在面对呼啸而至的电商时代，航空运输正成为全球范围内配置高端生产要素和促进跨越式发展的重要动力。

香港中文大学航空物流系教授阎宏说，整合全球资源的能力正是当今世界上最重要的区域竞争力，而国际航空枢纽正是聚合全球高端资源的平台。

放眼世界，美、英、法、德、日、韩以及我国香港等地，均有效打造了国际航空枢纽，从而取得了经济全球化的主动权。

火车“拉”起来的郑州，在21世纪与航空经济邂逅，成为全国首个上升为国家战略的航空经济实验先行区。在国家战略的推动下，将河南打造成国际物流版图上的“天地之中”指日可待。

谢伏瞻说，此次河南航投入股卢货航，这是中原地区引来的第一家国际高水平的货运航空基地公司。双方建立以新郑机场为亚太枢纽、以卢森堡机场为欧美枢纽的“双枢纽”战略合作模式。这不仅打通了一条横贯中欧的货运“空中丝绸之路”，而且为中原对外开放增添一座新高地。

弗朗索瓦·鲍施说，郑州与卢森堡的区位优势有异曲同工之处，构建一条空中亚欧大陆桥，覆盖亚洲和中东、欧美和非洲市场，实现了双方的诉求，形成共赢的良性发展。

被誉为“袖珍王国”的卢森堡，位于欧洲的心脏之处，拥有便利的公路、铁路与航空设施。当地政府利用其独特的地理优势，将卢货航及卢森堡机场分别打造成为欧洲最大的货运航空公司和欧洲重要的货运枢纽，带动了当地经济发展和产业结构升级转型。卢货航就其货运规模，在全球航空公司中排名第九，有 90 个通航点；在当地可将航空货物通过公路运往欧洲的 177 个目的地，其地面分拨系统货物处理能力位居欧洲第一。不仅如此，卢货航还拥有 ISO、TAPA、Car go2000 等一系列关于质量控制、高价值货物运输、危险品运输、冷链运输的国际资质认证。而其独家拥有的欧盟药品 GDP 认证，让它成为全球最先进的承运疫苗产品、危险品及活体动物的货运航空公司。或许这就是卢货航为何能成为全球连续多年获得世界“最佳全货运航空公司奖”的缘由。

2014 年 11 月 23 日下午 4 时许，一架波音 747–8 的全货机（航班号 CV974），从圣地亚哥·德·智利起飞后，经波多黎各、卢森堡、阿塞拜疆巴库后抵达了郑州。

这架飞机，装的是蓝莓、樱桃等新鲜水果。这些水果跨洋空运到郑州后，再由郑州分拨到北京、上海等一线城市及周边省份。

该批水果的进口，与过去货机不同，对新郑机场来说，这是首次整机进口新鲜水果。在我国中西部地区属第一次，在国内其他机场也不多见，特别是查验通关和分拨速度，快得可以用“秒”来计算，这在国内也是领先水平。

这次包机进口水果，目的是要吸引更多客商今后能选择其商品从郑州入境，并以此树立起新郑机场成为进境鲜活产品全国集散地的特殊地位。

该航线的开通，架起了南美到河南的“空中桥梁”，实现了河南省与南美之间国际货物的快速直达。随着该航线的运营，智利的三文鱼以及墨西哥、巴西等南美国家的水果也通过空运抵达郑州，扩大了新郑机场货运航线的辐射范围，促进了新郑机场进口水果口岸的建设。

随着卢货航在郑州的货运航线进入常态化运营，河南航投与卢货航于 2015 年 1 月在卢森堡当地成立了“新鲜卢森堡”公司，推出“互联网 + 特色渠道”的经营模式，发挥当地专业采购团队的优势，融入当地市场经营，实现采购本土化，甄选商品，对接厂商，确保稳定货源，保证商品质量，避免采购环节可能出现的“第三只手”。

“新鲜卢森堡”项目启动的第一单，是卢货航把首批欧洲的奶粉、干红、德国啤酒等空运到郑州。河南民众只需通过河南航投的网站选购，网购成功后快递公司很快就会把优质货品送到客户家中。之后，河南还和卢货航合作开发了“新鲜中国”等商贸项目，有了这些项目，中国中部大量的优质产品通过“新鲜中国”这个平台销售到欧洲市场，欧洲优质的产品通过“新鲜卢森堡”这个平台快递到中国民众的餐桌上，让中国百姓距离“买卖全球”的梦想更近一步。

当年 5 月，“新鲜卢森堡”项目落户郑州新华书店；随后，又与大商新玛特“联姻”，在郑州二七路金博大店设立体验店；很快，再次布局周口市和鹤壁市，打造了“洋货进农家，土产卖全球”的农村样板；而河南黄河科技学院校园内的“新鲜卢森堡”创客体验店，更是让青年学子激发了创新创业的热情。时下，全省各地已经有 15 家“新鲜卢森堡”实体体验店，涵盖传统百货、高校、企业等各个行业。

就这样，一条国际货运航线把航空货运转化为了贸易往来。实现了双向跨境 E 贸易，将跨境保税产品从欧洲市场“搬”到河南百姓家门口，而且 O2O 线下体验店在全省落地开花。

卢货航执行副总裁凯文·纳什说，因为他们拥有覆盖全球的货运航线，不仅物流运输有保障，自主性强，而且严控源头，坚持原产地直采，将优势资源转化为优质货源。当下，跨境电商的竞争不再是单一的价格之战，已升级到供应链之争。稳定的货源、上下游的协同，这些才是最终制胜的法宝。而“新鲜卢森堡”公司正是拥有了这样的法宝。

“新鲜卢森堡”跨境 E 贸易打通“最后一公里”，还有一项硬实力，那就是河南航投双向跨境 E 贸易信息一体化综合服务平台。

这是一个全智能的信息化平台。这个平台为“新鲜卢森堡”项目的全产业链管控提供了对接海关商检，严把质量关，减少流通环节，降低商品价格等技术支撑，已完成与综合保税区通关服务平台的无缝对接。这样，可以让各级代理商和客户足不出户就能了解到自己的货物“在哪里”“怎么样”，从而提升了线上轻松购物、线下便捷体验的愉快生活。

河南航投努力打造的双向跨境 E 贸易、“新鲜卢森堡”项目，也是落实郑州—卢森堡“双枢纽”战略的重要实践，为河南融入“一带一路”增添了新的亮点。

2015 年 5 月 19 日凌晨零时 08 分，载有数十吨货物的一架卢货航全货机从新郑机场起飞，开启它的欧亚美环球飞行之旅，最终飞往美国芝加哥。

这条卢森堡—郑州—芝加哥国际货运航线，由卢货航波音 747-8F 执飞，每周两班。此航线开通后，新郑机场覆盖全球的航空货运网络骨架已基本形成，郑州打造国际航空货运枢纽进入新阶段。更为重要的是，这在河南民航史上具有划时代的历史意义：该航线横跨欧、亚、美世界三大主要经济区域，成为郑州新郑机场第一条采用第五航权的国际货运航线。

第五航权，就是指一个国家或地区的航空公司在经营某条国际航线的同时，获得在中途第三国装载客、货的许可，允许它中途经停，并且上下旅客和装卸货物。而目前，我国各地开通第五航权仅限于货运，有北京、上海、广州、天津、南京、烟台、武汉、厦门、海口、银川、郑州等机场。这对郑州航空港区来说，意味着对外开放程度提升到一个新的层次。

6 月 15 日，意大利意卢货运航空公司开通了郑州—米兰的全货机航线。此公司由意大利空中物流公司与卢货航共同出资成立，总部设在意大利北部的维佐拉·提契诺，运营枢纽为意大利米兰机场。

此货运航线的开通，实现了卢货航“郑州号”直飞意大利，进一步丰富了新郑机场货运航线的网络布局。至此，以郑州为亚太物流中心、以卢森堡为欧美物流中心的“双枢纽”战略得到了进一步深入。

2015 年 10 月 20 日，一架绘有“透视”漫画的波音 747-8F 全货机像只彩凤降落在新郑机场停机坪。这是卢货航的第 13 架波音 747-8F 巨无霸全货机，从意大利米兰直飞郑州，前来参加在郑州举行的卢货航 45 周年庆典。

为了庆祝成立 45 周年，卢货航专门定制了这架全新的波音 747-8F 全货机，9 月 28 日交付使用。

为精心打扮这架全货机，比利时著名漫画家 Phillippe Cruyt 在机身不同位置，以诙谐幽默的漫画描绘出货舱内部的真实解剖图：整车、超大货物、活体动物等形形色色的货品应有尽有。漫画展示了卢货航可提供的服务及运输产品的多样性和灵活性。整个机身由 460 块单独贴片组成一幅完整的彩绘图，这是波音公司有史以来为飞机提供的最大型彩绘，也是新郑机场历史上首次迎来如此大型的彩绘飞机。

这架新货机的到来，使“米兰—郑州”航线加密至每周 2 班，至此卢货航在新郑机场已达到每周 13 班的运力。截至 10 月 15 日，2015 年以来卢货航已累计执飞航班 277 班，货运吞吐量 4.3 万吨。在郑执飞的航班分别为：卢森堡—郑州，每周 5 班；卢森堡—巴库—郑州—芝加哥，每周 1 班；卢森堡—郑州—小松—芝加哥，每周 1 班；新加坡—吉隆坡—郑州—芝加哥，每周 2 班；芝加哥—郑州—新加坡—吉隆坡—卢森堡，每周 2 班；米兰—郑州，每周 2 班。

卢货航已开通至卢森堡、米兰、芝加哥、小松、巴库、新加坡、吉隆坡等 7 个海外航点，初步形成了覆盖亚太、横跨欧美的航线网络布局，已成为新郑机场定期货运航线航点数量最多、航班数量最大的航空公司。

而河南航投通过收购卢货航 35% 股权这一战略支撑点，全力助推实验区真正站上了全球的航空经济舞台，让“买全球、卖全球”的宏大愿景，变成了“大枢纽带来大物流”的美好现实。

2015 年 11 月 23 日，卢货航波音 747 全货机装载着 80 多吨来自欧洲的货物飞抵郑州，来自全国各地的 110 多吨货物，将由这架货机运载回欧洲。至此，卢货航 2015 年郑州航线的运货量首次突破 5 万吨。这对河南航投来说是一件值得庆贺的大喜事。河南航投为此举办了一场庆祝活动。卢森堡驻华大使石泰峒专门从北京赶赴郑州，在活动中宣读了卢森堡可持续发展与基础产业部部长弗朗索瓦·鲍施向省领导郭庚茂、谢伏瞻发的贺信。信中说，这些丰硕成果，反映出河南与卢森堡双方领导人达成共识的正确性，真诚期盼在今后的合作中能够进一步实现互利互惠，实现共赢和发展。

2017年6月13日，大力倡导和推动卢货航郑州货运航线项目的卢森堡首相扎维埃·贝泰尔亲自率团考察郑州新郑机场。30余摄氏度的高温丝毫没有影响卢森堡代表团的热情，年轻的首相和主要随行官员均西装革履，在中国驻卢森堡大使黄长庆，河南省副省长舒庆，河南省机场集团董事长杨献波、总经理李卫东的陪同下，首先来到新郑机场国际西货站，通过机场多式联运数据交易平台了解新郑机场货运整体情况和多式联运情况，贝泰尔首相通过同声翻译设备听得非常认真，不时点头，并不住地对河南机场集团董事长杨献波、总经理李卫东说："Nice！"

会谈中，贝泰尔首相表示，希望能够开通郑州—卢森堡的直达客运航线。

这一天，卢货航与河南机场集团签署了专属货站战略合作框架协议。

2017年6月14日，习近平总书记在北京会见了卢森堡首相扎维埃·贝泰尔。会谈中，习近平强调，要深化双方在"一带一路"建设框架内金融和产能等合作，中方支持建设郑州—卢森堡"空中丝绸之路"。[2]

这不但给河南机场集团加快发展带来了新的战略机遇，还让"一带一路"建设覆盖的维度更加广泛。在2016年新郑机场开通全货机航线中，飞往"一带一路"沿线国家的航班占50%以上。在全球前20位货运枢纽机场中，已开通15个航点。而在郑运营客运的航空公司有41家，开通客运航线187条，基本形成了覆盖全国及东亚、东南亚主要城市以及连接温哥华和迪拜的航线网络。

郑州，如今已成为中部地区融入"一带一路"的开放门户。

郑州—卢森堡这条"空中丝绸之路"，由新郑机场发往欧洲的货物也已辐射至德国、英国、法国、意大利、芬兰、比利时等重要区域，为沿线国家节点城市带来了大开放、大交流、大融合。随着航班的加密，将逐步形成以郑州为中心"一点连三洲，一线串欧美"的航空国际货运网络。而且，机场

[2]《习近平会见卢森堡首相 建设中卢"空中丝绸之路"》，新华社，2017年6月14日。

航空枢纽网络的不断完善，也极大地提升了口岸功能。目前，新郑机场已拥有进口水果、冰鲜水产品、食用水生动物、冰鲜肉类、澳洲活牛、国际邮件经转等6个指定口岸和跨境电商业务，成为国内进口指定口岸数量最多、种类最全的内陆机场，所有口岸业务均实现常态化运营，并达到一定规模。

下一步，新郑机场将加大基础设施建设的力度，工作目标主要有：建立卢货航专属货站，积极衔接冷链物流运输合作；开工建设新郑机场北货运区；全面推进新郑机场国际物流多式联运数据交易服务平台建设，通过搭建多式联运数据信息交易平台，实现“一单到底，物流全球”的目标，为客户提供效率最高、成本最低、服务最优的物流解决方案；进一步提升新郑机场的货物集疏功能，参与全球的物流分工和全球物流多式联运。

第十章

跨境电商

49 如果说郑州（新郑）综合保税区的设立标志着河南经济拥有了接轨世界的大平台，使河南在中部崛起进程中站在了新的制高点上，对外开放将进入一个新阶段，成为中部地区对外贸易重要的一“翼”，那么，以河南保税物流中心的特殊功能为前提要件，结合中部内陆区域的物流特性、企业的强烈需求，研究利用保税中心的平台功能而搭建的跨境贸易电子商务综合服务平台，无疑是中部地区对外贸易的另一“翼”。

跨境电商是跨境电子商务的简称，又称E贸易。它是通过电子商务平台达成交易、进行支付结算，并通过跨境物流送达商品、完成交易的一种国际商业活动。这个活动因网络而兴盛，也因网络发展起来一个新空间，即网络空间。这个空间，由一个网址、一个密码组成了别具风情的虚拟但又客观存在的世界。

让我们先来回顾一下中国 E 贸易的发展历程——

中国 E 贸易（即外贸 B2C），大概在 2003 年前后兴起。这主要得益于亚马逊、易贝（eBay）等美国新兴电子商务平台的崛起。最初，易贝（eBay）上出现了一些手工艺品、鼻烟壶、字画等，这些具有中国特色的商品赢得了老外的追捧，均曾红火过一阵。

1994 年 7 月亚马逊成立，开始时候只是一家网上书店。

1995 年 9 月易贝（eBay）成立，当时只是一个二手拍卖市场。

1999 年易贝（eBay）在全球扩张，初次登陆点是英国、德国和澳大利亚；2000 年进入日本和加拿大市场；2001 年底，eBay 交易平台遍及美国、德国、英国、澳大利亚、日本、法国、加拿大、意大利、奥地利、韩国、西班牙、瑞士、瑞典、新加坡、新西兰、爱尔兰和比利时；2003 年易贝（eBay）通过收购易趣网进入中国市场；2004 年收购中文网站卓越网。

2009 年亚马逊收购了 Zappos（一家美国卖鞋的 B2C 网站），英国时尚电商龙头 ASOS 快速崛起，引起中国跨境电商的关注。此时中国的服装服饰等产品逐渐成为外贸 B2C 的主要品类。直到 2010 年亚马逊才重新开始全球化战略布局，到 2013 年取代易贝（eBay），成为跨境电商热点。

中国 E 贸易的发展，是从金关工程开始的。

金关工程于 1993 年由国务院提出实施。目标是要建设现代化的外贸电子信息网，将海关、商检、外经贸、金融、外汇管理和税务等部门实现计算机联网，用 EDI 方式进行无纸贸易，全面实现国家进出口贸易业务的计算机化。

金关工程留下来的机构和成果，最突出的是海关的中国电子口岸、商务部国际电子商务中心，还有马云的阿里巴巴。

“中国电子口岸”是金关工程的重要组成部分，是在 1998 年亚洲金融危机期间，为打击走私和骗汇活动，紧急筹建、逐步发展起来的。海关总署等 12 个部委联合建立中国电子口岸，借助国家电信公网，将外经贸、海关、工商、税务、外汇、运输等部门的进出口业务信息流、资金流、货物流的电子数据，集中存放在一个公共数据中心，企业可以上网办理报关、出口退税、核销、转关等进出口手续。

中国国际电子商务中心成立于 1996 年，其使命是建立国家“外经贸专用网”，是商务部信息化建设执行机构和技术支撑单位，肩负着推动中国电子商务发展与应用、电子商务国际合作与交流的重任。

1997 年，马云带领团队在北京开发了外经贸部官方网站、网上中国商品交易市场、网上中国技术出口交易会、中国招商、网上广交会、中国外经贸等一系列国家级网站。在国际电子商务中心做解决方案时，逐渐让他有了建立国际电子商务网站的想法。

1999 年，马云带领 18 位创始人在杭州的公寓中正式成立了阿里巴巴，创立了阿里巴巴国际交易市场，成为全球领先的小企业电子商务平台，帮助全球小企业拓展海外市场。

2001 年，国家金关工程正式启动。

此时的阿里巴巴已经打通了中国商家与世界的跨境电商贸易信息壁垒，迅速成为最受欢迎的国际跨境电商平台之一。

随着互联网发展，有人将传统的纸质黄页搬到了网上，也就是网络黄页。我们称之为 B2B 电子商务的 1.0 时代。

电子商务 2.0 阶段是从 2004 年开始的。这个阶段，电子商务平台将线下交易、支付、物流等流程实现电子化，逐步实现在线交易。这个时候，中国 E 贸易在技术、模式、人才、产品等方面都已经相当成熟，但 E 贸易最大的短板——跨境物流依然是个难以逾越的难题。

2005 年，大家开始把热销产品和快销产品搬到线上，像化妆品、母婴产品等等。

2006 年，中国电子商务交易额突破万亿元大关。该年 11 月国家邮政与阿里巴巴签订电子商务战略合作框架协议，双方在电子商务信息流、资金流、物流方面达成长期战略合作伙伴关系。在信息流和资金流的电子化之后，物流电子化逐步成为现实，电子商务也由城市逐渐渗透到农村，这些都预示着电子商务 2.0 时代的到来。

2008 年，全球金融危机爆发，却催生和成就了中国外贸 B2C 行业，从而成为中国经济和电子商务发展历程中的转折年。

这一年，美国最大的 3000 家进口商在中国市场采购中所占的市场份额下降了 10%。同时越来越多的进口商开始尝试以小额度多频次的形式来规避风险。再者，金融危机也对 OEM（也称定点生产，俗称代工生产）造成强大冲击，特别是很多港台工厂生产的许多电子类产品、成衣等。

对外贸易遭受严重打击的全球经济危机，反倒扩大了外贸小额电子商务市场，互联网使网上小额批发或零售的便捷优势凸现出来。最为明显的是，价格低廉的中国制造商品在国外往往以数倍的价格出售。跨境电商利润一般比国内电商高 10%—20%，个别产品利润可达到 100%。

电子商务的 1.0 时代，平台服务商主要盈利来源是信息费、推广费、广告服务。而电子商务的 2.0 时代，盈利模式已转向交易佣金、互联网金融和网络配套服务等方面。

2010 年 11 月，阿里巴巴收购深圳达通，形成了从“外贸资讯”到“外贸交易”一站式外贸服务链条。以典型的外贸综合服务平台为客户提供包括融资、运输、保险、仓储、外贸单证制作、报关、报检、口岸通关、核销、退税等一体化的外贸操作服务。

2011—2012 年，经过前一轮的迅猛生长，中国跨境电商开始出现比较激烈的竞争。仅深圳一地，短短几年内就涌现出千余家外贸 B2C。于是，很多潜在的问题也随之暴露出来。首先是国际上对仿品和假货的抵制越来越严厉。来自外国政府的限制和消费者的抵制让中国跨境电商几乎陷入了被“全面封杀”的局面。仅 2012 年 12 月 2 日凌晨，美国有关部门就关停了 82 家商业网站，声称涉嫌销售假冒产品。

一时间，中国跨境电商行业中国外贸进出口遭遇寒流，呈现逐步回落态势。

2013 年 7 月，国务院出台促进外贸发展、提高外贸便利化水平的“国六条”，支持外贸综合服务企业的发展，为中小企业出口提供融资、通关、退税、物流、保险等外贸流通必要环节服务。这是首次在国家层面提出“外贸综合服务”理念，在全球都是一个创新。

2013 年《eBay 亚洲电子出口贸易报告》显示，中国的 eBay 卖家销售额上涨了 34%，远高于亚洲其他地区。在中国，年营业额超过 100 万美元的顶级卖家有 65 个，其中，收入最高的卖家年营业额达 1430 万美元。

回过来看不难发现，E 贸易的发展不只是政策的晴雨表，也是互联网发展的百科书，更是中国经济发展的见证者。

在这个网络世界，其独特的价值标准和行为模式，不仅深刻地影响着跨境电子商务，而且打破了几千年来传统的交易方式。

E 贸易不仅冲破了国家间的障碍，使国际贸易走向无国界贸易，同时也引起了世界经济贸易的巨大变革。对企业来说，E 贸易构建的开放、多维、立体的多边经贸合作模式，可以像国内贸易一样变得更便捷，极大地拓宽进入国际市场的路径，促进多边资源的优化配置与企业间的互利共赢。对于消费者来说，跨境电商让人们非常容易地获取其他国家的信息，买到物美价廉的商品及享受到更加周到的服务。“跨境”一词曾经所包含的种种不便，也将随着人们的记忆渐渐淡去。

E 贸易的业务模式，我国主要是企业对企业（即 B2B）和企业对消费者（即 B2C）两种。B2B 模式，企业运用电子商务以广告和信息发布为主，成交和通关流程基本在线下完成，本质上仍属传统贸易，并已纳入海关一般贸易统计。而 B2C 模式，我国企业直接面对国外消费者，以销售个人消费品为主，物流方面主要采用航空小包、邮寄、快递等方式，其报关主体是邮政或快递公司，目前大多未纳入海关登记。

E 贸易不同于以往的海外代购交易。根据中国电子商务研究中心的数据，

2013年海外代购交易规模达700亿元。近几年，中国海外代购交易规模连年翻番。当前，由于众多海淘商家缺乏正规的操作流程，在货源掌控、货品运输、售后保障上都存在隐患。

与之相比，E贸易就有了突出的优势。E贸易可以实现厂家发货，是真正的海外直邮。E贸易是具有进出口资格企业建立的销售平台，其所有产品均由海外厂商提供，通过正规的报关进口程序，将海外产品带到消费者手上。

E贸易还具有化繁为简的优点，简化通关流程，既省时又省事。

50

进入21世纪，一种新的购物方式渐渐成为不可阻挡的潮流——海淘，即通过互联网检索海外（境外）商品信息，并通过电子订购单发出购物请求，然后填上私人信用卡号，由海外（境外）购物网站通过国际快递发货，或由转运公司代收货物再转寄回国。

郑州的海淘族，是从少女萌妈们向往巴黎时装、意大利皮包、澳大利亚奶粉开始的。郑州海淘族，大多人都知道一个“海淘大本营”——商都BBS（bulletin board system的缩写，即电子公告板）服饰美容板块。

商都网是2005年2月由中国联合网络通信有限公司河南分公司通过河南省的门户网站商都信息港整合河南18个省辖市的信息港资源后而正式更名的。

有个叫张洁的80后女孩，开了一家服装店，她曾是商都BBS服饰美容板块爱美部落的“掌门”。

在2010年之前，以张洁为首的一群姐妹眼光不再局限于国内市场，她们把购物区域放到了全球范围。当“海淘”席卷而来时，用一张国际信用卡登录国外购物网站，打开英汉翻译软件，五光十色的高质量商品“摆”在眼前，不用去国外，只用指尖轻轻一点，通过网络即可购买到全球范围内最心仪的商品，而且还便宜——许多名牌商品在海外网站上卖得比国内实体店要便宜三到六成。

2013年4月的一天，张洁从新闻媒体报道中得知，郑州航空港区不久要建“全国网商交易中心”，人们下了飞机不出机场航站楼，就能买到奢侈品、特产、艺术品等；有大宗交易需求的商人，到航空港周边的商业专业街转一转，挑选、交易、打货，一切搞定。

在张洁看来，这真是太爽了。她再也不用绞尽脑汁去“海淘”了，服装店进货再也不用飞往广州、深圳，在家门口就能解决。甚至，她还能从跨境贸易中谋取新的商机。

像张洁这样的“海淘”服装店的经营者，恨不得郑州立刻就拥有一个海淘中心。

海淘的商品主要有两类：一类是不在中国内地销售的商品；另一类是特价商品，比国内价格低得多。如果郑州有个跨境贸易中心，那么这两点均可实现。

对于“海淘族”来说，足不出户就可逛遍世界市场，就可以买到国内市场没有的心仪商品。

海淘在价格上的优势十分明显。不过也有人称，很多商品国内外价格差别很大，并不全是因为关税，有的商品还是零关税，主要是因为本身定价的问题；有些商品在国内是奢侈品，而在国外可能就是大众品牌。

但是，海淘族们几乎有个同样的感受：一是语言不通；二是订购的商品必须通过转运公司寄到国内，再由国内快递寄到家中，“曲折”太多，运转周期太长，且物品容易发生损坏；再就是售后没有保障。遇到这种事，实在让“海淘族”闹心，他们渴望郑州能有一个为他们解决诸多难题的这样的平台。

2012年海淘用户消费数据显示：2011年全国“海淘族”人均支出1514元，消费总规模同比增长了117%，高于国内网购64.7%的增长速度。杭州有一位“海淘客”花费超过310万元，成为全国第一的“海淘帝”，这笔金额相当于在美国洛杉矶买一栋小别墅；而屈居亚军的要算上海的一位买家，2011年海淘花销了37.5万元，相当于在国内“败”掉一辆宝马。

令人瞩目的是，二、三线城市的人们更舍得花钱，他们的活跃度迅速提升，“海淘”消费人群正从发达城市白领，向二、三线城市的前卫消费人群普及。

国内有个“双 11”，国外有个“美国购物季”。当国内的“双 11”促销之战刚刚偃旗息鼓，热情未减的中国网民又投入“美国购物季”中进行海淘。

根据支付宝数据，2011 年美国购物季期间，中国网民跨境消费额同比大幅增长，达 140%。而从地区上看，“海淘”的主力军主要集中在北、上、广。河南在全国排第 10 名，消费占“海淘”交易量的 5%；国内消费者超过八成的“海淘”在欧美网站上产生，购买的产品主要包括母婴、服饰、美妆、保健、数码产品等；另据全球支付巨头 PayPal 报告显示，11% 的中国网购者为跨境“海淘”一族，约有 1800 万人，跨境网上支付交易额约 27 亿美元。由此可见，“海淘”在中国有着巨大的市场潜力。

一个跨境电子贸易竟有如此大的交易数额。国人感叹，如果把这笔庞大的海淘交易额留在国内，那将会产生多大的经济拉动力。河南人却在想，能留在河南，留在郑州，那该是一件很美妙的事情。

2012 年 11 月，腾讯旗下的第三方支付公司财付通与美国运通国际股份公司合作，推出首款虚拟支付产品“财付通美国运通国际账号”，开通该账号就可进行跨境人民币结算。此前，国内消费者需要持有 VISA（一种信用卡）或万事达标志的双币卡才能在海外购物网站购物，而现在，拥有任何一张国内银行卡都可以，不少海外购物网站也开始设置中文网页来服务中国客户。

这对“海淘族”来说，无疑扫清了语言不通上的障碍。

同年 12 月 19 日，由国家发改委、海关总署共同开展国家跨境贸易电子商务服务试点工作在郑州推行，郑州、上海、重庆、杭州、宁波 5 个试点城市同时获得授牌。由此，中国跨境贸易电子商务发展进入新阶段。

国家跨境贸易电子商务服务试点城市（简称“E 贸易试点”）将通过先行先试，依托电子口岸建设机制和平台优势，实现外贸电子商务企业与口岸管理相关部门的业务协同与数据共享，解决制约跨境贸易电子商务发展的瓶颈问题，优化通关监管模式，总结制定跨境贸易电子商务涉及的通关、结汇和退税等方面的管理办法及标准规范，提高通关管理和服务水平，从而促进我国跨境贸易电子商务发展。

成为E贸易试点城市，郑州E贸易的发展翻开了崭新的一页——成为全国唯一一个利用综合保税监管场所进行试点的城市。这是郑州特色，也是优势所在。也就是说，郑州的试点工作是从河南保税物流中心开始的。这个中心像一个进出口产品的“电子贸易货栈”，它可以改变像张洁那样的跨境电子商务“小额、多单”的方式，可一次性报关大批国外产品，都放在这个保税物流中心的仓库里。换言之，国内消费者网上下单后，可直接从保税物流中心的仓库里发货——这里就成了集全球国际名牌的一个货源点。比如，法国的服装和香水，意大利的包，澳大利亚的奶粉，美国的奶瓶，等等，将会应有尽有。这样，不但节省报关、物流等成本，而且大大缩短了消费者等货的时间，如果中国消费者对产品有退换要求，也比以前要方便得多。

E贸易试点工作方案，不只包括货物进口，它还包括出口。这不仅让“海淘族”的梦想在一点一点成为现实，而且还带动了综合保税区内电商服务业、代购业、金融业等行业的兴隆。

有位蔡女士和她的伙伴们在郑州正经营着一家电子商务代运营公司，公司将带领更多还没有“触网”的企业叩开电商大门，而且还能在国内范围找到买家。

电商代运营公司在杭州有上万家，在北、上、广地区，这一群体数量更多，那里是电商代运营公司的“天堂”，可在中部河南，这样的电子商务服务提供商最初仅有几家。蔡女士的公司就是其中之一。公司成立一年多，仅招揽了4家客户，公司效益很不好，那些传统企业还没有完全意识到电商时代已经到来——由此也可看出内陆城市与沿海城市观念的差距。

郑州航空港区的获批，给正走得步履蹒跚的蔡女士等商户带来了信心，他们已经看到了电子商务在这里即将兴起的势头。综合保税区、保税物流中心、E贸易试点城市，还有政府接连出台的政策，河南正在把全球商品汇聚然后再分散到全国，还要把本土产品通过电子商务推介到国外。

一切就绪，东风已起，这将给蔡女士和她的同行们带来无限的商机。

转眼间，郑州成为“海淘族”的提货中心，也为国内外电商、物流商提供了打开中国二、三线城市市场的契机。国外商品囤积在郑州，消费者下单后就可直接从郑州报关拿货。与以往相比，单件进口货品一两百元的报关物流费用，至少可节省四成。

如此实惠的低物流成本解决方案及保税区先行先试的政策支持，让众多电商、物流企业纷至沓来。如 eBay、阿里巴巴、敦煌网、递四方物流、联合包裹、澳航等世界知名电商和世界物流巨头供应商，早有意愿在这棵“梧桐树”上筑巢了。

51

2013 年 9 月 9 日，是阿里巴巴的 14 岁生日。

这一天，阿里巴巴集团董事局主席、菜鸟网络科技有限公司董事长——马云来到了郑州。这位商界传奇人物，穿着一双黑色布鞋，一件天蓝色中式对襟外衣，显得休闲、淡定，看不出一点“传奇”气质。

马云当然不是来休闲的。他是来与河南洽谈合作的。河南省领导郭庚茂、谢伏瞻热情会见了他。

马云说到了郭台铭。他说郭台铭给他讲了很多遍，河南怎么怎么尊重企业家，他觉得今天他来对了地方，在这里，他们一行确实感受到了河南对企业家的尊重。

马云还坦诚地说，他的成功不是因为他马云或者他的团队有多能干，而是时代给了他们机会，而他们也正好梦想着通过消费来改变生产制造、影响生活方式，最后影响到产业升级。

马云认为，兵家最理想的境界是“不战而屈人之兵”，而企业家最理想的境界是“解决政府想解决的老百姓的问题”。多年来，马云追求的方向即是如此。

郭庚茂说，河南正充分利用自身的独特优势，着力推进航空港、铁路港、公路港建设，利用中原经济区规划确定的全国重要的现代综合交通枢纽带动现代物流，着力打造现代交通体系、现代物流配送体系、现代产业体系、现代电子商务体系、现代信息支撑体系，将促进河南后来居上，加快实现中原崛起、河南振兴。

郭庚茂指出，在全球化、信息化背景下，世界是平的，变中才能求胜。电子商务加物流快递代表了世界经济的新潮流，已经改变了人们的交易方式、消费方式、生产方式，这种变化，是革命性、战略性的调整。阿里巴巴和菜鸟网络的发展战略与河南着力发展电子商务、建设现代物流体系的战略有很多契合点。

马云对郭庚茂的观点也很赞同，称“河南建设航空港，是一个非常妙的战略”，这些与他们公司建立以消费需求为主导、把实体经济与虚拟经济完美结合的发展理念是高度一致的。

郭庚茂表示，马云董事长能参与到郑州跨境贸易电子商务服务试点中来，这是双方有共同的志愿、共同的战略眼光，可谓“志同道合”。

谢伏瞻希望马云把郑州作为菜鸟项目的核心节点城市，并且表示“河南方面愿意创造可预期的市场环境，为项目落地发展提供有力支持”。

“志同道合”促成“相为谋”。两个多月后的 11 月 27 日下午，河南省政府与菜鸟网络科技有限公司签订战略合作框架协议，郭庚茂、谢伏瞻、马云、“菜鸟”首席执行官沈国军出席了签约仪式。

双方共同签署了《河南省人民政府菜鸟网络科技有限公司战略合作框架协议》和《中国智能骨干网（郑州航空港实验区）项目投资合作协议》以及《中国智能骨干网郑州电子商务物流配送暨运营中心项目投资合作协议》。

马云这位电商界的重量级人物，为何来了一次就对河南那么倾心，合作行动如此迅速？用马云的话说，这么快就谈成合作，除了河南本身具有的优势外，更主要的是河南对其实行的“省长工程”。

3 年前，郭台铭被河南省委、省政府主要领导当作最尊贵的客人之一，在洽谈合作项目时候，河南省委、省政府将富士康落户郑州作为“省长工程”来抓。如今，马云和他的菜鸟公司来了，照样被定为河南的“省长工程”。

郭庚茂说：“河南省委、省政府2011年引进富士康是一件大事。今天，省委、省政府这次与菜鸟网的合作同样是一件大事。”

几个月前，郑州航空港区已经与阿里巴巴和菜鸟公司进行过接触和沟通。时任省委常委、常务副省长李克曾与马云在北京会面。加之前不久河南主要领导与马云的会晤，河南对企业家的那份尊重和诚意，确实感动了马云。

“菜鸟网络”，是在2013年5月28日，由阿里巴巴集团、银泰集团、联合复星集团、富春集团、顺丰集团、三通一达（申通、圆通、中通、韵达），以及相关金融机构联合成立的一个新公司——菜鸟网络科技有限公司，并由此启动的物流项目“中国智能骨干网”。马云给这个项目的新公司取名为“菜鸟网络”，寓意永远保持菜鸟一样的学习心态。马云任董事长，沈国军任首席执行官。

在阿里巴巴集团内部，定位于数据化分析、追踪的“物流宝”，其代号为“天网”，而涉足实体仓储投资的菜鸟网称为“地网”。

“菜鸟网络”计划首期投资1000亿元，希望用2年的时间，打造遍布全国的开放式、社会化物流基础设施。

“菜鸟网络”称，这将是一张能支撑日均300亿元，即年约10万亿元网络零售额的智能骨干网络。终将“让全中国任何一个地区做到24小时内送货必达”。

不过，阿里方面反复强调的一点是不做自建物流。其核心目标是为电子商务企业、物流公司、仓储企业、第三方物流服务商等各类企业，提供平台服务而不是自建物流或者成为物流公司。

这次与河南的签约，菜鸟公司超10亿元的项目分别落户在郑州航空港区和郑州经济开发区。在郑州航空港区的项目包括：新型物流仓储及电商产业集聚园区、多式联运转运基地、保税物流基地、电商产业园；在郑州经济技术开发区主要建城市分拨中心、物流配送基地及数据处理中心。

郑州成为继天津、杭州、广州、武汉之后，菜鸟公司布局全国的又一重要物流节点城市，而菜鸟公司在一、二线城市的布点网络已初露芳容。这也是马云打造“马云帝国”重要战略的重要步骤之一。按马云当时的规划，要在 9 个核心城市建立中央仓储，并在 20 余个城市建立中转仓储，菜鸟公司将在全国 2000 多个城市进行布点，总投资超过 3000 亿元。

“菜鸟网络”将通过自建、共建、合作、改造等多种模式，在我国形成一套开放共享的社会化仓储设施网络。同时，建立开放、透明、共享的数据应用平台。

目前，淘宝解决了网上购物的问题，支付宝解决了结算问题。而“菜鸟网络”，是马云正在全力打造的与淘宝、支付宝相匹配的无缝衔接的体系，解决的是物流配送问题。

“菜鸟网络”落户郑州航空港之前，已有联合包裹、联邦快递、敦豪等知名物流巨头，“四通一达”等国内知名物流企业入驻，京东商城、当当网等电子商务企业也均在郑州航空港建立了仓储、配送和呼叫中心。

52 在电商大佬相继“落户”郑州航空港区的同时，河南本土首家新型跨境贸易电商平台“万国优品”，于 2014 年 1 月 18 日测试上线，这让郑州“海淘族”全球购物多了一个选择渠道。

对消费者来说，“万国优品”只需在平台上付款下单、坐等收货，平台负责关税申报。不用再担心以往代购、“海淘”物品被海关扣押或被罚没。而且，以往 15—20 天的海外代购物流周期，在该平台上将缩短为 2—3 天。

对海外品牌而言，只需把商品交给“万国优品”，它将帮助解决商品从物流中心到消费者手中的一系列问题，比如物流清关、关税申报以及售后服务等。

伴随着电子商务风起云涌，网购已进入寻常百姓家。作为 E 贸易试点城市，郑州正在“买全球、卖全球”的征途上开疆拓土，描绘着世界商都的美好蓝图，再次向世人昭示着创新带来的无穷魔力。

由 E 贸易引发的这场商业大变革，则是互联网渠道整合、物流形式改变，进而助推区域经济转型升级的结果。而这些深层次的变化，无疑会给中国经济转型、河南经济爬坡过坎带来影响。

如今在郑州，德国啤酒随处可见；整车汽车口岸就在眼前；韩国馆让你在家门口就能买到正宗韩服……

当网络成为连接世界的触角时，郑州航空港、中欧班列（郑州）、开放口岸，都为郑州插上飞向世界的翅膀。“买全球、卖全球”的美好愿景与郑州航空港实验区、跨境 E 贸易试点城市的生动实践交相辉映。

2014 年 4 月 2 日，郑州国际会展中心轩辕堂内座无虚席。围绕“大变革——跨境电商新时代”这一主题，谷歌全球副总裁、大中华区总裁石博盟，当当网联合创始人李国庆，敦煌网 CEO 王树彤，eBay 大中华区 CEO 桂镭等近 20 位电商精英分别发表演讲，并展开了互动交流。

这场关于跨境电商的思想盛宴，诠释的不只是一种全新商业模式带来的沧桑巨变，更为郑州发展跨境电子商务注入了“强心剂”。

敦煌网 CEO 王树彤认为，跨境电商正从量变走向质变，下一个十年将是其发展的“黄金十年”。她说，郑州航空港区建设为河南发展跨境电子商务提供了强大的航空物流支撑，为郑州发展跨境 E 贸易提供了宽广平台，郑州应多引进电商平台，注重培养相关人才，打造全球货物集散中心。

5 月 14 日，由河南省商务厅与谷歌公司共建的 Google Adwords 河南体验中心在郑州揭牌。这是谷歌公司在我国成立的首家 Adwords 体验中心，也是双方联合打造的中国中部企业国际贸易电子商务服务基地。谷歌公司成功入豫，创下了世界 500 强公司落户河南的速度纪录。根据合作备忘录，双方将重点发展 5—10 个标杆性跨境电子商务企业，培育 30—50 个本地跨境电子商务专家，建立全面的跨境电子商务支持架构和流程。

时隔一周，淘宝网“特色中国 · 河南馆”上线。河南这个农业大省的农产品将跃入销售“蓝海”，通过线上线下融合互动，把新郑大枣、铁棍山药、郑州烩面等名优特产通过网络推向全国各地。

初夏时节，河南保税物流中心6号库——E贸易分拣查验中心，一派繁忙景象。

数十名工作人员在流水线上排开作业，从大宗货箱进场，再到打单、配货、包装、装单、复核、封箱、贴单、码箱，最后进入X光机扫描，出库送往消费者，最快仅需几分钟。

“别小看这短短的流水线，能把全世界的商品和亲们（网购称客户为‘亲’）连接到一起。”正在流水线上作业的小朱手上货箱的信息单显示，福建省宁德市的韩先生通过“保税国际”电商平台订购了6罐德国原装奶粉。

小朱风趣地说：“买这些东西的邮费与用时只相当于国内快递，奶粉保真，亲，还能退货哟。”

“平台商、物流商已提前将货物从国外运到保税区，货物已集中报关检验，消费者通过国际电商平台下订单，我们可以直接按照订单从郑州分装发货，税少、邮费少、成本也平摊少了。全球和郑州的联系，跟郑州同城的联系差不多。”工作人员小李解析了其中的奥妙。

6号库总面积5438平方米，目前仓储量进口货物350个品牌85000件商品。每天有1000多名消费者可以拿到这里发出的海淘宝贝。

郑州试点的成功实践生动折射出跨境电商有着美好的发展前景。面对巨大的市场，不少传统企业非常看好跨境电商之路。位于高新区的世界工厂网，已经跃入全国第四大跨境B2B业务平台，每天独立IP访问量在150万左右。

2014年5月23日，省E贸易平台——河南保税物流中心与韩国著名电商物流企业华唐国际物流公司正式签约。双方将成立合资合作公司，建立完善的物流体系和通道，使韩国商品顺利进入中国，同时也建立经郑州—仁川到世界上130多个城市的跨境电商通道。

河南保税物流中心与华唐国际的合作主要包括两大内容：一是打通物流通道，即郑州—仁川到世界多个城市的物流通道，以保证商品在郑州的进出更加顺畅高效，以仁川机场为中转站，完善郑州通向全球的物流链条，对郑州航空港经济综合实验区的建设形成促进作用。二是双方将合作运营“中大门”电商平台，韩方将把中国消费者钟爱的世界各国商品，以更加优惠的价格运往中国；而中方则负责运营电商平台，并建立中国首家大型进口商品线下体验馆，以保证郑州E贸易平台轻松实现“买全球、卖全球”，双方更好地实现资源融合、优势互补、各取所长。

一个个跨境贸易大门向郑州徐徐打开，改变的不仅是百姓消费生活，更带来了产业结构之变。

除了韩国馆，随后的德国馆也将携电动牙刷、厨卫用品等数百个品牌进驻航空港区，把世界各国最好的产品以这种最实惠的价格、最经济的方式带给中国消费者，郑州将是全国第一个“吃螃蟹”的城市。

到2014年5月底，郑州E贸易试点的进出口额是1572.35万元，在全国六个试点中排名第一。试点运行初期，一个星期才能处理300票（指包裹单数）；现在平均一天就能处理500多票，通关速度每天都在增长。

河南E贸易试点项目运营不到一年，直通世界13个城市，贸易进出口货值130多亿元，为100余家商户提供实货测试服务。2014年上半年，河南物流保税中心已有备案企业131家，备案商品25223种，韩国企业2000余家，德国企业310余家，以色列企业100余家，并且吸引本地电商迅速崛起，电商交易平台、电商产业园区、快递物流园区、金融支付企业等产业逐渐集聚起来。

2015年8月11日，郑州市跨境贸易电子商务服务试点获批三周年。

3年来，郑州E贸易的发展可谓突飞猛进：2012年8月11日，郑州E贸易获国家发改委正式批准；2013年7月15日，郑州E贸易开始首单业务测试；2015年1月，郑州E贸易单月受理进口申报单100.9万票，首次突破单月百万票大关；2015年3月3日这一天，郑州E贸易就受理进口申报单102.5万票，当日峰值创历史新高。

至2015年7月31日，郑州E贸易已创下“三项指标”跃居全国试点城市首位：完成测试商品约2067万包，是其他6家试点城市的总和，业务量跃居试点城市首位；实现货值 17.73 亿元，税款 6.9 亿元，纳税额跃居试点城市首位；入驻海关备案企业 588 家，敦豪、新西兰邮政、memebox、聚美优品、网易、小红书、蜜芽宝贝、美国购物网、京东国际、中通国际、中邮集团等知名企业在郑州试点或“落地”或开展战略合作，参与企业数量跃居试点城市首位。

郑州 E 贸易还首创将保税监管模式、邮件监管模式、快件监管模式集合成新的“1210 监管模式”，成为海关总署面向全国推广的“郑州蓝本”；进口化妆品业务占全国市场份额的 80% 以上；聚美优品、京东国际、中通国际都把郑州 E 贸易作为全国首选合作伙伴，联手创下单日业务量突破百万票的佳绩。

2015 年 8 月，在河南保税物流中心东北角，一座综合查验中心保税仓库已进入主体钢结构施工阶段。不远处的 165 亩仓储设施也在施工，年底建成后将成为集仓储、国检、通关、直购于一体的综合性保税仓。近期可实现日均处理 100 万包的仓储能力，远期满足日均处理 500 万包的仓储能力，有效缓解未来跨境货物频频“爆仓”问题。

到当年 10 月 25 日，郑州跨境贸易电子商务服务试点共备案商品 107629 种，其中备案进口商品 106643 种，出口商品 986 种；实现进出口货值达 29.37 亿元。

更令人振奋的是：累计有 971 万人通过郑州试点网购进口商品，收件人分布在中国境内的所有省份。出口业务收件人则分布于 73 个国家和地区，前 5 位是：英国、美国、法国、加拿大、日本。

同时，河南本土的世界工厂网已成为全国最大的装备制造业 B2B 外贸平台，而许昌的瑞贝卡等人发制品利用海外仓模式，成功开拓北美、南非等地的零售市场。许昌已成为全球最大的发制品生产基地。

跨境电商涵盖贸易、平台、物流、金融、服务等多个环节。河南省共备案此类企业 795 家，其中电商企业 363 家，电商平台 262 家，配套服务的支付企业 35 家，物流企业 19 家，仓储企业 86 家，报关企业 30 家——郑州跨境贸易电子商务产业链已经基本成型。

在上半年的国务院常务会议中，关于降低进口产品关税试点、税制改革和恢复增设口岸免税店的相关政策，表明了中央促进消费回流国内的决心。

此间，河南省也把“抓电子商务”放在保增长、保态势重大专项首位，提出了建设跨境电子商务综合试验区的目标。当区域发展战略与国家政策交集时，河南的跨境电商迸发出了巨大能量，综合跨境 B2B、海外 O2O、海外仓、跨境 B2C 这些跨境电商的发展模式，在河南都得到了快速发展。

53 2016 年 1 月 12 日，国务院批复建设中国（郑州）跨境电子商务综合试验区（简称跨境电商综试区）。随后，《中国（郑州）跨境电子商务综合试验区建设工作行动计划(2016—2018 年)》也正式“出炉”。5 月 3 日，河南省政府印发了建设实施方案，成立了领导小组。5 月 20 日，河南省政府召开了高规格的建设工作动员大会。

从 E 贸易试点到跨境电商综试区，并不是试点城市的简单升级版，而是一个多点、多模式的全面创新版，两者不是一个概念，有着本质的区别。

从实施范围看，E 贸易试点仅限于郑州市，综试区则是立足郑州、梯次推进、全省推开、共同发展，所有的创新举措经过试验、评估后，均可以在全省复制推广。

从发展方向看，E 贸易试点主要侧重于进口，以 B2C 模式为主，综试区则是以出口为主攻方向，以 B2B 为主要模式，扩大出口，规范进口，促进进口与出口协调发展，真正实现“买全球、卖全球”。

在工作重点上，E 贸易试点主要是线上零售交易，而综试区则把推动外贸领域供给侧改革、促进产业发展作为重点，着力实现线上线下有机融合、互相支撑、联动发展。

《中国（郑州）跨境电子商务综合试验区建设工作行动计划（2016—2018）》鼓励跨境电子商务企业、传统外贸企业、中小网商积极参与，推动跨境电子商务 B2B、B2C、O2O 等多种业务模式共同发展，创新跨境电子商务监管服务模式，打造进出口商品集疏交易示范区和内外贸融合发展示范区，着力扩大进出口规模，进一步引导提升居民消费，促进产业转型升级。将 B2B 模式作为跨境电子商务发展的重点，政策上侧重于鼓励企业做大做强，培育跨境电子商务的产业链，形成以技术、品牌、质量、服务为核心的外贸竞争新优势，以扩大出口作为主攻方向。

实施过程中，河南采用三个阶段渐次推进。第一阶段：加快完善提升“单一窗口”综合服务平台功能，立足郑州，以航空港区为核心，支持郑州市先行先试，加快推进；第二阶段：到 2016 年底拓展到洛阳、开封、南阳、焦作、三门峡、信阳、新乡等市；第三阶段：2017 年拓展到全省所有在“单一窗口”综合服务平台登记备案的各类市场主体，打造进出口商品集疏交易示范区、对外贸易转型升级试验区、监管服务模式创新探索区、内外贸融合发展实验区，最终实现一区多园、一园多点，多点布局、多主体运行、多模式发展。

综试区建设的主要任务是“三个平台、七个体系”。三个平台是指线上“单一窗口”综合服务平台、线下综合园区发展平台、人才培养和企业孵化平台。其中，线上“单一窗口”综合服务平台主要是建设海关、商检、税务、外汇、商务、工商、交通、邮政、金融、保险等多位一体的跨境电商“单一窗口”。线下综合园区发展平台主要是高起点、高标准规划建设一批跨境电商综合园区，一区多园、一园多点、良性竞争、错位发展，有力支撑线上“单一窗口”综合服务平台。七个体系指信息共享体系、金融服务体系、智能物流体系、信用管理体系、质量安全体系、统计监测体系和风险防控体系。

“三个平台、七个体系”建设是一个有机的整体，核心目的是推动跨境电子商务自由化、便利化、规范化发展。

2016 年，是河南跨境电商的发展“风起云涌”的一年。这一年，郑州海关累计监管跨境电子商务零售进出口商品 5741.5 万单，增长 13.3%；商品金额 66.5 亿元，增长 64%，新郑机场及口岸作业区跨境出口累计达 22.8 万余票，货值达 416 万美元，其中“双 11”当天出口 10227 票，货值近 10 万美元，首次实现单日出口突破 1 万票。

郑州航空港区跨境电商业务龙头企业带动作用明显，京东、唯品会等知名电商企业进出口业务大幅增长，跨境出口发力迅猛。郑州航空港区跨境电商示范园将跨境贸易与一般贸易相结合，打造高端供应链平台，先后与韩国、意大利、秘鲁、澳大利亚等“一带一路”沿线国家开展战略合作，已吸引跨境电商企业、配套服务企业等近 60 家企业入驻，涵盖 6000 余种进口商品，包含母婴用品、化妆品、进口汽车等。

郑州航空港区致力于构建跨境电子商务产业链、生态圈，吸引更多国内外电商企业，力争到 2020 年跨境电子商务年交易额超过 100 亿美元。其中，郑州航空港区跨境电商示范园在 2017 年打造了“意大利文旅小镇”及跨境奥莱购物商城，在全省 40 多所高校设立进口商品体验店，深度利用电子商务平台，整合“一带一路”沿线文化旅游产品，推进沿线城市经贸合作。

在新型跨境电商产业链加速形成的过程中，郑州国际陆港建设也从中获益颇多。如果把跨境电商比作陆港建设的“天线”，陆港建设就是跨境电商的“腿”。

有关专家认为，国际陆港通道是陆上“丝绸之路”，跨境电商就是网上“丝绸之路”，都会让郑州与世界紧密相连。

这些变化会带来新的消费热点和科技革命，让郑州成为时尚引领之城、科技之城，成为全国重要的物流、金融节点城市之一。

跨境电商驰骋，绿城“蓝海”逐梦。“指尖上”的郑州，已经实现完美华丽的转身——郑州，这个千年商都，在新时期发展的机遇中，在与世界共舞的跨境电商大舞台上，一跃成为全球网购商品集散分拨中心。

有专家预言，快则五年，最长十年，跨境电子商务必将成为未来国际贸易的主导形式之一。在此趋势下，未来郑州有望成为全国最大的跨境电子贸易集散地。

第十一章

港区智库

54 2016年4月8日，惠风和畅，芳菲滴翠。郑东新区清澈的如意湖水荡漾着层层涟漪，湖畔上垂柳轻轻摇曳。如意湖边的郑州国际会展中心，正在举行由河南省人民政府、中国国际贸易促进会、中国人民对外友好协会共同主办的第十届中国（河南）国际投资贸易洽谈会。

来自世界86个国家的2.2万名“豪客”汇聚一堂。会展中心一楼的大厅里，播放的是充满河南元素的宣传片——《开放的河南欢迎您》，奔腾不息的黄河、庄重肃穆的拜祖大典、蓬勃发展的航空港区、国际范儿的会展中心等镜头，无不彰显着河南特色。

有朋自远方来，其乐融融。上午 9 时 30 分，时任河南省委书记谢伏瞻宣布开幕。时任河南省省长陈润儿致辞。

陈润儿说："近年来，在党中央、国务院坚强领导下，河南经济蓬勃发展，经济实力显著增强，成为全国经济大省、新兴工业大省和现代农业大省，展现出交通优越、产业完备、要素充足、投资便利的开放画卷。中原大地已经成为投资兴业的沃土、成就梦想的舞台。"

"开放、创新、绿色、共享"是整个投洽会的主题，以推动双向投资为重点，以专题推介、产业对接、项目洽谈、展览展示为主要内容，为与会各方加强合作交流、扩大投资贸易提供更多发展商机。

该届洽谈会为期 3 天，共举办 3 项重大活动、10 项专题活动。在这些活动中，"豪客"们将 3300 多亿元人民币"掷"在了中原大地。

4 月 8 日下午，本届投洽会十项重要专项活动之一，由河南省人力资源和社会保障厅主办，河南省外国专家局承办，河南省国际人才交流协会协办的河南省第三届海外高层次人才智力引进暨项目对接洽谈会在郑州天鹅城国际饭店举行。来自美国、德国、英国、加拿大、法国、俄罗斯、日本、新加坡、澳大利亚及中国香港等 34 个国家和地区的院士、教授、知名专家及境外专家组织、中介机构代表 200 余人出席了这个活动；省辖市、直管县（市）人社局、外专局、郑州航空港区、省属高校、科研院所、大型企业等有关引智项目单位及有关人才智力需求部门的人员 200 余人参加活动。

该活动以"融全球人才智力，促河南创新发展"为主题，旨在搭建我省海外高层次人才智力项目对接平台，展示我省优惠的招才引智政策，吸引更多海外高层次人才来河南创业发展，为河南经济社会发展提供强有力的人才智力支撑。

近年来，河南省委、省政府高度重视人才工作，陆续出台、落实了一系列激励、支持政策，广泛吸引和集聚海外高层次人才，为河南改革开放和现代化建设提供了有利的人才保障和智力支持。

“十二五”期间，资助引进各类外国专家达到 1 万余人次，有 4 名外国专家入选“国家外专千人计划”。他们把河南作为第二故乡，积极投身我省改革开放和经济社会发展，积极推动我省同海外各领域合作交流，为我省重点领域发展、重大科学研究取得关键性突破发挥了积极作用，成为河南创新发展的有生力量。

仅这次活动，就达成人才智力引进合作项目意向 103 项。其中，现场签约 10 项。

在这样一个背景中，郑州航空大都市研究院正式成立。郑州航空港区首席顾问约翰·卡萨达教授任院长。这就意味着在管理机制方面，卡萨达成为研究院学术与项目研究方面的最高决策人。

“航空大都市”是一种新型的城市形态。约翰·卡萨达教授如是说。

这种新型的城市形态在世界上不少国家早已上演，并且都已成为以航空经济为支撑的成功典范，比如美国的芝加哥和孟菲斯、荷兰的阿姆斯特丹、德国的法兰克福、阿联酋的迪拜、韩国的松岛新城等等，而这种新型的城市形态在中国中部郑州航空港区正在上演。按照规划，如今基本完成了基础设施建设，航空大都市的框架已经形成。

郑州航空港区要建设成国际性航空大都市这一新型城市形态，就需要高端科研人才和科学理论来导航。方向正确才会少走弯路，不走错路。

郑州航空大都市研究院的发展定位，包括四个方面：组建专家智库、开展科学研究、推动航空港实验区持续发展，发展教育培训、开展合作办学、提升人才国际化水平，提供咨询服务、推广空港模式、助力航空大都市建设，对外交流合作、建立行业联盟、促进国际品牌打造等。

郑州航空大都市研究院制订了明确的发展目标——

围绕充分体现空港特色的全面国际化建设和产业价值提升，充分依托“航空大都市智库资源”，与国内外相关航空城、科研单位、领军企业和高等院校建立广泛联系，开展科研、人才、项目等多层次的交流与合作，促进国内外优质教育资源联合世界知名企业集团在航空港实验区设立分支教育培训机构，合作开展航空大都市领域的高层次人才培养和素质提升。

参与实验区规划建设，运用自身研究成果，帮助实验区解决发展建设过程中遇到的问题与困难，促进实验区运作效率提升，增强产业间联动效应，并结合航空大都市建设过程中的共性问题，开展合作研究，建立知识资本、科研资源、产业资本、金融资源的无缝对接机制，实现科研成果的逐步转化。未来的研究院，将成为集航空大都市人才教育培训、科学研究、行业合作、咨询服务和规划建设于一体的综合性机构。

一句话，郑州航空大都市研究院，就是郑州航空港区的“发展智库”，是将航空港区建成国际航空大都市的重要智力支撑，是航空港区全面实现城市国际化的重要平台，是卡萨达“航空大都市”理论实践、发展、创新的载体。

2013年5月18日，卡萨达中国工作室在郑州航空工业管理学院正式成立。

卡萨达中国工作室由卡萨达和河南航空经济研究中心共同创建，下设卡萨达办公室、秘书长办公室、博士工作室和若干研究团队。

这个工作室，是他在中国成立的唯一工作室，也是他在中国首次设立开放式研究机构。从此，郑州就由他的常飞点变成了常住点。有人问他为什么这么钟情河南？他说，他所敬佩的是河南人那种锲而不舍的执着精神。

工作室成立仪式上，善于引用生动故事和经典案例的约翰·卡萨达，形象地阐述了他“航空大都市”理论中的行动方针。

比如，他在谈到物流模式时，对于“是运自己的货还是运别人的货”这个问题，他肯定地说，这两手，郑州都要硬。为什么？因为大枢纽可以成就大物流。此时，话锋一转，如果有了大枢纽后，郑州要做谁的物流？

这时他分析，摆在郑州面前的，似乎有两条路：一条是自己发展货物市场，并且自己产货自己运，比如24小时内就能运到世界各地的iPhone手机。第二条路是依托已有的地面交通优势，组织周边区域的货物做个“组织运输者”。

就当下而言，他个人比较倾向制造业向外运输，比如郑州已经是iPhone

手机的重要输出基地。

“自己有货源，这是航空港应有的基础；组织周边货源，这是航空枢纽应有的能力。郑州有这样的地面交通优势，关键是在空铁联运中怎样架构才更顺畅，在你这里运输比别人成本低，别人的货才肯来。”

降低成本还是要“通路”。卡萨达说：“对于一个航空大都市来说，真正的问题从来不是地理距离，而是所需要的时间和所需要的花费。机场只能负责空中运输，那么从机场到工厂之间的地面运输重要性凸显出来，这是郑州港做物流成功的关键。”

通完“地路”也要通“天路”。卡萨达说，机场建设还不足以支持跨国性企业的运输量，目前更多区域的货运还是通过北京或上海转运到国外，所以应加密航线和运力。

对于产业布局，富士康是卡萨达说不完的话题。

“富士康，只是航空大郑州的开始。”卡萨达对于这家最早与郑州一起耕耘航空港建设的企业充满了更多“后”期待。在他的意念里，富士康之于郑州航空港，它的意义似乎早已超越了一家企业。

卡萨达说，这个企业来到郑州，它的上下游产业链布局都可以随之内迁，甜头是大家的，更多的航空企业会来。不过，它的诞生与政策指导、职能服务的转变密不可分。可以想见，河南的开放姿态和能力会逐步提升，综合保税区、航线的拓展，跨国性的产业企业来了，像 TNT 这样的全球快递物流公司来了，这个空港，将从一个苹果变成一个大果园。

“从一个苹果变成一个大果园”是卡萨达对航空港区的判词，果然不出所料，三年时间就变成了现实。

卡萨达在谈到政策支持时，他说，速度，速度，速度！这句常挂在嘴边的话也是说给职能部门的。基于飞翔的航空港，能够实现极速条件下的货物转运，完成各种各样的奇幻之旅。那么，保持速度，也应该成为政府职能部门发展航空经济的准则。

政府的速度，无论是在硬件上还是在软件上都有体现。硬件上就是空中通道建设“步子再大一点点”；软件上则是“怀抱再张开一点点”，如果来访者能够自由签证，公司落户能够快速办理，包括科技支持、人才支持都能“点单即到”，那么大家都会冲向郑州。

提到人才，卡萨达说，规划中的航空大郑州，会有很多高科技产业，如生物、电子、制药等。这些产业都有一个共同特点，就是需要大量高端、高能力人才，郑州有，企业就来。而他的工作室，将竭尽全力为郑州服务。

时任省人大常委会副主任张大卫说，身处内陆的河南，经济外向程度不高，这一直是制约河南进出口贸易快速发展的短板。如何解决？河南一直在寻找着答案。而现在，我们已经不是on the way（在途中），而是in the cloud（在云端），但是我们的思想不能在天上飞来飞去，要脚踏实地去干。

卡萨达还为郑州航空港取了个英文名“ZAEZ”。

提起这个英文名“ZAEZ”，卡萨达对大家说，“郑州航空港经济综合实验区”的名字实在太过冗长，作为一名外国人，大概要花费一个月的时间，才能读明白郑州航空港经济综合实验区这个名称，“它需要一个简单易懂的名字”。

卡萨达如此解释ZAEZ，可以是新郑机场经济区，也可以代表我们的航空港经济综合实验区的缩写。因为要建国际航空大都市，还可将其作为品牌进行宣传推广。

在谈到自己心目中郑州航空港未来的模样时，卡萨达讲了这样一个故事——

他有一个已故好朋友，是一个非常成功的有钱人。他曾问这位朋友，你是如何成功的？朋友说，我向来都是打造精品。

由此及彼，卡萨达说，郑州航空港经济综合实验区整个区域都是所有人到达和离开时候的第一印象和最后印象，所以，要采用最高质量的设计和建设标准。整个区域虽然是个产业区和物流聚集区，但是不能设计成传统工业和仓储区域，应该看上去更像是大学校园或者商业园区那样。

这就是卡萨达对郑州航空港经济综合实验区未来的憧憬和希冀：郑州拥

有“站在巨人肩膀高瞻远瞩”之势，航空港的未来，将为世界展示她不一样的精彩。

55

一个新兴的航空大都市即将崛起，尤其需要的就是高端人才。郑州航空港区在获批的第一年里，就引进了8个博士，有的在企业，有的在港区管委会重要部门任职，徐航和贾蒙就是其中的两位。

2014年3月，在郑州航空港区台湾科技园台科置业的二楼30平方米的办公室里，简约的沙发，明亮的窗户，摆放齐整的办公桌，一枝绿萝从清水瓶中伸出来……这是两个男博士的办公室。

在来港区工作之前，徐航一直待在学校，12年的中小学，4年本科，3年硕士，3年博士，2011年3月，他从清华大学博士毕业后，就到位于洛阳的河南科技大学任教。2013年，省里要选调一批博士到郑州航空港区企业任职，徐航报了名。

在航空港区近一年时间里，他主要在撰写生物制药项目建设的文案。徐航说：“港区需要有生物制药背景的人撰写文案。生物制药产业急需人才，到这里锻炼的机会更多。”言语之间，透露着这才是最适合他自己的人生定位。

那个时候，航空港区正在兴建之中，与之相关配套的各种设施都在完善，一眼望去，略显空旷，但那种繁忙的兴建情景，就能让人感觉到一个未来的航空大都市像一轮火红的晨阳，正在冉冉升腾。

徐航读博士时修的是生物化学方向，与他同在一个办公室的贾蒙，修的是电子产业方向。两个人的背景相似。1982年出生的贾蒙，从西北工业大学博士毕业后，曾在新乡学院任教，也是2013年进入航空港区。他俩都是首批进入航空港区的博士，机缘巧合，两人被安排在了台科置业的同一个办公室。

郑州航空港区人力资源与社会保障局副局长白俊德说，2013年航空港区首批引进的8个博士生，5人到企业，3人在港区管委会。在管委会任职的博士，都在招商局和经济发展局等重要部门的第一线，这是把最好的钢用在刀刃上。

随着港区规划的成熟，人才政策也更加明晰了。2014年3月，一个更为庞大的人才引进计划——“郑州航空港区引智实验区”的申报工作也应时逐渐铺展开来。其实，这个计划在航空港区被批复后，在卡萨达的建议下随即就已经启动。

自卡萨达工作室成立后，除了做一系列招商引资的工作，最重要的是与河南省外国专家局洽谈怎么帮航空港区引进人才。河南航空经济研究中心副主任、卡萨达中国工作室负责人金真教授说，工作室针对海外人才，主要涉及规划、设计、开发方面的高端人才。卡萨达已被航空港区聘请为人才战略方面的顾问，就是希望能通过他在国际上的影响和人脉关系，为港区引进更多的世界一流的高端海外人才。

除了卡萨达搭建的人才通道，国内最顶尖的专家也进入了航空港区的视野。郑州航空港区获批前就开始关注施一公这位著名的河南籍院士。白俊德说，施一公是生命科学和生物制药方面的专家，这与航空港区产业高度契合。

2013年3月，在北京召开的全国两会上，作为全国人大代表的施一公非常关心航空港区的人才计划。他说，郑州航空港区应该成立科技发展顾问委员会，港区的建设最需要的一定是人才，项目还是需要人才来做，没有人才什么都做不成。

郑州航空港区采纳了他的建议，遂开始建立人才引进机制。有了较为完善的人才引进机制，在随后航空港区与省科技厅合作举行的美籍华人专场招聘会上，就成功地与100多名专家进行对接。因当时郑州航空港区处在起步阶段，这些专家尽管未必会选择这里，但与他们建立起密切联系，也会为今后定向引进人才做好铺垫。尤其是这年在深圳高新人才的交流会之后，郑州航空港区的触角不断伸向国外，不断与国外人才建立各种沟通渠道。

关于在郑州航空港成立科技发展顾问委员会，施一公曾解释说，邀请外省或者在京的科技专家，就航空港未来的综合发展，为航空港领导提一些建议。这样可以通过机制建设，在项目上马时做出科学决策。他还直言不讳地说，委员会、顾问、专家等向政府提供战略咨询意见，都是常规性的，而且不代表部门或个人利益。再说，找到第三方评估项目，是一种创新方式，可避免很多矛盾。

2014 年上半年，河南省就开始了设立郑州航空港区引智实验区的筹备工作，10 月，有关申报材料在不断修改中基本完善，并且提交中央。

当年 10 月 25 日，郑州航空港区特聘两名国家“千人计划”专家——张丹、汤晓东分别为生物医药产业顾问、金融业顾问。

“千人计划”是非常有影响力的国家级引才聚才品牌，入选国家“千人计划”的专家皆为行业领军人才。受聘的张丹为国家首批“千人计划”专家，在国际生物医药界享有盛誉，是天津市第一批京津冀生物医药领军人才。汤晓东是第三批入围国家“千人计划”专家，先后在美国荷兰银行、苏格兰皇家银行等机构担任要职。

按照协议，在今后的工作中，张丹将为该实验区推进生物医药项目招商、布局、园区规划和产业提升等方面提供顾问服务。汤晓东将为该实验区构建现代金融服务环境、制定符合国际标准的金融政策体系、打造规范高效的投融资平台提供顾问服务。

2014 年 11 月 3 日，国家外国专家局批复，同意建立中国郑州航空港引智实验区。11 月 17 日，一批国内外专家会聚郑州，由国家人力资源和社会保障部主办，河南省人力资源和社会保障厅、郑州航空港区管委会联合承办了一场关于航空驱动经济发展研讨会。

参加研讨会的除了约翰·卡萨达、曹允春外，还有国际航空物流研究专家、美国北卡罗莱纳大学经济发展研究中心联合所所长诺尔·葛瑞斯，清华大学－北卡罗莱纳大学物流与企业发展中心主任蔡临宁等专家学者，以及富士康科技集团、台湾桃园机场、丹马士物流、航程兴业集团的负责人等来自国内外的 100 余位航空经济专家及业界高层人士。

研讨会上，围绕郑州航空港经济综合实验区建设、中国航空大都市建设、航空物流与其他产业的关联互动机制等三大主题展开了深入探讨。

约翰·卡萨达认为，一座航空城的崛起，不仅要有货物及旅客运输，还要打造融公路、铁路等为一体的多功能运输综合体，发展产业集群和配套居住办公区，最终才能形成现代航空大都市。

曹允春分析说，特色化货运驱动是郑州航空港的独特优势，借鉴国外航空大都市先进发展理念，郑州航空港可以打造全球航空经济运筹中心，通过产业集群，带动高端化产业发展。

蔡临宁则从孟菲斯、迪拜等国际航空大枢纽的迅速崛起，详细阐述了中国现代航空大都市必备的发展要素。

诺尔·葛瑞斯重点论述了多式联运产业发展策略和郑州航空港区发展多式联运的优势。

这次研讨会，就像一场及时雨“降”在郑州航空港区发展的最关键时期，为航空港下一步发展提供了智力支撑。

研讨会第二天，中国郑州航空港引智试验区正式揭牌。引智试验区由国家外国专家局支持，河南省人力资源和社会保障厅、河南省外国专家局、郑州市人民政府、郑州航空港区管委会共同建设。

这是继山东日照“中国蓝色经济引智试验区”和福建福州“中国福州海西引智试验区”成立之后的第三个国家级引智试验区，也是全国第一个以航空经济为主的引智试验区。

这意味着郑州航空港区正向世界人才全面开放，这里将成为高端外国专家的聚集地。

这意味着在国际人才交流合作平台、项目资金支持、发挥海外引智联络机构作用方面取得国家的支持，并在引智工作机制、政策创新和人才服务保障政策等方面进行先行先试。

这也将标志着郑州要打造国际智库基地，吸引更多的世界一流人才和团队，服务航空港区的经济发展。

揭牌仪式上，国家人力资源与社会保障部副部长、国家外国专家局局长张建国说："国家外国专家局将会加大对这一试验区的支持力度，在政策制定、项目审批、经费投入以及对外国专家的居留、薪酬补贴等方面给予倾斜，让有志于来华发展的外国人才'来得了、待得住、用得好、流得动'。"

时任河南省副省长王艳玲说，建立"中国郑州航空港引智试验区"是河南省实施人才强省战略的一个重要途径。为了让国际人才"留得住"，河南将创新机制，在"衣食住行""科教文卫"等各方面为外国人才提供条件。同时，探索开发利用国外高端智力资源的模式，推动"引智创新"工作向河南其他地区推广，将河南打造成一个国家化、现代化、综合性的国际人才基地。

郑州航空港区将进一步加大引进高端人才的力度，实施"外国领军人才引进计划"和"高端外国专家团队引进计划"，力争在5年时间内引进10名掌握国际领先技术、能够推动航空经济发展的世界级大师和领军人才，力争在10年内组建20—30个高端外国专家团队，推动科技实现重大突破和创新。实施"外国专家百人计划"，在航空物流、高端制造、现代服务业等领域，用5—10年时间引进100名从事科技创新、成果转化的高端外国专家，重点解决生产、经营、服务中的关键问题。

支持海外人才创新创业的政策也更加优惠。政府投资建立"千人计划"专家产业园、国际人才合作项目孵化基地、海外留学人才创业园等。对到"千人计划"专家产业园的，提供300万—500万元启动资金扶持，对到海外留学人员创业园的，在注册资本、融资担保、税收、租金、技术和人力资本入股等方面提供优惠政策。

对入选国家"外专千人计划"和"外国领军人才引进计划"、"高端外国专家团队引进计划"、"外国专家百人计划"的专家，根据服务期限，给予50万—200万元的奖励。

在人才引进的方式上，探索"引项目+引资金+引人才""研发中心+引进人才+成果转化"等模式。同时，建立公开、透明、高效的服务机制，实现项目审批、工商登记、创业扶持、成果申报等"一站式服务"，为引进的高层次外国专家办理工作许可，办理3—5年有效期外国专家证和外国人居留许可证或多次往返签证，力争在新郑机场实现外国人落地签证和72小时过境免签。

卡萨达说："成立引智试验区是个好消息。这是建设航空港最重要的一步，因为发展机场交通、运输高端零部件、提供商业服务、发展学术研究等都需要人才。而且需要更多高学历的专业人才，最好是一些高科技、高价值的专业，争取在研究中多一些发现，这些需要高校的支持。"

有了政策的支持，郑州航空港区如何才能成功吸引更多人才？卡萨达建议："比如多建一些适合西方人的餐厅、酒吧、音乐厅等，多建一些好学校，为外国专家们提供舒适的生活环境，让他们能在这里工作、生活。"

的确，这也是不能忽视的一个重要因素。

56

2015年6月，河南省在高层次外国专家引进方面取得了新突破，由河南省外国专家局组织申报的美国专家约翰·卡萨达教授成功入选第五批国家"外专千人计划"，13名外国专家入选2015年度国家外国专家局"高端外国专家项目"。

入选"高端外国专家项目"的13名外国专家分别来自材料工程、水利水电、生命科学、地理信息科学、新能源等领域，分别由郑州大学、河南大学、华北水利水电大学、中原工学院以及洛阳市、新乡市、焦作市的有关单位聘请。这对促进河南省重点难点关键技术突破、人才培养、学科建设和国际科研合作具有重要意义。

"外专千人计划"是国家2011年底启动的"千人计划"中的高层次外国专家项目，由国家外国专家局牵头组织实施，目标是利用10年时间，重点引进500—1000名能够突破关键技术、发展高新产业、带动新兴学科的非华裔外国战略科学家和领军人才来华创新创业，能够推动关键领域突破、带动战略性新兴产业发展、促进新兴学科建设。入选该项目的专家将获得国家安家经费资助、工薪补助和科研经费资助。

“高端外国专家项目”则是国家外国专家局围绕国家和地方发展战略目标，落实中央人才战略，配合“外专千人计划”的实施，加快建设高层次外国专家队伍设立的高端人才引智项目。入选“高端外国专家项目”的专家将获得国家工薪补助。

第十届中国（河南）国际投资贸易洽谈会结束后，2016 年 5 月 6 日，河南省又招开了全省引进国外智力工作会议。会议指出，2016 年是“十三五”开局之年，要围绕落实“聚天下英才而用之”的人才观，切实提升引智成果的产业化转化能力，为中原崛起、河南振兴、富民强省提供海外人才智力支撑，同时重点抓好郑州航空港引智试验区建设，抓好重大引智项目实施。

同年 9 月，郑州航空港经济综合实验区生物医药产业园已吸引 33 家生物医药企业签约入区，项目涵盖化学药物、细胞治疗、诊断试剂、医药流通、医疗器械、动物疫苗等多个领域；已引进吴养洁院士、国家“千人计划”专家张丹、归国首席科学家杜锦发等 25 名知名生物医药权威专家智库人员。

对定位于国际航空大都市的郑州航空港区来说，其城市的发展各方面都需要与国际接轨。正如郑州航空大都市研究院常务副院长孙天尧所说，好的骨架需要有好的内容填充才相得益彰，才能形成吸引力。

第十二章

四通八达

57 新郑机场成为中国八大区域性枢纽机场之一、中国四大货运机场之一。新郑机场的货运航线已通达全球主要货运集散中心，构建起以郑州为亚太物流中心、以卢森堡为欧美物流中心，覆盖全球的航空货运网络。

在打造航空枢纽的同时，河南还在努力建设与之配套的地面交通工程，实现公路、地铁、城际铁路、高铁等5种交通方式无缝衔接的综合交通枢纽中心。

在全国公路网中，河南的区位优势可谓得天独厚。河南省委、省政府紧紧抓住国家加快基础设施建设、扩大内需、拉动经济发展等政策机遇，制订了一系列关于公路发展的战略决策，公路建设飞速发展。

1994 年，全长 81 公里的郑州—开封高速公路建成通车，结束了河南省无高速公路的历史，标志着河南省的公路建设跨入了新的时代，成为全国第十个拥有高速公路的省份。“九五”期间，河南省建成高速公路 277 公里。进入“十五”后，高速公路建设步入快速发展阶段。到 2007 年底，河南省高速公路通车总里程达到 4556 公里，成为全国第一个突破 4000 公里，当年通车里程超过 1000 公里的省份；形成了以郑州为中心，纵贯南北、连接东西、辐射八方的公路网络，全省公路密度达到每百平方公里 142.9 公里，居全国第二位；建成了全国最长的“一网相连”的高速公路收费网络，实现了“一卡在手，踏遍中原无红灯”；全省 18 个省辖市全部实现高速公路连接，形成不超过 3 小时的高速公路经济圈。

按照《河南省高速公路网规划》，河南省高速公路网总体布局采用重要通道和联络线相结合的形式，由 9 条南北纵向通道、12 条东西横向通道、省会郑州放射线 6 条组成，总规划约 8020 公里，除三门峡外的 17 个省辖市都将形成“十”字或“米”字形交叉，90% 以上的县（市）平均 30 分钟以内抵达高速公路网。

2017 年 2 月 5 日，河南省政府新的《河南省高速公路网规划调整方案》正式出台。

调整后的河南高速公路网，总体布局仍采用重要通道和联络线相结合的形式，由 6 条省会郑州放射线、12 条南北纵向通道、12 条东西横向通道和若干联络线组成，规划全长 10050 公里。截止到 2016 年年底，河南全省高速公路总里程达到 6448 公里，开工建设 482.5 公里高速公路项目。

6 条省会郑州放射线，即郑州至机场、郑州至云台山、郑州至西峡、郑州至民权、郑州至少林寺、郑州至新乡（豫晋界）。

12 条南北纵向通道：德州至上饶（河南段）、濮阳至湖北阳新（河南段）、兰考至南阳、大庆至广州（河南段）、北京至港澳（河南段）、林州至唐河、二连浩特至广州（河南段）、渑池至淅川、呼和浩特至北海（河南段）、京港澳东复线（河南段）、京港澳西复线（河南段）、焦作至平顶山。

12 条东西横向通道：南乐至林州、台前至辉县、菏泽至宝鸡（河南段）、兰考至原阳、连云港至霍尔果斯（河南段）、商丘至登封、盐城至洛阳（河南段）、南京至洛阳（河南段）、商丘至南阳、新蔡至泌阳、淮滨至内乡、上海至西安（河南段）。

2017 年，河南高速公路计划投资 157 亿元，开工建设南太行、大别山、伏牛山、黄河滩区，以及省际通道、郑州洛阳辐射中原城市群互联互通等 20 个高速公路项目，总里程 1000 公里以上。强力推进 16 个共计 828 公里的高速公路续建项目。

58

对铁路建设，河南历来重视，近些年更是领跑全国，成为全国铁路建设的“主战场”。

站在中国之“中”的河南，站在广袤的中原大地，站在京广高铁与徐兰高铁交会点的郑州，在运筹帷幄、深思熟虑之中，河南的决策者浓墨重彩地勾画出这个用铁轨组成的“米”字。

河南用粮食之“米”，养活着全国四分之一的人口，而用铁轨组成之“米”，将进一步提升河南区位交通优势，更加突出在全国经济发展大格局中的位置，也是实现中原崛起、建设郑州航空港区的有力支撑。放在国家层面，这对优化全国高铁战略布局则发挥着积极作用，具有全局性战略意义。

河南的交通区位优势，在任何情况下都不能削弱，只能增强。这个重大决策，就像一个接力棒，河南决策者一任接一任一直延续至今。

这个“米”字带给我们的不仅是时空和观念的巨变、经济版图的重构，更是一笔巨大的无形财富，也是 1 亿中原人实现梦想与持续发展的自信之本。

“米”字之起笔，是从京广铁路这一竖——“丨”开始的，而后才有了陇海铁路这一横——“一”。正是这一纵一横的“十”字交会，才有了“郑州铁路交通枢纽”的重要地位和“中国铁路心脏”的辉煌历史。

2017年11月28日，河南省十二届人大常委会第三十二次会议听取并审议了《关于河南省米字形高铁建设情况的视察报告》。报告显示，到2016年底，河南全省铁路运营里程达到5466公里，其中高速铁路1118公里。到2020年，规划铁路运营里程达到7000公里，实现所有省辖市通高速铁路，其中，高速铁路约2000公里。

“报告”中还表明了河南“米”字形高铁建设的进程——

“米”字形高铁河南省境内里程2032公里，截止到2017年11月底，已建成投用1196公里（含郑焦城际铁路）。

“一横”，即郑州至西安、郑州至徐州高铁，河南段全长571公里，投资644亿元，分别于2005年开工建设、2010年2月建成运营，2012年开工建设、2016年9月开通运营。

“一竖”，即石家庄至武汉高铁，河南段546公里（含联络线39公里），投资678亿元，2008年开工建设，郑武段2012年9月通车运营，郑石段2012年12月运营。

“一点”，即郑州至太原铁路，河南段112公里，投资130亿元。其中，郑州到焦作段，全长78公里、投资92亿元，2010年开工建设，2015年6月开通运营。太原至焦作段，河南境内34公里，计划投资38亿元，2016年10月开工建设，工期4.5年，2017年投资5亿元，截至2017年9月底完成投资4.62亿元，占年度计划92.4%，临时用地已全部交付，永久用地交付59%，拆迁房屋完成39%。

“撇点”，即郑州至济南铁路，河南段239公里，投资393亿元。郑州至濮阳段197公里，投资343亿元（含黄河公路、铁路两用桥），2016年10月底开工建设，工期预计4年。2017年投资40亿元，截至2017年9月底完成投资18.291亿元，占年度计划45.7%，施工临时用地已交付50%，永久用地交付24%。

“一撇”，即郑州至万州铁路，河南段350公里，投资398亿元，河南段 2015 年 10 月开工建设，2016 年全线开工建设，预计 2019 年 9 月底前建成。2017 年投资 101 亿元（含郑州南站 1 亿元），截至 9 月底完成投资 86.3 亿元，占年度计划 85.45%。

“一捺”，即郑州至周口至阜阳铁路，河南段 213 公里，投资 321 亿元，2015 年 12 月开工建设，2016 年全面开工建设，预计 2019 年 9 月底前建成。2017 年投资 88 亿元，截至 2017 年 9 月底完成投资 75.14 亿元，占年度计划 85.4%。

“米”字形高铁网是国家“十三五”铁路网建设的重要工程，是河南推进“三区一群”（“三区”即上升为国家战略的国家粮食核心区、中原经济区、郑州航空港区，“一群”即国务院批准的《中原城市群发展规划》界定的城市群）战略的重大基础支撑，是建设郑州国家中心城市、以郑州为中心的大都市区的重要载体，对于进一步巩固提升郑州全国重要的现代综合交通枢纽地位，带动区域协调发展具有重要作用。

“米”字形高铁网建成后，从郑州出发，半小时可到濮阳、1 小时到济南、2 小时到太原、3 小时到青岛、4 小时到重庆……高铁时代的来临，拉近了城市与城市之间的距离，让“一日千里”可以变成现实，四通八达的交通优势将为河南发展带来新的机遇。

59

2016 年 10 月 29 日，河南“米”字形高速铁路的战略布局中，地图上“米”字右上角那一“撇”——连接郑州与济南的高铁郑州至濮阳段正式开工建设。而左上角那一“点”——郑州经焦作至太原段，在此一周前就开工了。

在开工动员大会上，时任河南省委书记谢伏瞻指出，我省加快“米”字形高速铁路网建设，是落实习近平总书记在河南考察时重要讲话精神的具体行动。郑州至济南铁路郑州至濮阳段工程开工建设，标志着以郑州为中心贯通南北、连接东西的“米”字形高速铁路网战略构想全部落地实施，希望全省各级各有关方面站在全局和战略高度，充分认识加快“米”字形高速铁路网建设的重大深远意义，全力以赴做好各项工作，确保“十三五”期间全面完成我省“米”字形高速铁路网建设，为中原崛起、河南振兴、富民强省，让中原在实现中国梦进程中更加出彩，做出更大贡献。

郑州“中国铁路心脏”的枢纽地位曾一度被分割弱化，甚至造成过大量旅客滞留的瘫痪局面。这种尴尬局面，直到后来高铁的出现才得以改变。

随着国家《中长期铁路网规划》的实施，郑州已成为普铁、高铁“双十字”枢纽。虽然坐拥“双十字”优势，但它连接的仍然是国内的南北东西，方便的也仍然是四个方向的交通来往，在原来的基础上只是提高了速度与快捷，而它所带来的覆盖面几乎没怎么改变。快的更快了，慢的依然慢。

在河南省内，一些没有铁路的边远城市，就像散落在中原大地上的珍珠，孤独地闪耀着光芒，而不能快速实现与全省的资源共享，更不要奢望得到全国的“惠泽”。这些城市，会成为河南均衡发展的一个桎梏。比如河南西南的南阳，有1000多万人口，却没有开行一列直达郑州的火车；东南部的周口也只有一段从漯河至周口的地方铁路；东北部的濮阳、西北部的焦作，以前都没有直通郑州的铁路线。

“要想富先修路”，这个最朴素的道理几乎人人皆知，从20世纪八九十年代一直喊到现在。之前，别说修一条国道、省道，就是修一条县级、乡级的柏油路，都是了不得的事情。短短二三十年，高速公路飞速发展，就像地网一样罗织在中原大地，可谓条条道路通罗马。但是，不比不知道，倘若把通铁路和不通铁路的城市放在一起对比，就会发现：不通铁路的城市在经济发展中，总是落后一步甚至更多。

交通，左右着一个地区的兴衰。而交通优势，则决定着一个地区的崛起。这应该是河南的最大感悟，因为郑州就是依靠交通优势发展起来的，交通优势是河南郑州发展之源。所以，强化交通区位优势这一重大决策从改革开放之后一直延续至今。

当河南基本完成高速公路建设时，便开始大力推进河南高速铁路建设。

2009年时，河南省委、省政府就以发展的眼光审视着现状与未来，决策者以无二选择的使命感，下决心一定要把河南各主要城市用铁路连接起来。

于是，一纸《关于中原城市群城际轨道交通网规划（2009—2020）》（简称《城市群城际轨道规划》）的请示呈报到北京。

时隔不久，即2009年11月26日，国家发改委正式批复《城市群城际轨道规划》，这就等于河南拿到了修筑郑州至焦作、开封、新郑机场、许昌、洛阳等城际轨道交通的“准生证”。批复如此之快，有些出乎人们的意料，也足见国家对河南发展的重视。

《城市群城际轨道规划》是如此谋划的：以郑州为中心，以京广、陇海为主轴，构建连接中原城市群地区主要城市的“十”字加半环线网络构架。其实，这就是现今常常被描述的“米”字形高速铁路网的构想雏形。

为了全力推进河南铁路建设的前期工作，在《城市群城际轨道规划》批复之前的11月12日，中共河南省委常委会批准成立了河南省铁路建设协调办公室（简称铁路办），挂靠在省发改委。当年12月底之前，郑州—焦作、郑州—开封、郑州—新郑机场的三条城际轨道均开工投建。

2010年2月6日，郑州—西安客运专线正式开通运营，两个千年古都之间的时空距离，从普铁时代的8小时缩短为高铁时代的2.5小时。

在呼啸而至的高铁时代，河南省委、省政府经过缜密思考，既要“四通”，更要“八达”，只有“八达”了才能“贯通”。于是，“米”字形高速铁路网脱颖而出。

这是大事，是关乎中原城市群建设、关乎整个河南1亿人民的大事。河南省发改委、河南省铁路办不敢怠慢，立即行动，强力推进，确保按期、保质完成这一历史使命。

铁路对一个地方的经济发展和所产生的巨大经济效应有目共睹，而高速铁路给一个国家或地区所带来的发展机遇更是不可估量。虽然修筑普铁或是高铁，都需要耗费巨资，但在争取国家高铁建设项目的过程中，各地的竞争仍然十分激烈。

说到底，修高铁是国家大事，不是地方上说了算。地方上有了想法与规划，必须先上报国家，被纳入国家建设层面，进入国家总的战略规划，才有机会付诸实施。

河南的这个“八达”构想上报到北京后，虽有一些质疑声，但河南的决策者们很执着，一如既往地去努力，去争取。如今，当初的构想不断地化为现实。这背后，蕴含着河南历届决策者付出的巨大艰辛与努力，还有很多不被人知的酸甜苦辣。

“给我们修高铁吧，别的事情我们自己干。”

这是河南决策者代表河南 1 亿百姓发自心灵深处最热切的呼唤和强烈的期盼。

“米”字形高铁，是河南最迫切也是最必要的“根本”，比如从郑州到合肥、济南，路途虽然很近，但没有直通线路，坐火车很不方便。尤其是河南人去济南，不少人都选择先坐高铁到北京，再从北京坐高铁到目的地。

“给我们修高铁吧，别的事情我们自己干。”

“给我们修高铁吧，别的事情我们自己干。”

…………

这几乎成了河南决策者们的口头禅，只要有会议就提，见了领导就讲。在全国两会上、在全国铁路建设会上，在驻豫全国人大代表、驻豫全国政协委员、政府官员面前，三句话没说完，就开始围绕着建设“米”字形高速铁路网不断地发声。

河南，为国家粮食安全做出突出贡献的“中原粮仓”，这次把政策红利的请求，就这样执着地、锲而不舍地押在了高铁上。

国务院《关于支持河南省加快建设中原经济区的指导意见》明确提出：“开工建设郑州至万州铁路，研究规划郑州至济南、郑州至太原、郑州至合肥等快速铁路通道，逐步形成促进大区域间高效连接的铁路通道网络。”

2012 年 11 月 17 日，国务院正式批复《中原经济区规划（2012—2020）》，进一步强调：“建设郑州至徐州、商丘至合肥至杭州、郑州至万州等铁路，规划研究郑州至济南、郑州至太原、郑州至合肥等快速铁路通道，加快构建高效连接的‘米’字形高速铁路网络。”

这意味着“米”字形高速铁路网建设上升到了国家战略层面。

2013 年，“米”字形高速铁路网建设正式提上议事日程。9 月，最终形成的《河南省铁路网规划研究报告（2013—2030）》中，规划形成以京广、徐兰高铁组成的“十”字形，辅以郑渝、郑济、郑合和郑太高铁放射线的“米”字形客运专线网。自此，加快推进以郑州为中心的“米”字形高速铁路建设正式出现在河南省政府的工作报告中。

国家发改委曾经这样评价：河南构想的“米”字形高速铁路网建成后，将与国家快速铁路网有机衔接，形成京津冀地区经郑州至港澳，长三角地区经郑州至西北边界口岸，环渤海地区经郑州至西南地区乃至孟加拉湾、东南亚各国，东南沿海地区经郑州至西北内陆地区的快速运输通道，形成以郑州为中心连南贯北、承东启西的“四面八方”轴带发展格局。

中国铁路总公司在相关批复中则如是评述，加快建设郑州经周口至合肥、郑州经濮阳至济南、郑州经焦作至太原等铁路，对于进一步巩固提升郑州全国重要的现代综合交通枢纽地位，完善国家铁路网，确保运输战略安全，带动区域协调发展具有重要作用。

从“十”字到“双十”，再到“米”字，从普铁到高铁，郑州正在一步步夯实交通区位优势，建设“中国铁路心脏”新的辉煌。

“十二五”，注定成为河南“米”字形高速铁路网建设的黄金时期。

60

铁路与一般的建设项目不同，点多、线长、面广，而且投资大、建设周期长，具有基础性、社会性、公益性、市场性等多重特性，没有国家的统筹安排，铁路就不可能飞速发展。

2014 年，河南通过努力得到了中央在基础设施方面的大力支持。这个基础设施，主要就是高铁建设。

2014 年 5 月，习近平总书记在河南考察期间曾指出，河南的“米”字形高速铁路网画得好，希望河南按照中央的决策部署，抓住国家实施“中部崛起”“一带一路”建设等重大机遇，着力推进粮食生产核心区、中原经济区和郑州航空港经济综合实验区建设，让中原在实现中华民族伟大复兴进程中更加出彩。[1]

国务院总理李克强也对河南“米”字形高速铁路网的建设非常关注，有一次，李克强总理在听取河南省汇报时表示，对河南省规划的“米”字形高速铁路项目，符合条件能纳入规划的要纳入规划，具备条件能尽早开工建设的要尽早开工建设。[2]

2015 年的全国两会上，河南人大代表在发言中，建议国家要尽快批准郑万高速铁路河南段、郑合高速铁路开工建设；建议把郑太、郑济高速铁路列入“十三五”铁路建设规划。

河南省发改委主任孙廷喜在会上发言时，用一张规划图诠释了河南“米”字形高铁的新内涵。原来的京广与陇海两条高铁大动脉构建了纵贯南北，横通东西的“十”字形快速客运通道基础。

西南方向：郑州至万州铁路是西南地区与中部地区联系的便捷通道，再往南可以向西南边陲乃至东南亚地区延伸。

东北方向：郑州经濮阳至济南铁路，可将郑州与济南间的运输距离缩短为 190 公里，形成中原经济区连通山东半岛的便捷运输通道。

东南方向：郑州经周口至合肥铁路，是密切中原经济区与长三角经济区联系的便捷通道，往南可以延伸至东南沿海地区。

西北方向：郑州经焦作至太原铁路，可实现太原至焦作铁路的客货分运，

[1]《铁路时评：“米”字形高铁支撑中原更加“出彩”》，中国网，2015 年 3 月 14 日。

[2]《“米”字画出新格局——写在郑济高铁开建、米字形高速铁路网战略构想全部落地实施之际》，《河南日报》2016 年 10 月 30 日第 6 版。

大大缩短郑州至太原之间的客车运行时间。

由此可见，以郑州为中心枢纽的小“米”，可延伸到全国乃至国外而成为一个大“米”。

“米”字形高速铁路网不仅是河南的，更是全国的，对河南、对全国的经济发展战略布局都有重要意义；也是“一带一路”建设，加强东中西联动，促进区域协调发展的重要支撑。

国家发改委、国家铁路局等国家部委和中国铁路总公司对河南“米”字形高铁网建设高度关注，积极帮助协调解决了许多重大问题。特别是2015年7月，国家发改委组织有关部委及湖北、安徽、山东、山西、重庆等地负责人，专门在郑州召开协调会，对项目进行协调推进。之后又多次召开会议进行协调，督促加快郑万、郑合、郑济、郑太铁路建设的前期工作。

“‘米’字形高速铁路网是支撑河南未来发展的王牌，对河南的影响最为深远，要尽全省之力拼上去。”2016年1月8日，时任河南省委书记郭庚茂在接受凤凰卫视著名主持人吴小莉专访时再次阐明其战略性意义。

抢抓机遇，奋力拼搏。河南在“米”字形高速铁路网建设上，一个节点一个节点地进行突破。

2012年12月26日，“纵”连南北的京广高铁全线开通运营。同一天，“横”贯东西的郑徐高铁开工建设，至2016年9月10日全线开通运营。一个大“十”字在郑州形成。

2015年6月26日，“点”通西北，作为未来郑太高铁一部分的郑焦城际铁路开通运营；郑州经焦作至太原的郑太高铁，计划2020年建成。开通后，郑州到太原只需2个多小时，可节省一半时间。

2015年10月31日，“下撇”落地，打通西南通道的郑万高铁河南段开工建设，预计2019年通车。12月24日，“捺”指东南的郑合高铁开工建设，预计也在2019年建成通车。这段建成后，郑州到合肥只需2个多小时。

2016年10月21日，在郑焦城际铁路的基础上，郑太高铁全线开工建设；紧随其后的10月29日，“上撇”连接东北的郑济高铁（全长380公里）郑州至濮阳段正式开工建设，预计2020年建成。郑济高铁建成后，将改变郑州、济南两地通行效率低下的尴尬局面，两地乘高铁1个多小时即可抵达。

当这个用铁轨铺就的“米”字“写”完，河南将真正进入四通八达的高铁时代，与新郑机场的众多航线相辅相成，把河南带入速度时代，快捷时代。

8年，弹指一挥间。河南在发展交通事业中所经历的那些跌宕起伏、千难万苦，众多领导干部与参战人员持续的兴奋与激昂，抑或是感受到的紧张与焦虑，甚至是备受煎熬的彻夜难眠或疲累不堪，等等，等等，俱往矣。如今高速铁轨上机车飞驰的现实和施工现场炽热的干劲，成为他们最有效的“安慰剂”。

修筑高速铁路，并不是想象中的国家批准和地方建设那么简单，而是一个庞杂的系统工程；也并非是哪一个人努力的结果，它需要从中央到地方，方方面面的全力配合与支持。再者，高速铁路耗资巨大，每公里就需要投资1亿元以上。河南高铁建设全靠本省财力，确实力不从心。在这种情况下，河南急需争取中国铁路总公司在资金上的支持。

当然，修高速铁路又不只有河南一家，全国各地铁路建设积极性都很高涨。

在征得国家政策支持的同时，面对“僧多粥少”，如何争取中国铁路总公司的资金，成为河南决策者的“心事”。时任省委书记郭庚茂和时任省长谢伏瞻，多次亲赴北京与中国铁路总公司就战略合作、项目出资比例、线路走向等重大问题进行沟通。

当时负责协调省直部门和沿线市县的副省长、省“米”字形铁路建设指挥部指挥长赵建才，定期召开有关方面的会议，几乎雷打不动。协调解决问题，安排部署工作，千方百计地加快推进铁路建设。

河南省发改委主任孙廷喜，任推进工作组组长，坚持每周进行专题研究，还派人常驻北京与国家发改委、国家铁路局、中国铁路总公司以及勘察设计单位沟通衔接。

孙廷喜多次对工作组的同志们说：“任务必须完成，决不能让铁路建设的历史机遇从我们手中失去。”

河南省国土资源厅、环境保护厅、水利厅、南水北调办公室、郑州铁路局以及黄河水利委员会等单位和沿线市县积极配合，主动服务，为的就是一个共同的目标——努力推进“米”字形高速铁路网建设。

“不忘初心，牢记使命，坚决完成‘米’字形高速铁路网建设任务。”

河南省铁路办主任霍和平具体负责协调推进工作，文件转到哪里，哪里就有他的身影。

还有王经东、周李成、张浩等十多位同志，扎根河南省铁路办，一干就是 8 年，将人生最美好的时光都奉献给了河南铁路建设事业。

点滴琐事令人动容。国家部委决策层，河南省高层领导频频造访，随时准备回答领导问题；孙廷喜主任和时任省发改委副主任的刘世伟数十次赴京向有关部委汇报。省铁路办常驻北京协调项目的工作人员，到有关部委和项目设计单位，熟悉到在门岗“刷脸”就能进去。

“不给河南办就不‘中’。”一位部委领导曾这么说。话语的风趣和调侃，言语之中却饱含了他对河南人勤奋敬业、锲而不舍精神的感动和称赞。

画“米”不容易，具体实施过程更难。每个铁路项目的审批，都需完成土地预审、环评、规划选址、穿越环境敏感点等十多个前置要件手续和有关公铁交叉（公路铁路交叉情况）、压矿（指工程建设时覆盖矿产情况）等上百个协议。在繁重的工作量面前，却还要争取“一年开两条，两年开四条”的建设任务，这谈何容易，但河南人真是“拼上去”了。

这得益于国家相关部委的简政放权、强化服务、提升效率的改革红利，更得益于河南省倒排工期、环环相扣，探索出了一套“打破常规、交叉作业、抢先一步”的铁路项目审报流程。郑万高铁可行性研究报告获批复后，10 天内中国铁路总公司就完成了先期段初步设计和施工图审批，其中 5 个部局、10 多个处室完成会签文件只用了 1 天时间。国家发改委批复郑合高铁可行性研究报告后，1 天内中国铁路总公司就完成了先期段初步设计和施工图批复。郑济高铁则在同日完成了初步设计、施工图和挂网招标的三项审批。

这些年，在来之不易的机遇面前，河南从来都不敢松劲，就像拉犁扛纤那样，一直都在弓着腰铆着劲奋力向前，兢兢业业。就说郑济高铁，2016 年初，河南省就做了大量的争取工作，由于国家发改委和中国铁路总公司担心河南完不成前期工作，只同意作为这年预备新开工项目。可是，河南省却率先完成了项目前期工作，国家发改委和中国铁路总公司便主动将郑济高铁调为当年度国家 45 个新开工铁路项目之一，才有了郑济高铁提前到 2016 年 10 月开工。

一种使命感，一种担当感，更是一种责任感在支撑着所有人。这种使命感、担当感、责任感，源于对实现中原崛起的渴望，源于 1 亿河南人民的热切期盼。从“夜以继日”到“分秒必争”，不是神话胜似神话，纸上的“米”字蓝图已经走下来，蜿蜒在中原大地之上。

如果说铁路是整个交通运输系统的大动脉，那么高速公路则是它的支脉，普通公路则是毛细血管。河南有着高度发达的高速公路和蜘蛛网般的“毛细血管”，当四通八达的“米”字大动脉开通后，在河南将会形成“一极三圈八轴带”的城乡发展框架布局。

河南省“十三五”规划已经给出明确解释。“一极三圈八轴带”：一极，就是郑州都市区。郑州要发展为超千万人口的大型都市，成为带动河南和中原地区发展的龙头。三圈，即依托高速铁路和城际铁路，以郑州为中心，形成半小时、1 小时和 1 个半小时三个辐射圈。半小时以内的 9 个城市，是核心圈；周边 1 小时以内有 8 个城市，是紧密圈；向外 1 个半小时辐射到省外，是合作圈，这与中原经济区的范围是一致的。八轴带，则是以郑州为中心，沿“米”字形高铁网络的 8 个方向为 8 个轴带，沿着轴带布局产业，发展城市，构成如此一个区域发展布局。

无论人流还是物流，从时间到空间均将改变河南的经济格局，推动河南经济社会发展——这就是高铁的撬动作用。

61 以郑州为中心，假如以500公里为半径画圈，将辐射全国人口和经济总量的三成；以1000公里为半径画圈，将辐射全国人口和经济总量超过七成；以2000公里为半径画圈，将辐射全国人口和经济总量九成以上。

连通这个“圈”的，正是由河南“米”字形高速铁路网生发而形成的交通网。以京广和徐兰为基础的十字形骨架贯通南北、连接东西，郑万高铁可延伸至重庆、昆明，郑合高铁可延伸至杭州、福州，郑太高铁可延伸至银川、呼和浩特，郑济高铁可延伸至青岛、哈尔滨。从而形成了省内1小时、中部地区3小时、全国主要大中城市8小时的经济圈。

高铁是轴，是带，是线。没有高铁，城镇只是散落的珍珠；通了高铁，城镇就是用轴、用带、用线串起来的珍珠。不说全国，单看河南，18个省辖市几乎都搭上了“高铁经济”这趟列车。

一如当年铁路繁荣了郑州，如今，随着高铁的兴起，河南一批中小城市的面貌已经发生了改变。比如鹤壁市，高铁开通后，从北京到鹤壁坐高铁只需两个半小时，招商引资去趟北京再不用往安阳跑了，在家门口就能坐上高铁。和客商谈起鹤壁，也不觉得离北京很远了，鹤壁人戏称“鹤壁是北京的南八环”。

兰考县的一位教师说，现在兰考人想去北京、上海等大城市，在家门口就能坐上高铁，感觉兰考跟大城市的距离一下子拉近了。

在以前根本想不到，兰考县也能和大城市一样，共享高铁带来的发展机遇。兰考高铁站建在兰考县产业集聚区内。恒大集团正是看中了这里的区位优势，才斥资100亿元兴建家居联盟产业园的。

有没有高铁就是不一样。很多人都看到了这一点。在这个速度决定生存的经济时代，家门口有高铁站，谈生意都觉得是资本，有底气。

当然，高铁不仅是一场经济地理上的革命，也是一场时空观念上的革命，改变着人们的观念和生活方式。

以2012年底开通的石家庄—武汉客运高铁专列为例，2013年，河南段发送旅客1140万人次，而2014年这一数字猛增至1579万人次，增幅高达38.5%。同期，沿线8市GDP增长18.3%。漯河市依托高铁站规划新城区，城镇化率由2012年的42.8%增长至2014年的45.7%。

高铁悄然改变着我们的时空观念和生活方式，因为速度快，只要通了高铁，外出旅游说走就走。高铁让世界变小，让人们的生活圈扩大，异地工作、异地消费、异地置业都成为可能。

中国高铁发展战略研究中心主任高柏如是说："当中原大地被四通八达的高铁网连起来时，河南人在经济和社会乃至私人活动的空间、时间等基本概念方面，都将发生深刻变化。原来由于距离远而不可能的事情，现在由于高铁而成为可能，这将极大地刺激河南人的想象力。假以时日，这种想象力将会转变成伟大的创造力。"

我们也看到，这种创造力正在变成现实。依靠"米"字形高速铁路网带来的人流、物流，一个承载中原崛起的《中原城市群发展规划》于2016年12月28日经国务院正式批复。

"十三五"期间，依托高铁网，河南将以建设郑州国家中心城市为目标，构建涵盖周边数十个城市的高铁"半小时"核心圈、"1小时"紧密圈和"1个半小时"合作圈，形成辐射八方的"米"字形城镇产业发展轴带，并重新规划先进制造业、高成长服务业、现代农业、网络经济等产业发展布局。

在这种大手笔的规划下，河南人终于实现了多年来想干的大事。

62

如今，河南已经敞开胸怀做好了充分准备，迎接"米"字形高铁8个轴带上的"八方"来客。

2016年10月25日，郑州高铁南站（简称郑州南站）站场规划方案落定。

郑州南站位于航空港区，距离新郑机场5公里，距市中心30公里，站场设有郑万场、郑阜场和城际场。

郑州南站站场设16台32线，站台和轨道数与现有郑州东站相当，同时形成区域内对接国际、国内、省内和市内多个层次的四输多站的客运布局，定位为郑州第三客运站，规划接入高铁、城际、轨道交通线路，成为融合高铁物流、动车修造、空铁联运等诸多功能的特大型、综合性交通枢纽。

其中郑万场主要承担郑州至万州、至兰考城际铁路的通行；郑阜场承担郑州至合肥高铁通行；城际场承担郑州—登封—洛阳城际铁路的通行。

郑州南站与现有的郑州火车站、郑州东站均有交通线路连接。轨道交通方面，郑州南站与新郑机场、航空港区主要通过两条轨道交通相联系，具体包括 9 号线、13 号线。

另外，郑州南站还将承接快递等高铁物流功能，将与新郑机场形成空铁联动，双核驱动的物流体系，共同构建起航空港区的核心。

郑州南站建成后，郑州将拥有 3 座高铁站，形成郑州火车站、郑州东站、郑州南站 3 个主要客运站、多个辅助客运站格局的铁路枢纽。

郑州火车站以普通铁路客运为主，辅助高铁和城际铁路；郑州东站以枢纽高铁为主，兼顾城际列车；郑州南站主要是城际铁路枢纽站，兼顾高铁。而郑州西站面向西部，承担面向“丝绸之路”、东西交通的重要站点任务。

2015 年 12 月 31 日，郑州至新郑机场城际铁路正式开通运营，郑州到机场缩短到 20 分钟左右，这也是中原城市群城际轨道交通网骨架的重要组成部分。

2016 年 3 月 8 日，郑州市规划局公示了《郑州市城市轨道交通线网规划修编 2015—2050 方案》。其中，郑州地铁 11 号线，起始于经开第八大街站，终点是郑港六路站，定位为航空港区骨干线。郑州地铁 17 号线，起始于商贸次中心，终点至双鹤湖，定位为航空港区骨干线。

3 月 24 日，G107 线郑州境东移改建（二期）工程 PPP 项目正式开工，成为河南首个运用 PPP 模式实施的普通干线公路建设项目。

这个 PPP 项目的落地开花，为郑州市普通干线公路建设开辟了新的融资渠道，对普通干线公路建设实施 PPP 模式做出了良好示范。预计 2017 年底建成通车。G107 线郑州境东移改建（二期）工程对航空港实验区建设也具有重要意义。工程南北向贯穿航空港区，未来将成为航空港区对外联系的重要公路通道之一。

2016年6月27日，新郑机场高速公路改扩建工程完成并通车。这一天，还开通了通往机场的迎宾大道高架桥。

盛夏，站在新建的南北收费站，极目远眺，平坦如湖，夹在两边的绿化带中伸向远方与天际相接的高速公路，好似飘向天空的黛色绸缎。崭新的路牌显得格外醒目。

新郑机场高速改扩建工程于2014年4月开工，全长26公里，双向8车道。郑州航空港将以国际航空货运枢纽建设为核心，通过构建“铁、公、机”三网联合的多式联运体系，打造配套集疏的综合竞争优势。而郑州到机场高速改扩建工程，正是“大枢纽”建设的重要一环。

原来机场高速双向只有4个车道，随着社会经济的不断发展，交通出行承受的压力也越来越大。作为机场与郑州市区连接的最主要通道，又是郑州市南部最便捷的出入口，2012年机场高速平均车流量即达46137辆/日，2014年车流量测定达6000辆/时，高峰时达8000辆/时。它所承载的年平均“日交通量”已经不堪重负，长期超负荷，堵车已成常态。

机场高速已难以承担郑州市“南大门”和南部重要出入通道的“重任”，扩建迫在眉睫。

项目于2014年3月启动。全线改建了1座105米主线大桥，1座45米的中桥，32道涵洞；还建设了互通式立交4处（航海路、南三环、西南绕城、机场），分离式立交8处，通道25道；还新建了1座长1.73公里的迎宾路高架桥，该桥西起迎宾大道与四港联动路交叉口东侧，东至机场二期西端。

建设中，又增加了15座分离式立交，这15座分离式立交全部以下穿机场高速的方式修建，未来不会因别的道路施工“牵一发而动全身”，避免了前建后挖，造成资源浪费。

改扩建后的新郑机场高速，设计时速为120公里。在新收费站北口共有24条匝道，8上16下；在收费站南口有5上8下13条匝道，南北两个收费站在管理上还算一个站，但是分开后，从机场回市区更方便司机选择最佳路线。这是目前全省最大的收费站，它却享受着只有省界收费站才能享受到的这个模式。

2016 年 10 月上旬，郑州市南四环至郑州南站城郊铁路（2 号线南延）工程一期调试运行，于 2017 年 1 月中旬通车试运营。

2016 年 11 月 3 日，郑州发布了《郑州市轨道交通第三阶段建设规划环境影响评价公示》，这标志着郑州市第三轮地铁建设规划已经完成。

这份公示，其建设规划方案包含 3 号线二期、6 号线、7 号线一期、8 号线一期、9 号线二期、10 号线、11 号线、12 号线、14 号线一期、16 号线及 17 号线一期，共 11 条线路，总计长约 375.2 公里。这些工程初步规划建设时序均在 2016 至 2022 年之间。

2016 年，郑州市完成投资 40 亿元，完工 13 个项目。

当下，郑州已经进入轨道交通建设的鼎盛时期。

正在如火如荼建设国家中心城市的郑州，又迎来了一件大喜事。

2017 年 2 月 28 日，国务院印发的《“十三五”现代综合交通运输体系发展规划》明确提出，将郑州建设成为国际性综合交通枢纽。

综合交通枢纽是整合铁路、公路、航空、内河航运、海港和运输管道为一体的海陆空协同枢纽体系，是衔接多种运输方式、辐射一定区域的客、货转运中心。而国际性综合交通枢纽则具有对国际人员往来、物流集散、中转等综合性服务功能，具有通达全球、衔接高效、功能完善的交通中枢作用。

这对郑州来说，就意味着由全国性的综合交通枢纽地位将升级为世界性的综合交通枢纽地位。

面对新的发展机遇，如何振臂迎接？河南早已做出了精心布局——

在建设“米”字形高铁的同时，继续扩大高速公路优势，现已着手推进京港澳高速（G4）、连霍高速（G30）等 8 条主通道扩容工程。

在民用航空方面，“十三五”期间，新郑机场将进一步扩建，T3 航站楼和第三跑道等已在筹备之中，同时还将新建信阳、商丘机场。

2017年3月3日，郑州市召开交通重点项目工作推进会，提出下一步将以完善“域外枢纽、域内畅通”的都市区路网体系为目标，以国省干线公路升级改造、“畅通郑州”工程建设、“公交都市”建设等为重点，以项目为带动，持续加快推进交通基础设施建设，为郑州市建设国家中心城市提供有力的交通运输保障。

2017年，郑州市实施52个交通项目。其中：续建项目11个，新开工项目20个，前期项目21个。

得中原者得天下，通中原者通天下。依据《河南省全面建成小康社会加快现代化建设战略纲要》和《河南省国民经济和社会发展第十三个五年规划纲要》，“十三五”期间，河南全省高速公路新增通车里程争取1700公里以上，完成投资1500亿元；2020年末，高速公路通车里程将达到8000公里以上。

到那时，河南的“米”字形高铁也已全部落成，河南的国际性综合交通枢纽优势亦将更加突出。

第十三章

逐鹿中原

63 河南省省长陈润儿在第十届中国（河南）国际投资贸易洽谈会上的致辞中说:“真诚欢迎海内外有识之士深耕河南，逐鹿中原。我们将营造更加规范的市场环境、更加高效的政务环境、更加公平的法制环境，与来豫客商携手合作，共图发展。”河南省委、省政府着力提升航空港区的硬件、软件建设水平，面向世界招揽客商，众多商业巨头会聚中原，走出了一条合作共赢之路。

以富士康为代表的智能终端（手机）制造产业的

迅速发展，起到了先遣性的示范效应，有力带动了新兴产业在航空港的迅速集聚。航空港区犹如一个大舞台，吸引着智能终端、精密机械、生物医药、航空物流、航空制造维修、电子信息、电子商务、商贸会展（现代服务）八大产业前来登场布局。八大产业犹如“八仙过海”，在各自所属的园区内很快实现了集聚，彰显着各自的特色和本领。

一棋活全盘，一优带百通。

以大力发展生物医药、生物农业、生物贸易、生物制造、现代中药和生物创新服务等为主的生物医药产业园，除了发挥引领作用的郑州台湾科技园外，现已有中泽新概念生物制剂产业园、百桥国际生物医药产业园等 20 个项目签约入驻，总投资约 227.3 亿元。

富士康电子商务平台、阿里巴巴 E 贸易商品集散中心、TCL 集团华中电子商务配送中心、顺丰电商产业园、聚多云电子商务产业园、唯品会中原地区运营中心等 28 家电商、物流商为主的电子商务产业园，跨境电商信息平台建成投用，日订单处理 100 万单；跨境电商保税物流中心部分建成投用，总建筑面积 17.4 万平方米，可满足 800 万件货物存储。目前，已有京东、当当网等多家企业入驻，唯品会、省航投等电商企业已实单运行。

电子信息产业园内，半导体全产业链产业园已经入驻，项目总投资达 450 亿元；大数据产业已经快速集聚，中国移动（河南）大数据中心、云和互联网产业园等 5 个项目已开工建设，总投资约 210 亿元。阿里巴巴大数据项目正在制订建设方案，预计入驻企业 400 家，可实现年产值 1.12 亿元。当前，正在加快推进正威科技城智能终端（手机）产业园、朝虹电子、台湾软件产业园等电子信息项目的建设步伐。

航空物流产业园发展迅猛：以打造国际航空物流中心为目标，如今正全力推进多式联运体系建设与物流业发展。成功引进联合包裹、联邦快递、顺丰、圆通、普洛斯、中外运、中原冷链物流业等一批大型物流集成商入驻。

2016 年 1 月 18 日，顺丰电商产业园、普洛斯空港物流园、港投物流园三大电商项目集中开工。2016 年底，在新郑机场运营的货运航空公司已有

21家，开通全货机航线34条，其中全货运国际航线30条。园区内已实现“区港联动”与航空、公路、铁路不同运输方式的无缝衔接。

已有台湾友嘉精密机械产业园、明匠机器人研发制造服务基地等4个项目签约入驻精密机械产业园。

航空制造维修产业、商贸会展产业园也快速发展。一句话，八大千亿级新兴产业集群在郑州产业舞台上的“戏码”越来越多。大产业骨架开始成型，航空枢纽建设和航空关联型产业互动发展的良好局面初步形成。

64

2013年5月23日，郑州台湾科技园。

透过溅满泥点的玻璃窗，周志伟在他的临时办公室，一抬头就能看见那一座座正在建设的楼房。窗外，电锯的“刺啦”声、推土机的轰鸣声、敲打瓷砖的当当声响成一片……从2011年10月开始，他就看着这片楼房在一点一点地“长高”。

郑州台湾科技园是郑州航空港区一个重要的产业集聚区，坐落在郑州航空港区南部，四港联动大道（2017年改名为华夏大道）和102省道交会处的西南角，距新郑机场不足3公里，到综合保税区2.5公里。

2008年，金融海啸首先从美国引爆，使全球各大经济体备受考验。此时，台湾对大陆进一步提出了两岸投资互促与经济合作的迫切需求。2010年1月26日，海峡两岸关系协会（海协会）和海峡交流基金会（海基会）专家在北京首次就两岸经济合作框架深入协商。同年6月29日，海协会、海基会专家团第五次会谈在重庆举行，时任海协会会长陈云林、海基会董事长江丙坤分别就《海峡两岸经济合作框架协议》和《海峡两岸知识产权保护合作协议》签字并互换文本。这一天，在众望所归的掌声中，在照相机的闪光中，为全球经济和两岸民生筑下了恢宏的里程碑——海峡两岸经济合作框架（英文缩写ECFA）全面生效，开启了ECFA收获元年，为台商拓展大陆市场及台企产业转移写下了辉煌的开篇。

ECFA 领域涵盖了海峡两岸之间主要包括货物贸易和服务贸易的市场开放，原产地规则、早期收获计划、贸易救济、争端解决、投资等经济活动。

ECFA 还包括逐步减少或消除海峡两岸之间实质多数货物贸易的关税和非关税壁垒，逐步减少或消除海峡两岸之间涵盖众多部门的服务贸易限制性措施，提供投资保护，促进双向投资等内容。此外，还达成了在建立投资保障机制、提高投资透明度、减少相互投资限制、促进投资便利化上的一致，就知识产权保护与合作、金融合作、贸易促进及贸易便利、海关合作、电子商务合作等内容取得了框架性共识。

2010 年夏秋之交，中原大地到了即将收获的季节。8 月 25 日晚上，郑东新区如意湖畔流光溢彩。在郑州国际会展中心大厅，来自世界 80 多个国家和地区的 200 多个团组、1.5 万名商贾，前来参加“中国中部暨第六届中国河南国际投资贸易洽谈会”，期望在河南寻觅商机。在欢快的交响乐中，河南省委、省政府正在隆重举行欢迎晚宴暨招待文艺晚会。

时任河南省副省长史济春会见中华海峡两岸相互投资促进会发起人、美国西海岸大学副校长、法学博士金大胜一行。

在这个会上，一张书写着“郑州台湾科技园”，一米多长、半米宽的宣纸书法作品，成了郑州与台湾两地跨海峡友谊的珍贵见证。

这幅题字，正是由中国国民党名誉主席吴伯雄亲笔题写并嘱托金大胜博士一行带给中原的厚礼。金大胜说，吴伯雄先生知道他要来参加这个会，特地送了这幅亲笔题字。他们在郑州计划投资开发的“郑州台湾科技园”即将挂牌，到时候就用这幅字。

大会第二天，由河南省委、统战部主持，还专门举办海峡两岸经济合作框架协议（ECFA）宣讲暨河南省台湾工业园推介会活动。活动中，金大胜说，自“富士康”落户河南之后，还有很多台商都在拼命找寻各种“管道”，希望更多地了解河南、了解郑州，大家都想搬进来。在新一轮的产业转移浪潮中，台商正在放弃沿海城市，直接到中部来投资。而从中国的地图上看，郑州是中部的正中央，也将是台商们投资的首选地。

活动结束后，中华海峡两岸相互投资促进会与河南省政府正式签下了计划投资开发的“郑州台湾科技园”项目。

金大胜，祖籍江苏吴江，出生于苏州，后移居台湾。他是中华海峡两岸相互投资促进会创始人、阳光国际集团总裁。他的企业专门生产销售高品质通信、电子产品与太阳能节能制品等。早在2006年就曾与西雅图台湾商会会长陈惠松等台商合资成立了郑州西雅图创新产业园置业有限公司、西雅图惠美（郑州）置业有限公司，并在2007年底，成功筹建了“中国·中部生物科技产业园”开发项目（简称生物科技园）。生物科技园占地470亩，建筑面积25万平方米，投资5.82亿元。此项目被列入郑州市新三年跨越式发展自主创新工程项目，2009、2010年郑州市重点工程项目。

郑州台湾科技园，是继富士康落户中原后，又一个台湾与中原合作的重大项目，由郑州西雅图创新产业园置业有限公司与郑州新郑综合保税区（郑州航空港区）管委会合作共建。原规划总占地面积1900亩（实际占地2000亩），总投资33.5亿元。园区将以生物科技、光电产业、总部经济（现代服务业）为主导产业；以沿海地区需到内地产业转移的合资企业，美国、韩国、日本等与台商产业配套服务较成熟的行业内企业，大陆生物科技、航空服务和总部经济企业等为招商对象，按照共创共享共荣的运营理念，集中建设130万平方米标准厂房和总部办公研发用房，计划分五期进行开发建设，每期开发建设面积25万平方米左右。

生在郑州、长在郑州的周志伟，是位“70后”，主要从事产业地产开发研究。他还有两个权威的社会任职：河南省民营经济维权发展促进会常务理事、中关村科技企业家协会副会长。

在生物科技园项目筹建开发时，周志伟任总经理，全面负责项目的开发运营。这时，他亲自带领团队深入研究生物科技产业的发展趋势和特点，并且紧密结合行业发展现状，立足于制度创新、模式创新、机制创新，以建设5G产业模型（GLP实验研发、GMP生产规范、GSP销售规范、GTP溯源系统、GIP产业环境）为方向，创新产业经济合作为形式，把园区生物科技产业从研发创新、生产、销售到供应链管理、产业保障体系（GLP-GMP-GSP-GTP-GIP），用完整的产业安全链条串联了起来，从而创造了一个适应国情、符合行情、领先国内、接轨国际的产业系统模型。

2011年6月，周志伟率领原班团队人马，成立了郑州台科置业有限公司，他任公司董事长兼总经理，随后就承揽了郑州台湾科技园建设项目，全权负责台湾科技园项目的投资、开发及运营。

《郑州三化两型规划纲要》提出，在建设国际旅游名城、国际文化名城、国际会展城、三港一体国际物流枢纽的大轴线上，将郑州航空城定位于全省经济社会发展核心增长极、改革发展综合实验区、郑州新区发展先行区、城市新兴产业高地。

郑州台湾科技园也被列入举全省之力、重点支持的科技产业园区。周志伟说，郑州台湾科技园以产业地产引领者的姿态，依托中原崛起的契机，用一种全新的行为模式去诠释新型城镇化为引领的“三化”协调的内涵，打造沿海产业转移与中部企业升级转型的完美承载。项目全部建成后，可招进各类企业800~1000家。

最初，根据郑州航空港区的规划和要求，科技园区以“产业公园、模块建筑、商务主场、智慧园区”为开发特色目标：打造郑州航空城的中原国际门户、银企（银行企业）战略保障、校企智库服务的高精尖型产业园；打造大中原地区乃至中国稀缺价值极高的9A品质公园型企业基地；打造河南承担中原经济区龙头责任而规划建设的样板产业园。

郑州台湾科技园因为融入了充分的政府服务，所以属于中原大招商；因为有充足的银企保障，所以属于招大商；因为它有充实的校企联合，所以属于加快河南人才高地建设，打造“产学研”一体发展的战略计划。

从承揽台湾科技园开发那天起，周志伟就深知，使命神圣，责任重大，意义非凡。

如今，“郑州台湾科技园”那几个红色的大字，在园区正门的楼宇上已经闪耀了6年有余。

这里已成为生物医药产业基地。生物医药是郑州航空港区重点打造和扶持的三大支柱产业（电子信息、生物科技、现代服务业）之一。而台湾科技园被列为郑州国家高技术生物产业基地先导区，打造集孵化器、加速器、配套公寓和服务设施为一体，推进郑州市生物产业技术研发与创新产业的聚集地。

“中部崛起”是一个历史机遇，郑州台湾科技园将引领产业聚集，助力企业升级，努力打造一个企业来了就不想走的地方。

65 从开始起步，郑州台湾科技园追求的就是引领和超越。

这是一个梦想家的行动。一如周志伟所表述的那样，为了一个梦想出发，期望达到一种理想的状态：借助产业地产提供的园区和标准化的“企业独栋”式建筑楼群，形成“以产业为主导”的规模集聚效应，实现“土地集约、产业集聚、企业集群、服务集中、效益绩优”的梦想。同时也期望：以一种引领者的姿态，实现社会责任的担当。在不断探索，不断追寻中，打造企业之家，助力企业升级。

美国经济学家德鲁克说过，企业家是革新者，是勇于承担风险、有目的地寻找革新源泉、善于捕捉变化并把变化作为可供开发利用机会的人。这也是郑州台湾科技园为之努力和奋斗的座右铭。

作为河南产业地产发展的探路者和引领者，郑州台湾科技园建立了“政府主导、企业运营、市场化运作”的运营机制。用周志伟的话说就是政府做规划，采购优质的园区建设商去建设园区，园区建设商通过市场化的手段带动企业聚集。最终，四两拨千斤，变政府采购的一个一个工业项目、产业项目为政府去选择优质的产业招商伙伴、产业招商平台，进而加速区域经济发展进程。

郑州台湾科技园首先满足的是省内优质产业集聚、扩大对外承接的基础和兼容能力；其次是解决中小经济自我投资瓶颈；再次是借助民营力量发力，与更先进的沿海生产力共奋进，加强土地整理、优化功能分担，为大中原的发展敞门开路。

河南省委、省政府也明确提出，必须把郑州台湾科技园建设成高端产业园，使之成为河南产业水平优化升级、产业发展提档提速、产业实力上轨上纲的标杆项目；成为河南的一个先进代表，成为外商、外资来河南考察调研的样板园区，成为河南承接外部先进产业带动本地经济运行的一个优质示范园区。正是基于这种要求，郑州被推到了国际产业转移与国内产业转移的双重浪尖上，而那些跨城际、跨国际企业对落户郑州的渴望，表现出了无比旺盛的需求。

从规划开始，郑州台湾科技园就以低碳经济为目标。按照“高新产业挂帅，孵化产业指挥，融资产业保障，现代服务提档”要求，以“核心突出、三强（科技强、产能强、持续强）联动”为格局，开创“以销促产集合多元资本挂钩，以销带利集结多级产业参与”，使多元经济主体在统一的园区服务下集团式发展、雪球式壮大，打造精英企业，承接全球产业转移；打造中国最受企业好评的产业园，切实为河南招商引资建成一个省的产业名片、一座城的企业名片。

在建筑上，郑州台湾科技园一改传统上的“厂办分离”观念，植入台湾新竹科技园三十年发展之大成，广泛吸纳低碳建筑优势经验，高调打造地标级后现代建筑集群。郑州台湾科技园就是要打破传统企业建筑格局，集企业独栋、厂办一体、商务主场、产业公园、专家公寓、配套小镇、商业中心、疲劳恢复中心于一体，实现“产业独立化、厂办智能化、通信自动化、物流自动化、市场信息化、楼宇自动化、安保自动化、消费一站化、生态公园化”的国际独创产业平台。可以说，这是大幅提升河南的产业地产形象、构造高级的企业承载平台的精工独具、匠心独筑产业组合模式。

正如周志伟所说，郑州台湾科技园是中国献给世界的第一块工业魔方，要让企业来了就不想走。

当今，在生存压力与竞争压力超负荷的条件下，传统的厂房车间密闭，令人压抑、紧张，容易造成员工作业疲劳和亚健康状态。如果不能及时调节或调节不力，会使职工心态及精神发生不可逆转的变化，这就为诸多生产事故和生产灾难的发生埋下祸患。而针对以上问题，郑州台湾科技园依据工业心理、产业心理和生产心理学理论，主要通过建筑形态、环境生态使生产空间和生活空间形成低碳性的有机组合。颠覆了传统和千篇一律的厂办分离形式，在工艺控制、流程监督、原料采购、货物进出、质量检验、安全监控等环节，使厂房车间和办公空间尽可能减少上传下达的时间成本和管理成本。因此，他们不惜把堪称奢侈的美国硅谷开建造园布景模式运用到高度集约的现代化生产空间建设之中。

“园区即城市，城市即园区”，要“为企业，造一座城”——这是郑州台湾科技园按照城市及郑州航空港区的理念、规划、建筑、配套进行再创造的又一个创新。其整体功能规划充满了现代工业美学水准，使未来工业生产载体的通透感、阳光感、低碳感、空间感、独立感以及不同产业领域的工业生产舒适度均得到了最大化表达。

2012 年 4 月，一个工业地产的神话，在中原经济区建设启航的第一个春天，以“郑州台湾科技园”命名的第一个现实版的产业聚集区雏形呈现在郑州航空港区。随后一期工程完工，10 月底交付使用。

河南人以高度的社会责任感，敏锐地把握科技发展脉搏，成功打造了中原经济区第一个集物联网、云计算产业研发生产、展示交易基地等为一体的智慧管理示范园区及高端园区。

在这里，人们的工作和生活环境越来越智能化。如工作中，不必在单位就可以通过网络组织视频会议，不必再费时费力地打卡签到，领导者随时随地就可以看到整个企业的组织运行，等等。

建立智慧中心是郑州台湾科技园五大开发特色之一。郑州台湾科技园自兴建时起就已开始预售招商，很快就与北京新时空科技股份有限公司等国内物联网领先企业合作，在园区内建设面积为300平方米的“物联网体验中心”。

2012 年 4 月 25 日，中国电子商会物联网应用专业委员会成员专程前来考察洽谈交流合作，并敲定5月份完成建设规划，尽快促成“中国物联网产业促进工程郑州应用示范基地”的落成。

物联网基地在郑州台湾科技园建成后，即可通过“物联网基础系统、智能安防系统、智能办公系统、智能信息管理系统、智能公共设施系统、智能后勤管理系统、智能能耗监控系统”七大板块的规划，最终实现“园区安防一张网”“数据信息一套库”“无线办公一片云”和“后勤服务一张卡”的四统一智能管理，能帮助那些进驻企业降低运营成本，提升生产效率，充分享受现代科技的高效与便捷。

在这个时期，这样的高端园区在河南尚属首家，在国内也不多见。刚一建成，就吸引中国乃至世界越来越多关注的目光。

2012年4月27日，郑东新区招商局在江苏省昆山市举办了郑州台湾科技园招商说明会。昆山素有“小台北”之称，是有名的台商聚集地，投资公司超过2000家。说明会当场，就有十余家企业签署进驻意向。

6月14日，郑州台湾科技园招商中心，一场特殊的签约仪式正在举行。郑州台湾科技园和郑州市新郑电子工业学校联手扩大校企深度合作，为企业培养具有良好职业素质的专业物业管理人才。

8月24日上午，清华紫光考察团专程来到郑州台湾科技园进行项目考察，并就年初共同探讨成立中原城市带承接产业转移引导基金问题，双方再一次展开磋商，针对双方多层面、多角度合作进行了沟通。

金秋十月，郑州台湾科技园按照预期正式开园招商。早晨七八点钟，园区20多栋楼的墙体全部被红叶航的陶板覆盖，在阳光照耀下熠熠生辉，与周边被秋色染成墨绿的桂树形成鲜明的对比，给人强烈的视觉美感。

进入第一个招商高峰的郑州台湾科技园，迎来了一批又一批的参观考察者。

2012年11月7日，河南科技学院生命科学院院长常景玲一行来到了科技园。在与周志伟交谈后，双方达成合作意向，即联合投资5000万元，共同建设国家级生物农业实验室，打造园区公共研发试验平台，同时共同发起

“中原生物产业发展战略联盟”，联合研发龙头、聚集优质企业、孵化重大课题、强劲资本助推、加速成果转化、共享产业机遇，打造生物医药企业健康发展的绿色通道与快速升级的高效平台。

10天后，国务院批复《中原经济区规划》，中原经济区规划上升为国家战略。这不仅为台湾科技园今后的发展带来良好机遇，而且也为下一步的大招商、招大商创造了难得的条件。

2013年1月9日，郑州台湾科技园首次正式“发声”深圳特区，在深圳五洲宾馆举办了“郑州新郑综合保税区（航空港区）·郑州台湾科技园深港企业投资说明会”，吸引了来自深圳投资商会的30多家会员单位、深圳知名企业，并与深圳市北科生物科技有限公司、深圳市一体医疗科技有限公司、深圳市尚荣医疗股份有限公司等行业性企业及医疗电子上市企业广州宝莱特等部分企业达成了合作意向。时任郑州航空港区管委会主要负责人就曾在2012年一次香港企业联谊会上致辞说：今日的郑州航空港，就是明日的深圳。

郑州航空港区上升为国家战略，更为郑州台湾科技园提供了借势腾飞的绝好机遇。客商蜂拥而至，园区第一期招商火爆起来，很快就敲定引进了48家企业。

6月4日，美国堪萨斯州农业厅专家撒德·盖革、堪萨斯州生化董事局董事肯尼·伟克等一行8人，专程来到郑州台湾科技园，寻求堪萨斯州与郑州在生物医药产业方面的合作空间。

双方初步沟通了关于建立中美生物医药交流平台、合作空间以及中美生物技术联合研发中心选址的问题，希望以后能够加强交流合作。

7月9日，锐珂医疗器材有限公司全球副总裁、大中华区总裁刘杰，锐珂医疗器材有限公司中国战略成长中心副总裁李征等一行7人也来到了郑州航空港区，实地参观了郑州国家高技术生物产业基地先导区建设情况。刘杰十分看好郑州航空港区的区位和交通优势，这里非常适合建设锐珂医药在中原的产品辐射中心，希望今后能很成功地把锐珂基础医疗的研发、生产转移过来。特别是郑州台湾科技园用楼宇承载的模式，缩短了企业落地时间，提高了企业落地效率，对航空港区生物医药产业的聚集发展起到了提速作用。

在郑州航空港区流传着这样一个故事：有位深圳投资商来郑州航空港区考察，当他了解到这里的便利交通后，突发奇想，然后风趣地说，如果在这里投资办厂，早上 8 点可从深圳坐飞机，10 点多就能到厂里，上午开一个中层领导会议，中午 12 点宴请几个客户，下午 2 点再到厂里看看生产情况，晚上 8 点就又能回到深圳。这不仅不会影响他在深圳的生活，生产的产品还能很快地运往全国各地，甚至其他国家。这就是经济专家所说的“一日经济圈”。经媒体报道，“郑州一日经济圈”说法迅速走红，此后也成为郑州区位优势和交通便捷的代名词。

正是得益于这种优势，郑州台湾科技园才颇具魅力，吸引着全国乃至世界的客商前来考察投资。

到了 2013 年 9 月份，园区一期招商圆满结束，共签约 64 家企业，其中包括 2 个院士项目和 4 个国家“千人计划”组专家项目。同时还为二期储备意向客户 120 多家，并与近 20 家医药企业总部结算中心达成定制意向。为此，郑州台湾科技园实现了由原来艰辛的四处招商拉商到如今选商、择优质项目的华丽蝶变。

2014 年底，郑州台湾科技园二期续建工程开建，2016 年年底完成。

这期间，郑州航空港区的另外一个重大建设项目——郑州航空港区国际生物医药产业园启动，并于 2015 年 2 月 12 日举行项目启动暨合作方签约仪式。这是个围绕“培育打造百亿产业”主题，以生物医药、医疗及医疗服务为核心的项目，涵盖了新药仿创与研发等领域，致力于打造一个含生物医药产业、物流、创新项目孵化、加速企业总部以及相关配套商务的现代化、国际化的科技产业集群。

该项目的规划建设是国家发改委授予的“国家高技术生物产业基地”，位于航空港实验区南部，分布于双鹤湖片区南北两侧，总规划面积 8 平方公里。一期启动 2.1 平方公里，建筑面积达 30 万平方米，总投资 11 亿元，计划2017年建成并投入使用。

签约仪式上，中邦（北京）国际投资管理公司、武汉光谷百桥生物科技有限公司、上海盛景实业股份有限公司、河南省医疗器械商会等相关企业代表签署了入驻园区协议。

2016年2月底，已有涉及新药研发、医疗器械、动物疫苗、中药制剂、医药物流、研发孵化等方面的99个生物医药项目入驻该区，其中的中泽新概念生物医药产业园项目、郑州优特免疫体外诊断试剂项目等均被列为河南省重点项目。

2016年5月，国务院办公厅下发《关于建设大众创业万众创新示范基地的实施意见》，郑州航空港区被确定为首批28个“双创”示范基地之一。

几年的成长，郑州台湾科技园不负众望，成为中原崛起中主动担当、打起中原生物医药产业大旗的民营主导产业聚集区。伴随着航空港区崛起的节奏，打造了中国生物医药产业的新坐标，诠释了“三大战略”的丰富内涵，书写了中原经济区建设全景画卷中的生动篇章。

66

发展高端制造业，推动技术创新是《郑州航空港经济综合实验区发展规划（2013—2025）》中的一项重要内容，也是河南建设郑州航空港区永久的期待和永远追求的目标。高端制造业除航空设备及维修、生物医药业之外，电子信息也是郑州航空港区高端制造业发展的重点。

《规划》指出：“发挥龙头企业带动作用，加强与全球领先的设计、研发及代工企业合作，吸引配套企业入驻，加快推进智能手机制造和电子配件全球采购、国际分拨中心建设，形成全球重要的智能手机生产基地。”不言而喻，郑州航空港区就是要与世界接轨，打造国际电子信息产业基地。

2013年，随着航空港区的批复，河南又适时推出了《河南省以手机为重点的电子信息产业集群引进2013年行动计划》，按照这个计划，除了苹果手机，还要引进与富士康合作的华为、联想、小米、索尼及正威等手机品牌，同时，利用中国联通、中国移动、中国电信等运营商的销售渠道，合作生产河南省的自主品牌高端定制手机。

在“十二五”规划里，河南就有了明确的发展思路，要“构建开放融合的创新平台，组建产业技术创新战略联盟”，除了在航空航材制造、生物医药、信息服务、精密机械等领域，要引进核心技术创新团队，集聚高端人才，打造高水平技术研发队伍外，还要紧抓智能终端（手机）这个具有巨大研发潜能及产业效应的电子信息产业。

2014 年 1 月 15 日，郑州航空港区兴建的智能终端（手机）产业园区正式开园。园区位于实验区南部高端制造业集聚区，总规划面积约 20 平方公里，一期 12 栋标准化厂房已建成并投入使用，二期 38 万平方米标准化厂房于 9 月建成并投入使用。其中还包含有企业总部、手机研发、手机生产、配套产业、生活服务等功能区。

开园仪式上，北京天宇、上海中兴、深圳创维等 12 家手机制造企业已签约入驻，项目累计总投资额 65 亿元。本年度产量可达 3000 万至 4000 万部，全部达产后可实现产能 1.16 亿部。

随着智能终端产业园一期的建成投用，二期厂房也已具备入驻条件。6 亿规模的智能终端出口退税资金池，在 2014 年 11 月投入运营，发放退税资金达 2969.21 万元。这也起到了加速智能终端产业集聚的“助推器”作用。然而，到 2014 年年底，郑州航空港区智能手机供货量就达 1.43 亿部，这比预期的 1.16 亿部超过了 0.27 亿部，占全国智能手机出货量的近三分之一，约占全球智能手机供货量的八分之一，其中非苹果手机产量达 2439 万部。至此，郑州航空港区已成为名副其实的全球智能手机生产基地。

2014 年 11 月，世界 500 强企业深圳正威国际集团正威科技城智能终端（手机）产业园（简称正威智能产业园）项目落户郑州航空港区。

正威国际集团是一家以有色金属完整产业链为主导的全球化集团公司，总部位于深圳，还在国内北京、上海区域建有分部，在国际上欧洲（日内瓦）、亚洲（新加坡）等地设立了国际区域总部。拥有员工 15000 余名。

集团在做大做强有色金属主业的同时，正式向半导体产业进军。集团旗下有深圳精密控制线缆产业园与江西赣州铜、钨采选冶及精深加工产业园等外，还投资建设了安徽池州正威中华芯都集成电路产业园、营口聚酰亚胺高新材料产业园等产业基地。2013 年，正威国际集团以 2338 亿元营业额，排在中国制造业 500 强第 18 名；2013 年《财富》杂志世界 500 强排行榜上居第 387 位，2014 年排名第 295 位。正威集团创始人、董事局主席王文银在业界则被称为“狂人”。

11 月 18 日，正威智能产业园项目在郑州与河南正式签约。根据协议，集团计划在郑州航空港区投资建设手机整机制造、手机产业链核心配件制造、软件开发等产业项目，集金融中心、贸易中心、展示中心、研发设计中心、专家公寓、总部经济、结算中心、移动互联网为一体的智慧园区，并打造以“产、学、研、居、旅、商、物、贸、金、总”十种业态为一体来带动智能终端产业向郑州集聚发展。

仪式结束后，时任河南省省长谢伏瞻会见了王文银主席一行。谢伏瞻表示，河南将积极营造良好的环境，支持正威在豫扎根壮大，早日形成产能，实现互利共赢，共同发展。

2015 年 3 月 28 日，河南省为正威科技城智能终端（手机）产业园项目正式开工举行了奠基仪式，这标志着正威在中部地区产业布局拉开了序幕。

正威智能产业园共占地 15000 亩，项目将总投资 250 亿元，分两期建设，一期项目供地 10000 亩，二期用地 5000 亩。第一阶段土地挂牌 1800 亩，其中工业 1000 亩，员工生活配套 500 亩，总部用地 300 亩。

按照计划，正威智能产业园建成后，将引进 500 家以上手机产业链企业入驻。其中，品牌整机及代工企业 200 家以上，手机配套企业 150 家以上，高科技手机材料研发企业 20 家以上，软件开发企业 50 家以上，总部及物流、互联网企业 50 家以上，其他配套企业 30 家以上。2015 年签订正式入园整机企业 120 家以上，核心配套企业 80 家以上。

奠基仪式上，王文银说，现在已有近 70 家整机及核心配套企业提前与产业园签订了入园协议。产业园一期投产后将形成 1 亿部手机产能，实现产值1000 亿元；二期投产后，将形成 2 亿部手机产能，实现产值 2000 亿元以上。

王文银还说，他要在郑州航空港区描绘中国智能终端产业的新版图。

20 世纪 80 年代看珠三角，90 年代看长三角，新世纪第一个十年看海三角，未来的中国经济要看中三角，也就是中原地区，而郑州航空港区正是核心增长极。

除了看好郑州航空港区这个当下的“核心增长极”，正威集团更看重这里绝佳的投资环境。

早在 2013 年 11 月以前，河南就“盯上”了正威，而正威也已“盯上”了河南，并且进行了相关的战略调研。此后，王文银与河南省领导就有过多次接触。

2013 年 11 月 2 日，郭庚茂率河南省考察团在深圳考察时曾会见王文银。王文银就表达了他非常看好河南未来的发展前景。郭庚茂说，正威集团到河南进行战略布局很有眼光。11 月 26 日，正威就与郑州航空港区签订了战略合作协议，确定正威集团电子信息产业园和半导体全产业链产业园落户郑州航空港港区。

到了 2014 年 3 月，全国两会期间，郭庚茂、谢伏瞻在北京又一次会见了王文银，这次，他们重点谈到了手机产业。

2014 年 5 月 5 日，河南省委、省政府在郑州航空港区举办智能终端（手机）专题对接活动，而参加这一活动的就有 268 家企业。郭庚茂、谢伏瞻会见了前来参加对接活动的客商，其中也包括王文银。郭庚茂表示，手机企业不能单个转移，必须抱团发展、集群式生产，形成专业分工、协作配套的产业体系。目标是在未来 3 年打造年出货量超过 5 亿台知名手机的生产基地，成为全球智能终端产业基地、全球手机制造中心。此时，河南的这个规划与正威集团的战略不谋而合。

2014 年 11 月 18 日，王文银携团队再次来到郑州，与郑州航空港经区正式签订智能产业园项目投资协议。

按照建设实施方案，正威科技城智能终端（手机）产业园于 2016 年 6 月 1 日之前完成第一期工程建设。

2015 年 11 月，初冬的郑州航空港区智能终端（手机）产业园，呈现出一派红红火火的生产场景。在郑州华世基实业有限公司手机生产线上，一台台即将出口东南亚地区的智能手机全新下线。在不远处的 1 号楼二楼，河南智能终端检测公共服务平台的部分检测设备已经到位，平台建成后即可提供检测服务。

随着中国产业逐渐由中低端向中高端的升级，产业园区也正朝着专业化、集聚化转变。

正威科技城智能终端（手机）产业园完全达产后，可实现手机年产 2 亿部，产值 2000 亿元以上，这个数额将撑起航空港区手机产业的半壁江山，最终实现与富士康分庭抗礼，形成“北富士康南正威”的“双引擎”产业格局。

67

时值 2015 年底，在中兴通讯公司的厂区，车间内的生产线上，工人们正在专注地工作着，贴片、测试、组装……通过一道道工序，一台台智能手机逐渐成型，然后再进行包装，从这里将走向全球。

中兴通讯公司开有 3 条生产线，而这 3 条生产线承接的业务都是来自国外的订单，这些订单让生产处于饱和状态，工人每天都在满负荷运转。

如果把富士康看成是郑州航空港区智能终端产业体系的“启动器”，那么，产业链中的项目就形成了一部助推航空港区发展的“产业引擎”。

至 2015 年底，在郑州航空港区已累计有 119 家智能终端相关企业签约入驻，除富士康外，另有上海中兴通讯、北京天宇朗通、深圳创维、酷派、华世基、迅迈等 15 家企业正式投产。

此时，作为大产业的“服务器”，河南智能终端检测公共服务平台每天都忙碌得不可开交，而天宇智能终端供应链平台已实现从深圳至郑州航空港区点对点直通，并获批河南省智能终端（手机）及零部件出口基地。

在智能终端产业培育上，郑州航空港区始终坚持集群式引进，不断完善产业链条；建立研发、检测、信息、资金等平台体系，努力打造配套完备的智能终端产业生态，以智能手机为代表的航空偏好型产业集群，正在逐渐优化郑州传统产业布局，推动河南省相关链条产业优化升级。

从一枝独秀的富士康，到百花争艳的智能终端产业，已从一个苹果生发成为一片果园，形成由单一品牌向多个品牌，由单一企业向产业集群发展的良好态势。

2016 年 11 月 8 日，在中国（郑州）产业转移系列对接活动智能终端产业专题对接会上，郑州航空港区管委会与深圳沃克信息、深圳天珑移动等企业签署 21 个合作项目，总签约金额达 140 亿元。

2017 年 5 月 9 日，国务院总理李克强考察郑州航空港区富士康郑州科技园。

李克强总理先来到富士康全球首个智能生产无人车间，郭台铭董事长陪同并亲自介绍情况。随后总理走进 2000 多人的精密组装测试车间，总理关切地询问了工人的收入和防护等情况，并且寄语这里的员工，投身先进制造业尤其要珍视两种精神：一是精益求精的工匠精神，二是永不止步的创客精神。[1]

“总理对企业开展双创方面的工作也很关注。”郭台铭说，“总理指出，大企业也可以搞双创，并且更有优势和能力。总理在现场看了我们企业员工通过创新推出的一些新技术，给予了充分肯定。”

对双创方面的工作，富士康相关负责人向总理介绍，公司设立了云端网络学院和创客沙龙，员工培训积分与升职涨薪挂钩，创客方案被采用参与分成。总理对员工们说，祝你们积分不断增加，未来更加美好。

---

[1]《李克强在河南考察 5 月 9 日图集》，中国政府网，2017 年 5 月 9 日。

郭台铭说，总理视察结束后，在厂房前驻足与他交谈了5分钟，临上车前再次驻足交流。总理对他说，希望富士康把更多高端研发和全产业链放在这里。中国会进一步扩大开放、优化营商环境，有巨大的市场和人才资源，是发展制造业的最佳投资目的地。[2]

李克强总理的到来点燃了现场员工的热情。如今富士康蒸蒸日上的发展态势、令人赞叹的发展成果吸引了总理的目光。总理放缓了脚步，原定40分钟的行程，却停留了一个多小时。

富士康从落户郑州以来，已从单一的苹果手机代工制造拓展到了后端模组、研发、苹果手机维修、谷歌智能穿戴产品制造等十几个项目。

2017年7月，郑州航空港区智能终端产业园第四期工地上，一座座楼房已经封顶，各项建设正在井然有序地进行。

郑州航空港兴港投资集团有限公司是郑州航空港区智能终端产业园开发建设、管理运营的主体单位，总经理柳敬元说："未来，这里将成为一座电子新城，各种设施一应俱全，包括生活、生产等各种服务都已经到位，一条一体化的智能终端全产业链已经形成。"

柳敬元说，他们有信心完成这一目标。如今，39家智能手机及相关企业签约入驻，包括世基实业、硕威科技、首弘电子、华讯方舟以及3家富士康零配件企业在内的26家企业已经投产。

郑州航空港已成为智能终端集聚的热土。2017年，包括中兴、酷派、天宇、创维、正威、华懋等在内，已有177家智能终端相关企业签约入驻航空港实验区，有约100家企业开工生产，全年手机产量超过3亿部，全球市场供货量占比超过七分之一，其中，非苹果手机产量约2亿部，同比增长51.5%。

---

[2]《李克强在河南考察5月9日图集》，中国政府网，2017年5月9日。

68 商贸会展（现代服务）作为航空港区规划的八大园区之一，更是为郑州建设航空大都市添彩的一大亮点。

2017年9月29日，第十一届中国国际园林博览会在郑州航空港区园博园开幕。

本届园博会由住房和城乡建设部、河南省政府主办，郑州市政府、河南省住房和城乡建设厅、中国风景园林学会、中国公园协会承办，以“传承华夏文明、引领绿色发展”为主题，旨在打造一届弘扬中华文明重要发源地文化特色的园博会。

中国国际园林博览会（简称园博会）创办于1997年，由住房和城乡建设部和地方政府共同举办，是我国规模最大、规格最高、内容最丰富的风景园林与花卉盆景行业盛会，也是我国园林绿化行业层次最高、规模最大的国际性盛会。

园博会每两年举办一届，自创办至今已经分别在大连、南京、上海、广州、深圳、厦门、济南、重庆、北京、武汉等城市成功举办过10届。

郑州园博会园区规划面积92平方公里，总投资69亿元。2015年5月动工开建，2016年3月完成主体工程，2017年3月就完成了所有场馆装饰装修工作，4月完成了园区绿化种植工作，6月完成了各城市展园建设。

园区建有94个室外展园，其中河南省展园18个，国外展园18个，大师展园2个，港澳台展园3个，省外城市展园53个，参展城市实现了直辖市、省会城市、地级市和县级市全覆盖，展园风格涵盖了皇家园林、江南园林、岭南园林等最具代表性的特征。郑州园博园堪称一座现代建筑艺术与古典文化的交融之园，博取了华夏上下五千年之精髓，处处都充满着诗情和画意。

整个园博园则以传统山水园林为理念，以“两区两心、一山一湖”的总体规划结构来构建。“两区”指的是园博园与苑陵故城遗址公园两大园区。目的是使两者之间形成相互联动，实现古今对话，象征历史文化传承与发展。“两心”分别为苑陵故城内城遗址公园和园博园华夏文明主景区，并以此来统领两大园区的文化主题，从而形成两大区域的生态绿心。

苑陵故城内城遗址公园是在保护古遗址的基础上进行生态性景观设计的，以植物造景为主，结合微地形，营造主题式花林、花田、花海等景观，并根据考古发现和文物保护规划的路网结构设计交通旅游线，配置必要的服务设施，满足展会期间展示、休闲、游赏等需求。

“一山一湖”，指在园博园内，以现状水系为基础，南部挖湖、北部堆山而形成统领全园的主景轴线。沿主轴上布置主入口大门、华盛轩、主展馆、轩辕阁等一系列文化题材。

按功能，园博园区又细划为A、B两大会展区，而把苑陵故城遗址公园划为休闲游赏C区。两大功能内主要分为公共景区和展园区。公共景区主要包括出入口景区、华夏文明主题景区及百姓花园主题景区。

这个规划遵循和体现了“古苑新园，绿梦起航”的理念，从而形成了主展区A区与苑陵故城遗址公园C区遥相呼应。由生态绿廊连接，勾勒出了一个“如意”状的结构造型。这是园林艺术与国家级文物保护单位的紧密结合，也是古今直接对话的时空穿越。

B区充分利用南水北调中线工程、双鹤湖等生态绿地，完美地融入了航空港区，凌驾于自然生态的双鹤湖中央公园之上。

园博园的植被更为讲究，以诗意的黄河流域植物为风貌，以中原乡土植物为景观，展现华夏植物的历史与文化魅力，呼唤现代人类向自然、和谐的回归。即重点运用诗经植物、乡土植物、郑州地区特色植物、珍稀植物等，充分体现“诗意的乡愁”之格调，与整个园区设计十分融洽、协调。而在特色分区上，结合有限的公共绿地和所承载展园的特点，采用了“建山、露水、梳林、围园”的手法，来保证园区景观骨架与空间格局。

“建山”即以故山古韵为主题，依山营林，分设松岭秋月、梅园雪霁、霜麓飞云、紫绡虹雨四个特色景点，展现古典与乡土山林植物魅力。“露水”即以圃田诗吟为主题，重点使用两栖类的诗经植物，营造多个“海绵体”花园景观。“梳林”以繁花绮梦为主题，囊括展区核心绿环，遴选三大秋叶树种、四组经典名花、五大春花小乔，与时令花卉、观赏草坪交织成片，组织主园路的“金秋满园”、主展区的“繁花同梦”、四大入口的“古芳新绿”三大景观特色。“围园”则以速生落叶和常绿乔木混合快速营造园区背景林。

园博会之于郑州，是一个不可多得的机会，建好园博园、办好园博会，对郑州即将成为国际性大都市有着巨大的推动作用。而年轻的郑州航空港区作为直接的承载者，一定像曾经举办的城市一样，具有更大的发展潜力。

郑州园博园占地约3800亩，绿化率近80%。光这两个数据就足以肯定其“城市绿肺”的资格。而该区域基本的交通、食宿、医疗等配套，达到了国内外游客的需求——从而拉动郑州基础设施建设。这些基础设施的建设虽是为园博会做配套，但对区域来说，却是长期的一大利好。

园博会展后，将为郑州航空港区留下一座融生态、景观、休闲、文化、艺术、旅游为一体，荟萃不同国家、不同地区园林风格的永久性大观园，对市民免费开放。而主展馆已成为市民文化艺术中心。这无疑会为郑州带来持续的生态效益和经济效益，并成为城市又一张亮丽的名片。

69

园博会展只是会展的一种，这其中还包括会议、展览会、节事活动及各类产业（行业）相关展览。

会展是一种在一定地域空间，许多人聚集在一起形成的、定期或不定期、制度或非制度的传递和交流信息的群众性社会活动。比如我们熟悉的博鳌亚洲论坛、北京国际汽车展、郑州全国商品交易会都是会展的不同形式。

放眼世界，正是这种会展活动，成就了德国法兰克福国际航空枢纽大都市的特色，而且也是德国最成功、盈利最高的会展企业。

会展在国际上被称为“触摸世界的窗口”和“城市的面包”。可见，会展是一个城市连接世界的桥梁，也是展示城市人文形象的一面“镜子”。

早在6年前，为了发展航空经济，河南的决策者们就曾考察过法兰克福机场，机场催生了法兰克福会展业的快速发展和壮大，反过来会展业也繁荣了法兰克福的航空经济，一个国际性的航空大都市应运而生。河南深受启发，通过会展，展示出的不仅是人文形象，而是一种无形的价值，对带动城市经济社会全面发展大有裨益。

在国内，会展产业是近十几年来高速发展起来的产业，开始正式提出会展产业大约在20世纪末。于是，很多城市因“节”而兴，因“会”而旺。研究结果表明，国际上会展的产业带动系数比例大约为1 ∶ 9，即展览场馆的收入如果是1，相关的产业收入则为9。

投入、产出比如此高，实际上是因为举办展会还会拉动或间接带动购物、餐饮、住宿、娱乐等十多个行业的发展。

对郑州而言，河南不可替代的交通区位优势，1亿人口的广阔市场，都给发展会展经济提供了巨大的潜力和空间。

2005年11月，第十一届郑州全国商品交易会暨郑州日用消费品博览会在新建成的郑州国际会展中心举行，会上第一次打出“努力打造中部会展之都”的标语。这个口号在当时被称为一个大胆的设想。

多年来，河南培育出了不少全国知名品牌展会，像郑州糖酒交易会、郑州国际汽车后市场博览会、郑州全国商品交易会、河南家禽交易会等，在全国都具有相当的影响力。

除了本地在郑州举办的一些区域性展会外，一些全国性的展会也经常到郑州进行巡展。2013年，郑州举办规模以上展会192场，实现经济效益约170亿元，涉及农业、工业装备、汽车等。

作为郑州会展主会场的郑州国际会展中心，从2007年到2014年，举办的展览数量由25个上升到了124个，展览面积也由57万平方米上升到了177万平方米。并且，会议数量也由2007年的46个上升为2014年的160个，参展观众由2007年的67万人次上升为2014年的220万人次。

2012年，郑州与北京、上海、广州、成都、杭州、深圳一同入围“中国最受欢迎的会展城市”，而在中国展览馆协会2013年的统计中，郑州展会数量已居全国第五位，远远超过了大部分省会及中心城市。

2014年郑州市共举办展会233个，会展业实现经济效益190亿元，相关主要指标保持全国会展城市前列。

“中部会展之都”的口号提出10年。如今，在郑州平均每两天就要举办一场大型展会，会展业拉动了郑州的经济文化发展与繁荣，名副其实地跨入了中国会展名城行列。

2014年5月，河南省出台的《河南省人民政府关于建设高成长服务业大省的若干意见》提出，要推进郑州区域性会展中心建设，吸引国家级、区域性品牌展会落户，培育一批知名会展品牌。此时，为促进郑州会展业发展，郑州市已计划在郑州航空港区高铁南站附近建设一个新会展中心，提升郑州会展业硬件水平。按照规划，新会展中心室内展览面积将达到40万平方米，是郑东新区CBD会展中心的6倍，将在全国居第四位。

2015年12月14日至15日，上海合作组织成员国政府首脑（总理）理事会（简称“上合会”）第十四次会议在郑州举行。由此，郑州快步踏入一线“会展俱乐部”，辐射全国、面向世界的会展格局初步形成。有资料显示，这一年，郑州市举办会展轻松突破250个，拉动经济社会效益超过205亿元。

“上合会”在郑州的召开，无疑为“国际郑”镀了一层金，使河南郑州的朋友圈迅速升级为“国际范儿”，作为枢纽城市的“国际郑”与世界的距离越来越近了。

“上合会”从2001年9月开始到2014年，已经举办了13次。其举办地大多在成员国首都，比如2003年、2009年，举办地都是中国的北京。第14次“上合会”确定在中国举办后，将举办地挪出首都而放在了郑州。于是，郑州就成为中国第二个承办“上合会”的城市，也是全国第一个而且是至今唯一承办“上合会”的非首都城市。

对“上合会”来说，以前虽然也有过选择首都以外的城市举办，可是郑州都与他们不同。比如2001年就曾在哈萨克斯坦阿拉木图举办，但阿拉木图曾是哈萨克斯坦的首都，更是中亚最大的贸易中心，早年因盛产苹果被称为苹果城；2011年，“上合会”在俄罗斯的圣彼得堡举办，而圣彼得堡曾经是俄罗斯的首都，是俄罗斯的第二大城市和“最欧洲化”的城市。

这次“上合会”选择在郑州举办，也有个前所未有——上合会从未在成员国前两大城市以外的地方举行过，郑州是第一个。如此的“冷门”新闻，使郑州再次引起世界的高度关注。

“上合会”为何会在郑州举办？首先，“一带一路”起到了至关重要的桥梁作用。2013 年 9 月和 10 月，习近平在出访中亚和东南亚国家期间，先后提出共建“丝绸之路经济带”和“21 世纪海上丝绸之路”（简称“一带一路”）的重大倡议，得到了国际社会高度关注。

国家发改委、外交部、商务部于 2015 年 3 月 28 日联合发布了《推动共建丝绸之路经济带和 21 世纪海上丝绸之路的愿景与行动》，提出了要打造一些内陆开放型经济高地，其中就有郑州。另外，还提出支持郑州、西安等内陆城市建设航空港、国际陆港，加强内陆口岸与沿海、沿边口岸通关合作，开展跨境贸易电子商务服务试点。随后的 11 月 30 日，河南省正式发布了《河南省参与建设丝绸之路经济带和 21 世纪海上丝绸之路的实施方案》，明确了河南省参与“一带一路”建设的战略定位：“一带一路”重要的综合交通枢纽和商贸物流中心、新亚欧大陆桥经济走廊区域互动合作的战略平台、内陆对外开放高地。

另一个就是郑欧班列效应。习近平视察郑欧班列时就曾提出“要把郑州国际陆港建设成为连通境内外、辐射东中西的物流通道枢纽，为丝绸之路经济带建设多作贡献”。据商务部统计，到 2015 年 8 月底，郑欧班列共开行 192 班，累计总货值超过 8 亿美元，其货运总量、满载率、境内集货辐射地域、境外分拨范围等指标均在全国各地开行的 21 列中欧班列中居首位。班列沿途主要经过的国家，哈萨克斯坦、俄罗斯、波兰、德国等，可见郑欧班列是惠及上合组织多个成员国的线路。而在这个线路上，郑州展示出了中国中部地区改革开放成就以及推进“丝绸之路经济带”建设所具有的独特优势。

再就是郑东新区 CBD 的迅猛发展。特别是国际会展中心、河南省艺术中心及高达 280 米的千玺广场等标志性建筑，既有现代化的各种元素，又有悠远的东方文化内涵。这是一个集休闲、会议会展、生态、金融等多功能于一体的区域，是举办高级别会议的绝佳之地。

“上合会”期间，各国政要在参观郑东新区时，《第一财经日报》于2015年12月16日刊登了《上合组织峰会为何跑去河南郑州？背后下了很大一盘棋……》，文中这样写道：

李克强总理指着周围一片片整洁现代的建筑群落向各国领导人介绍：“这里原来都是荒地、都是鱼塘。”“这样的变化充分说明我国中西部地区有很大的发展潜力，也说明城镇化是中国最大的内需。”

随后，李克强总理又说，中国目前只有50%的人口生活在城市，还有50%的人口生活在农村，这为中国经济发展提供了最强劲的内需动力。

此次国际峰会，既检验了郑州是否拥有承办国际高规格会议的能力，同时也为郑州提供了对外开放、跨越发展的一次契机。

2016年8月18日，郑州市政府发布《关于加快国家区域性会展中心城市建设的意见》，提出：到2020年，郑州可供展览面积达到50万平方米以上，年规模以上展览数量350次，展览面积400万平方米，其中举办5万平方米以上的展览20次，举办国际性会议10次，举办具有地方特色的品牌节庆活动10次以上，会展业带动经济效益达600亿元，建成面向国际、引领中西部的国家区域性会展中心城市，国际知名度和影响力进一步提升。

这个《意见》的颁发，意味着郑州已从“中部会展之都”的目标，全力向国家区域性会展中心城市的新目标——“国际会展之都”的梦想进发。

郑州新国际会展中心（又称绿地会展中心）总占地面积约2450亩，总规划建筑使用面积100万平方米，总投资额约100亿元，分二期建设，2015年底开工投建，计划2019年完成。全部建成后，面积仅次于上海国家会展中心、广州国际会展中心和北京新中国国际会展中心。

绿地会展中心位于航空港区东部的会展物流片区，北为迎宾路，东临会展路，西临滨河东路，紧邻郑州高铁南站（郑渝高铁、郑合客运专线的交会点）。从T2航站楼开车前往，大约需要20分钟。

绿地会展中心由全世界享有盛誉的德国GMP建筑师事务所设计。整体呈“品”字造型，由16个展馆组成，每个展馆都是长方形，两两展厅形成一组，中间通过连接廊相连，每个展厅能够独立办展，也可分组展览，互不干扰。设计中，新会展中心依地势而为，在保证实用性的基础上，整体风格十分精美大气。

在河南自贸区郑州片区内，其中就包括绿地会展中心及配套的871亩商办项目。被划入自贸区，对新国际会展中心来说，不仅有利于集聚国外高端资源、优化办展环境，而且也将使其成为中原地区唯一纳入自贸区的会展中心。

绿地会展中心投入使用后，与郑州国际会展中心、中原国际博览中心形成三足鼎立之势，并有明确分工。郑州国际会展中心主要承接国际会议、高端论坛和精品专业会展；中原国际博览中心重点培育中小型专业展和消费类会展项目；郑州新国际会展中心则主打“航空偏好型”展览，也就是依托航空港面向国际，通过飞机运进运出的展览。具体说就是，全球的参展商都可以坐飞机直达郑州航空港区，把各具特色的展品带到这里；国内外的专业观众也可以乘坐飞机来参观。

而会展城则更具“国际范”，包括飞机展、大型机械展等，都可在室内或室外举办，这也是其他会展中心难以做到的。

光影客流 局部

马国梁／摄

光影下繁忙的郑州新郑国际机场

园博园掠影

马国梁／摄

第十一届中国（郑州）国际园林博览会
于2017年9月29日在郑州航空港经济综合实验区开幕

航空港实验区智能终端一角

马国梁／摄

全球智能手机八分之一出自郑州航空港实验区

尾声

70 转眼间，郑州航空港综合经济实验区已经快 5 岁了。

伴随着郑州航空港区的成长，构建郑州—卢森堡“空中丝绸之路”、中欧班列（郑州）“新丝绸之路”，建设国家中心城市，设立自贸区，打造“国际会展之都”，等等，在快速向国际化“现代航空都市”迈进的过程中，郑州的“国际风范”日益凸显。

2017 年 4 月 1 日，春光明媚，中原大地喜气盈盈。中国（河南）自由贸易试验区（简称河南自贸区）挂牌仪式在郑州航空港区综合服务中心隆重举行。

上午 9 时许，在一阵热烈的掌声中，时任河南省委书记谢伏瞻为河南自贸区揭牌。时任河南省省长陈润儿致辞。

陈润儿在致辞中说：“建设自由贸易试验区是以习近平同志为核心的党中央作出的重大决策。”

这次与河南同时获批自由贸易试验区的，还有辽宁、浙江、湖北、重庆、四川、陕西等6个省（直辖市）。这是党中央、国务院作出的重大决策，是新形势下全面深化改革和扩大开放的一项战略举措。

从2013年10月提出申请到正式获批，历经3年多的筹备，河南自贸区终于“修成正果”。这其中，河南省委、省政府做了繁重而具体的工作：

2015年1月28日，自由贸易试验区申报列入河南省第十二届人民代表大会第四次会议上所作的《政府工作报告》，时任省长谢伏瞻在报告中明确提出：“积极申报河南自贸区，复制现有自贸区创新办法，完善客商投资项目审批代理制，提高投资贸易便利化水平。”

2015年2月16日，谢伏瞻主持召开河南省政府常务会议，专题研究了《河南省人民政府关于设立中国（河南）自由贸易试验区的请示》和《中国（河南）自由贸易试验区总体方案（草案）》。

2015年2月28日，河南省政府向国务院上报了《河南省人民政府关于设立中国（河南）自由贸易试验区的请示》，并随文上报了《中国（河南）自由贸易试验区总体方案（草案）》。

2015年3月4日，国务院已将河南省上报的请示及总体方案批转至商务部。

2015年3月10日，全国两会期间，谢伏瞻等领导专门赴商务部拜会了高虎城部长，就河南申建自贸区的特色优势、基础条件、功能定位、实施范围等事项进行了深入对接。

2016年8月31日，国务院决定设立中国（河南）自由贸易试验区。

2017年3月31日，国务院发布《国务院关于印发中国（河南）自由贸易试验区总体方案的通知》（国发〔2017〕17号）和《中国（河南）自由贸易试验区总体方案》，中国（河南）自由贸易试验区获国务院批复正式成立。

河南自贸区以郑州为主，实施范围119.77平方公里，包括郑州、洛阳、开封三个片区：郑州片区73.17平方公里（含河南郑州出口加工区A区0.89平方公里、河南保税物流中心0.41平方公里），开封片区19.94平方公里，洛阳片区 26.66 平方公里。

按区域布局划分，郑州片区重点发展智能终端、高端装备及汽车制造、生物医药等先进制造业以及现代物流、国际商贸、跨境电商、现代金融服务、服务外包、创意设计、商务会展、动漫游戏等现代服务业，在促进交通物流融合发展和投资贸易便利化方面推进体制机制创新，打造多式联运国际性物流中心，发挥服务“一带一路”建设的现代综合交通枢纽作用。

开封片区重点发展服务外包、医疗旅游、创意设计、文化传媒、文化金融、艺术品交易、现代物流等服务业，提升装备制造、农副产品加工国际合作及贸易能力，构建国际文化贸易和人文旅游合作平台，打造服务贸易创新发展区和文创产业对外开放先行区，促进国际文化旅游融合发展。

洛阳片区重点发展装备制造、机器人、新材料等高端制造业以及研发设计、电子商务、服务外包、国际文化旅游、文化创意、文化贸易、文化展示等现代服务业，提升装备制造业转型升级能力和国际产能合作能力，打造国际智能制造合作示范区，推进华夏历史文明传承创新区建设。

按海关监管方式划分，自贸试验区内的海关特殊监管区域重点探索以贸易便利化为主要内容的制度创新，开展保税加工、保税物流、保税服务等业务；非海关特殊监管区域重点探索投资体制改革，创新内陆地区开放发展机制，完善事中事后监管，积极发展高端制造业和现代服务业。

从陈润儿的致辞中可以看出，河南自贸试验区的设立，既是国家赋予我们的一项重大使命，也是河南发展难得的一次战略机遇。河南要准确把握战略定位，加快建设贯通南北、连接东西的现代立体交通体系和现代物流体系，增强服务“一带一路”的综合交通枢纽功能，经过 3 到 5 年的努力，探索形成与国际投资贸易规则相衔接的制度创新体系，营造国际化、法治化、便利化的营商环境，努力把自贸试验区建设成为交通物流通达、高端产业集聚、投资贸易便利、监管高效便捷、辐射带动明显的高水平自由贸易园区。

在挂牌仪式上，谢伏瞻、陈润儿、叶冬松分别向河南自贸试验区郑州片区、洛阳片区、开封片区郑重授牌。

首批入驻的宝武集团等 10 家企业代表春风满面，从谢伏瞻等领导手中接过了新办的营业执照。

“春种一粒粟，秋收万颗子。”这是河南人的期待。正如陈润儿在致辞时所说，河南将以更加开放的胸襟，更加饱满的精神，更加务实的态度，推进自贸试验区建设，使之成为“一带一路”开放战略实施过程中一颗璀璨的明珠。

有专家称，自贸区的获批，是河南自新中国成立以来所获最有分量的区域经济发展政策红利。自贸试验区是以负面清单模式为核心，除负面清单所列投资内容需向相关部门依程序报批外，其他投资项目与内容的对外贸易，将高度自由化开放。这种高度自由化程度，与香港相比没有二致。极大减少了审批、税赋以及若干现行法律法规所限；还极大缩减了区内企业在贸易链条的中间环节与国别贸易壁垒。如果与以往国家战略相比，自贸试验区完全体现了全方位、多维度、“先行先试”等诸多政策优势。

这完全是一方“投资自由化、贸易便利化、监管规范化”的新型经济土壤，这方新型经济土壤对河南区域经济发展的重要作用，不仅关系到河南扩大对外开放的新高度，更关系到河南经济在未来数年后的发展质量及每个河南人的生活质量。

通过“特殊政策 + 区域优势产业资源”的实施，敏锐的人早已嗅到了商机。特别是全球 500 强公司，更不会错过任何投资商机，在“自贸区”的门外已有 100 多家公司开始排队即将入场了。

自贸试验区正以海纳百川之势，喜拥更多、更新、更优的全球企业与资源要素，完成一次史无前例的“中原大集结”。

有一天，河南人打量着这个新板块，颇有几分自豪地说：过去河南没一家成规模的“免税店”，为此苦苦争取了好多年；如今咱有了自贸区，100 多家世界 500 强就蹲在门外，“免税店”还算什么呢？

71 2016年12月26日，国家发改委发布《促进中部地区崛起“十三五”规划》。《规划》中明确指出“支持武汉、郑州建设国家中心城市。”从此，郑州成为继北京、天津、上海、广州、重庆、成都等六大中心城市之后，最新被赋予国家中心城市职责、定位和发展目标的城市之一。

国家中心城市，是2005年中国住房和城乡建设部编制《全国城镇体系规划》时首次提出这一概念的，意在改变中国传统的直辖市、省会城市、地级市、县级市的城镇体系格局，使“中心城市”成为全国城镇体系金字塔的“塔尖”，是体现国家意志、肩负国家使命、引领区域发展、跻身国际竞争领域、代表国家形象的特大型都市。

在全国，应具备国家组织经济活动和配置资源的中枢，国家综合交通和信息网络枢纽，国家科教、文化、创新中心，具有国际影响力和竞争力，国家城市体系中综合实力最强的“塔尖城市”等五大发展特征；还必须具有综合服务、产业集群、物流枢纽、开放高地和人文凝聚等五大功能。

在国际上，对外发展外向型经济以及推动国际文化交流方面，有可能发展成为亚洲乃至世界的金融、贸易、文化、管理的中心城市。

此外，中心城市不仅要在全国具备引领、辐射、集散的作用，还要担负着带领区域内其他城市发展的职责，从而促进区域经济社会的发展，缩小地区间发展不平衡的差距。

郑州之所以能被确定为国家中心城市，是因为郑州已经具备了国家中心城市所具有的功能、特征、作用及担当。

近年来，河南的发展有目共睹，随着中原经济区战略、航空港区获批、“米”字高铁规划、自贸区获批等一系列利好政策的出台与实施，郑州城市建设的步伐越来越快，城市框架也随之不断拉大。10年间，郑州比原来几乎“长大”了70%。尤其是郑东新区从荒芜之地崛起为金融之城、商务之城、会展之城……郑州的头衔越来越多，国际航空大都市、国际物流中心、中原经济区核心增长区、中部重要的中心城市……

如果从省情看，河南是全国第一人口大省，上亿人的庞大基数使郑州建设中心城市有充足的人口基础。人口基数是城市成为中心城市的前提，尤其是外来人口的增多更彰显出一个城市的兴盛与活力。据调查，郑州净流入人口数量居全国第 7 位，仅次于上海、北京、天津、广州、东莞、深圳，居中部区域城市首位。

丰厚的历史文化底蕴，使郑州具备了成为国家中心城市的先天优势。从其历史沿革看，几千年来无论是沉浮，还是兴衰，河南的历史续写都从未间断过。河南可以大言不惭地说，河南的历史有多长，中国的历史就有多长。因为人文始祖轩辕黄帝是中华民族的共同祖先，无论何时何地，他都是中华民族的血脉之根，联结世界华人华侨的纽带。

在历史沧桑与轮回中，一路走来，河南正在发生着历史性的巨变。得中原者得天下，中原兴，天下兴。

新时期，新世纪，国家赋予河南新的重任，天地之中的河南正在书写着新的历史传奇。

天时，地利，人和。在郑州上合总理峰会开幕前，人民日报官方微信发文力挺郑州成为“国家中心城市”，文中称，未来 5 年中国有望再建 10 个类似北京的“中心城市”。郑州竞争力其实很强，如果落选非常可惜；全国两会期间，驻豫人大代表、政协委员纷纷建议郑州备战“国家中心城市”；在进入“八横八纵”高铁时代，郑州抓住机遇布局“米”字高铁。京广高铁、郑西高铁早已通车，郑徐高铁也于 2016 年 9 月 10 日通车。此时，郑济高铁已获批、郑太高铁部分（郑焦高铁）已通车，郑万高铁、郑合高铁正在兴建。与此同时，郑州航空港区正在建设得如火如荼，而全球航空物流运转中心，航空港区航空货运的增速连续多年保持全国第一。

“博大、开放、创新、和谐”已经成为郑州的个性和特色。

2017 年 1 月，国家发改委正式复函，支持郑州建设国家中心城市，全面提升经济发展水平和辐射带动功能。对郑州的定位是：河南省省会，国家历史文化名城，中国中部地区重要的中心城市，国家重要的综合交通枢纽；国家发改委支持其建设国家中心城市。

除此之外，郑州还是中原经济区核心城市，“一带一路”核心节点城市，是发展国际化航空大都市，国际商都，国际物流中心，国际性工商业中心，全国区域性金融中心和现代服务业中心，全国先进制造业和高新技术产业基地，国际化旅游城市。

纵观全局，北京、天津、上海、广州引领着环渤海、长三角和珠三角区域；重庆地处内陆腹地，具有承东启西重要战略地位；但是，郑州则承担着我国东中西部地区综合交通的枢纽作用。

这个决定，是国家给郑州的建设和发展再次鼓劲助力。

郑州，这个古老而又年轻的国家中心城市，正在乘着东风向着国际化大都市和现代文明的巅峰迅猛发展。今后的郑州，已不仅仅是河南的郑州，更是中国的郑州，世界的郑州。

2017 年 6 月 25 日，郑州又迎来一个值得庆贺的大喜日子。

这一天，《2017 中国城市商业魅力排行榜》发布，郑州凭借交通枢纽等优势，从 338 个城市中脱颖而出，一跃晋升为 15 个“新一线”城市之一，位列第 12 位。

“中国城市商业魅力排行榜”由第一财经旗下的数据新闻项目“新一线城市研究所”评选、发布。

新一线城市研究所，于 2017 年 3 月 28 日在北京宣布正式成立。由中国城市规划设计研究院、国家发改委城市与小城镇改革发展中心、中国生态城市研究院、中国城市规划设计研究院上海分院、北京工业大学交通学院、中国社会科学院城市政策与城市文化研究中心、北京大学城市与环境学院组成。年度“中国城市商业魅力排行榜”的推出，意在通过数据发掘城市未来，为政府提供规划依托、为企业提供发展决策。

今年的排行榜，评选依据沿用了 2016 年的商业资源集聚度、城市枢纽性、城市人口活跃度、生活方式多样性和未来可塑性五大指标。具体有最新一年的 160 个品牌商业数据、17 家互联网公司的用户行为数据和数据机构的城市大数据，数据提供包括滴滴、支付宝、美团、大众点评、优酷、京东和高德地图等。不仅要看一个城市的GDP，还要考察其交通、物流、餐饮、消费等，甚至包括人们的生活习惯、飞机准点率、淘宝订单量等，涵盖城市生活的方方面面。

这次入选的“新一线”城市，除了北京、上海、广州、深圳4大国际性一线城市地位不动摇外，15个“新一线”城市依次是：成都、杭州、武汉、重庆、南京、天津、苏州、西安、长沙、沈阳、青岛、郑州、大连、东莞、宁波。与上一年的榜单对比，其中，郑州和东莞为“新科”城市，而厦门与无锡则落选。

郑州荣膺“新一线”所给出的理由：首先，其城市枢纽地位改善，是一个重要的因素。比如，2016年10月，郑徐高铁开通，连起了河南、安徽、江苏3个省份，盘活了中原地区与长三角城市群。目前，郑州高铁可以直达129个城市，在全国高铁直达城市数量位居第六。同时，郑州航空、铁路货运、高速公路的实力同样发展迅速，排在全国前列。此项指数郑州排名第七。

而令人“意外”的是，生活方式多样性指数，郑州排名第九。这其中包括餐饮种类的丰富程度、电影票房、书店和咖啡馆的数量、淘宝订单量、旅游意愿、机票订单量、健身房数量等。

由此可见，如今的郑州无论从大的发展框架脉络，还是日常的生活细节，都已发生了翻天覆地的变化。

海纳百川，有容乃大。世界正在选择郑州，郑州正在拥抱世界。

72 2017年6月22日，郑州再传喜讯：《郑州航空港经济综合实验区领事馆片区城市设计》规划方案初步编制完成，这意味着郑州向着国际化大都市目标再迈出一步。在当天航空港区召开的《郑州航空港经济综合实验区领事馆片区城市设计》专家评审会上，来自北京大学、北京市城市规划设计研究院、上海同济大学建筑与城市规划学院、中国规划协会等单位的知名专家对英国合乐（上海）工程咨询有限公司提交的规划进行了讨论，专家组原则同意《设计方案》通过评审，并提出若干深化完善意见。下一步，航空港实验区将和规划编制单位一同进一步细化完善方案，确保设计方案更加科学合理。

设计单位通过对国内外先进城市的领事馆片区规划理念进行深入研究，结合航空港区发展的实际情况，通过“围、聚、联、拓、破、立”的设计构思，形成“一环、一心、两廊、三核”的总体布局，具体分为领事馆区、商务中心区、高端酒店区、文化体育中心区、公共服务中心区、社区邻里中心区、创智办公区 7 个区域，其中领事馆区位于冯庄公园北侧，又分为代建馆区和自建馆区 2 个区域。

领事馆片区位于航空港区北部的城市综合服务区内，规划范围面积为 10.75 平方公里，范围为北至郑港三路、南至郑港六路、东至国道 107、西至富航路，将建成为国际化高端领事馆片区、城市公共服务中心、智慧型创意研发片区、生态型开发宜居片区，规划拓展研究范围近 23 平方公里。

设立领事馆片区，是一个城市国际化的重要标志，也是一个城市的政治地位和经济实力的具体体现。早在 2014 年，河南省政府批复的《郑州航空港经济综合实验区概念性总体规划（2013—2040）》中就包含领事馆用地。自此以来，河南就从未松懈过对外国领事馆来郑州航空港区落户的追求，特别是对郑欧班列沿线国家的争取，如卢森堡。

卢森堡也非常看好郑州的世界航空纽枢地位，将新郑机场作为其全球的第二大枢纽机场。河南也非常看重卢森堡。航线的开通，奠定了双方在亚欧航空双枢纽的地位。再者，卢森堡和欧洲的多个国家都是申根国。申根国就是《申根公约》的签署国和执行国，特点是持申根签证或是申根国有效证件的人可以在申根国间自由流动，乘坐申根国家之间的飞机航班就像乘国内航班一样，无需办理出入境手续。如果持签证到达卢森堡，就可以游遍欧洲。

2016 年 6 月 13 日，随着郑州航空港经济综合实验区（郑州新郑综合保税区）官方网站发布《郑州航空港经济综合实验区领事馆片区城市设计招标公告》，一个切实可行的领事馆片区城市设计方案诞生了。这个方案，是在国家、河南省和郑州市的重大战略部署的指导下编制的，借鉴了国际和国内成功经验，包括领事馆功能区在内的城市综合服务区。

通过努力打造，航空港区已经具备了“畅通高效的交通网络、绿色宜居的生活环境、集约有序的城市空间”；成为“发挥对外开放的门户功能，构建国际化营商环境，组织开展国际经贸交流活动”的内陆开放高地。

不久的将来，一个高效、智能、绿色的产城融合示范区，就会活灵活现地呈现在世界面前。

领事馆区是城市对外交往的重要门户，对服务全国大局和融入世界经济体系不可或缺的重要支点。设立领事馆区，有利于吸引更多国家在郑州设领事馆，领事馆区必定带来大量的高端人群，使整个区域的形象和档次得到提升。对于郑州来说，随着国际交往与合作的进一步增多，吸引“一带一路”沿线国家、外国或国际组织设立驻郑州代表处或办事机构，将会为河南乃至中部地区对外交往提供更完善的服务和更舒适的环境，提升郑州的国际化水平。

当然，设立领事馆区只是建设了一个具有涉外功能定位的城市功能区，具体到领事馆的设立，还需要河南省有关部门提交申请，国家有关部门批准后才能设立。

未来的领事馆片区，将以高端智慧、绿色生态、休闲宜居的国际化大都市的风姿，迎接来自世界的宾朋好友。

媒体报道称——

在迈向世界的道路上，“国际郑”的朋友圈已经从地中海到了东太平洋，作为中国内陆开放的重要地带，郑州在全球寻找合作机会的道路上已越走越快，越走越远。继郑州与西班牙马拉加市、希腊阿娜卡梅特罗市签署合作备忘录，与法国波尔多地区的圣爱美隆市建立经济互惠城市合作之后，（2017年）5月11日至18日，郑州市政府代表团赴美国、加拿大开展郑州城市宣传推介和经济项目洽谈对接等活动。相继考察了美国的苹果公司、硅谷、亚美迪集团、休斯顿医疗城和加拿大的数字媒体中心、英属哥伦比亚大学脑健康中心等，并在加拿大与列治文市政府签署园林合作备忘录，郑州代表团在教育、医疗、卫生、大数据、园林、文化、生物医药、VR 等多个领域，取得了一系列的考察成果，值得期待的是，高科技的医疗健康城、世界名校落户郑州、共建 VR 实验室、直通硅谷的创业训练营等一系列设想即将落地。

大洋彼岸的北美，作为全球财富的中心，一直是人才和资本向往的地方。而地球的另一边，作为全省乃至中部发展的“龙头”，郑州近些年在寻求全球合作的步伐上愈发主动。“米”字高铁，辐射八方；中欧班列，横亘欧亚；航空物流，通达全球。郑州正一次次“走出去”，寻求国际合作，扩大国际影响力，迎来腾飞的历史机遇，正式进入国家中心城市序列、使馆区规划编制启动、郑州商都历史文化区建设起步，“国际郑”正迈开步伐走向世界，与地球另一端的美国、加拿大、法国、西班牙、希腊等一系列合作的建立，为郑州的发展开拓了国际视野、增添新的驱动力。

在郑州国际陆港集装箱货运站的中欧（郑州）班列，从最初的每月去程一班、二班、三班，到 2017 年 6 月份已经实现了每周的“五进五出”。目前，郑州国际陆港正在计划着加密，从而实现每周的“六进六出”。中欧（郑州）班列，几乎每天都在新丝绸之路上呼啸而出，轰鸣而来，它是连接郑州与欧洲国家的信使，是驰骋在新丝绸之路上的“急脚递”，它在完成着国家所赋予使命，它送出去的是福祉，带来的更是喜悦。

郑州新郑机场比以往更加繁忙，飞机的每时每刻的起飞、降落，人流、客流川流不息，呈现着前所未有的繁荣景象。

这是个星期六，在机场 T2 航站楼三楼的候机厅里坐满了国内外的候机旅客。大部分旅客都在看手机，有的在吃零食，有的在闲聊……特别是外国旅客，叽里呱啦的，虽然听不懂他们说什么，但知道他们是远方客人，是来自世界不同的国度。

站在 T2 航站楼三楼的候机厅向机场眺望，停机坪上，一架架银装素裹的飞机喷绘着不同颜色的国别航空公司的标志，正在等待出发。这些飞机有客机也有货机，也有客货两用机。有国内直飞其他城市的，也有飞往国际城市的。此时还有大量旅客下机，登机。这种繁忙情景，自 2013 年以来，几乎每时每刻都不曾间断。

自 2015 年 10 月 25 日至 2016 年 3 月 26 日，新郑机场周计划起降航班 3238 架次，平均每天的起降航班就达 462 次之多。

截至 2016 年底，郑州新郑机场入驻的定期货运航空公司共有 6 家，包括：俄罗斯空桥货运航空公司（郑州—莫斯科—阿姆斯特丹）、中国邮政航空（西安—郑州—南京）、顺丰速递集团（郑州—武汉—深圳）、扬子江快运航空公司（上海—郑州—卢森堡—布拉格）、中国国际货运航空公司（上海浦东—郑州—法兰克福—郑州—上海浦东）、美国联合包裹（郑州—仁川—安克雷奇）。

新郑机场的货运航线就像一张铺展开的蜘蛛网，它的丝线早已延伸至世界，初步构建起了以郑州为亚太物流中心、以卢森堡为欧美物流中心的两大中心，覆盖全球的主要航空货运集散基地。由此，郑州的货邮航线货运增幅连续多年在全球都是最大的，居中国第一，货邮运量居国内中西部首位。

与此同时， 在新郑机场运营的客运航空公司 40 家（国内 31 家、国际 9 家），开通客运航线 162 条（其中国际地区 25 条），客运通航城市 86 个（其中国际地区 19 个）。新郑机场的航线网络通达性，已成为国内除上海浦东、广州白云、深圳宝安机场之外的第四大货运机场。而从郑州出发直飞的国际航线达到了 23 条。

民航资源网 2017 年 10 月 8 日消息：今年的国庆黄金周，尽管有多日降雨等不利天气的影响，广大乘客选择航空出行的热情不减，新郑机场一直平稳有序运行，据初步统计，8 天假期，日均起降航班 590 架次，累计发送旅客 60 万人次，再创历史新高。

在新郑机场的规划中，自 2017 年 10 月起，在北美洲，将开通每周 3 班，机型为 A330/A350 的成都—郑州—（美国）洛杉矶往返客运航线；在大洋洲，开通每周 2 班，开通机型为 B787—800 的郑州—（澳大利亚）墨尔本往返客运航线。此外从2018年1月起，还要开通每周3班，机型为A330的天津—郑州—（澳大利亚）悉尼往返客运航线。到欧洲，自2018年5月起，将开通每周2班，机型为A330的重庆—郑州—（俄罗斯）莫斯科往返客运航线。

2017年，河南已经完成了对郑州航空港经济综合实验区“三年打基础，五年见成效，十年立新城”的战略规划。

“不忘初心，牢记使命，高举中国特色社会主义伟大旗帜，决胜全面建成小康社会，夺取新时代中国特色社会主义伟大胜利，为实现中华民族伟大复兴的中国梦不懈奋斗。”这是2017年党的十九大的会议主题，是“中华民族迎来了从站起来、富起来到强起来的伟大飞跃”。

河南与国家同呼吸，共命运，更是“不忘初心，牢记使命”，实现了跨越性的华丽转变。

充满激情的河南，载着中国梦，载着中原梦，凌空而起，向着更高、更远飞翔。

2016年7月—2017年8月 初稿

2017年11月修改二稿

2017年12月修改三稿

2018年1月修改四稿

后记

承蒙河南科学技术出版社的信任与重托，让作者有了近距离接触郑州航空港经济综合实验区的机会，有了深切感受近五年来河南建设航空港区的壮举与激情的机会。

从2016年7月初到2017年8月底，深入到郑州航空港区，采访，搜集资料，看媒体报道，看视频，创作，400多个日夜，身心全部投入到航空港区建设的“洪流”之中，被一个个人物感动，被一个个事件感动，被一个个历史瞬间感动，被一个个伟大成就感动……

限于作者采访的范围与学识的欠缺，对事件、问题思考的高度与深度，限于作者呈现的能力与创作时间的仓促，也限于作品的篇幅，难免有不足、遗漏或偏颇。在此先请诸位方家鉴谅。

在采访、创作中，得到诸多帮助与支持，特在此予以致谢：

作为本项目的申报单位，河南科学技术出版社为作者提供了诸多帮助与支持。

本书的“主谋”——河南科学技术出版社总编辑李喜婷老师，为选题立项、创作主旨等方面做了大量工作，可以说为创作定了调、定了向。李喜婷老师还在创作过程、书稿修改中提出很多宝贵意见与建议。

这部作品也是作者参加河南省委宣传部2016年“深入生活，扎根人民”主题实践活动、中国作协2017年定点深入生活的项目，在项目实施中，得到了中国作协、河南省委宣传部、河南省文联、河南省作协、河南省文学院、郑州市委宣传部、郑州航空港区管委会、新郑机场二期扩建工程指挥部等单位的大力支持。

尤其是创作之初，作者遇到了不少问题，多次请教著名评论家、河南省文联副主席、河南省文学院院长何弘老师，他总是不惜时间，悉心指导，在选取材料、谋篇布局等方面帮我出主意想办法。书稿完成后，何弘老师又在百忙中审读批阅，提出了颇多建设性意见。

作者在航空港区“深扎”期间，郑州市委宣传部文艺处靳艳妍副处长，航空港区管委会宣传处李钦上处长、杨宇同志等，不仅提供了大量的资料、图片，还在工作、生活上给予了很多帮助。

郑州新郑机场二期扩建工程指挥部指挥长办公室文秘室主管王乐先生为作者提供了机场二期建设过程中的相关资料与图片。

作品中的重大事件、领导活动等，参考了河南电视台报道的诸多视频资料，参考了新华网、人民网、《河南日报》、《大河报》、《河南商报》、《东方今报》等媒体的文字资料。

其他对本书创作有过帮助与关心的所有师长与朋友，笔者向你们深鞠一躬，诚挚地道一声：谢谢，谢谢你们为本书所做的奉献。

作者